石橋一展
植田真平
黒田基樹
駒見敬祐
杉山一弥 編

室町遺文

関東編 第一巻

東京堂出版

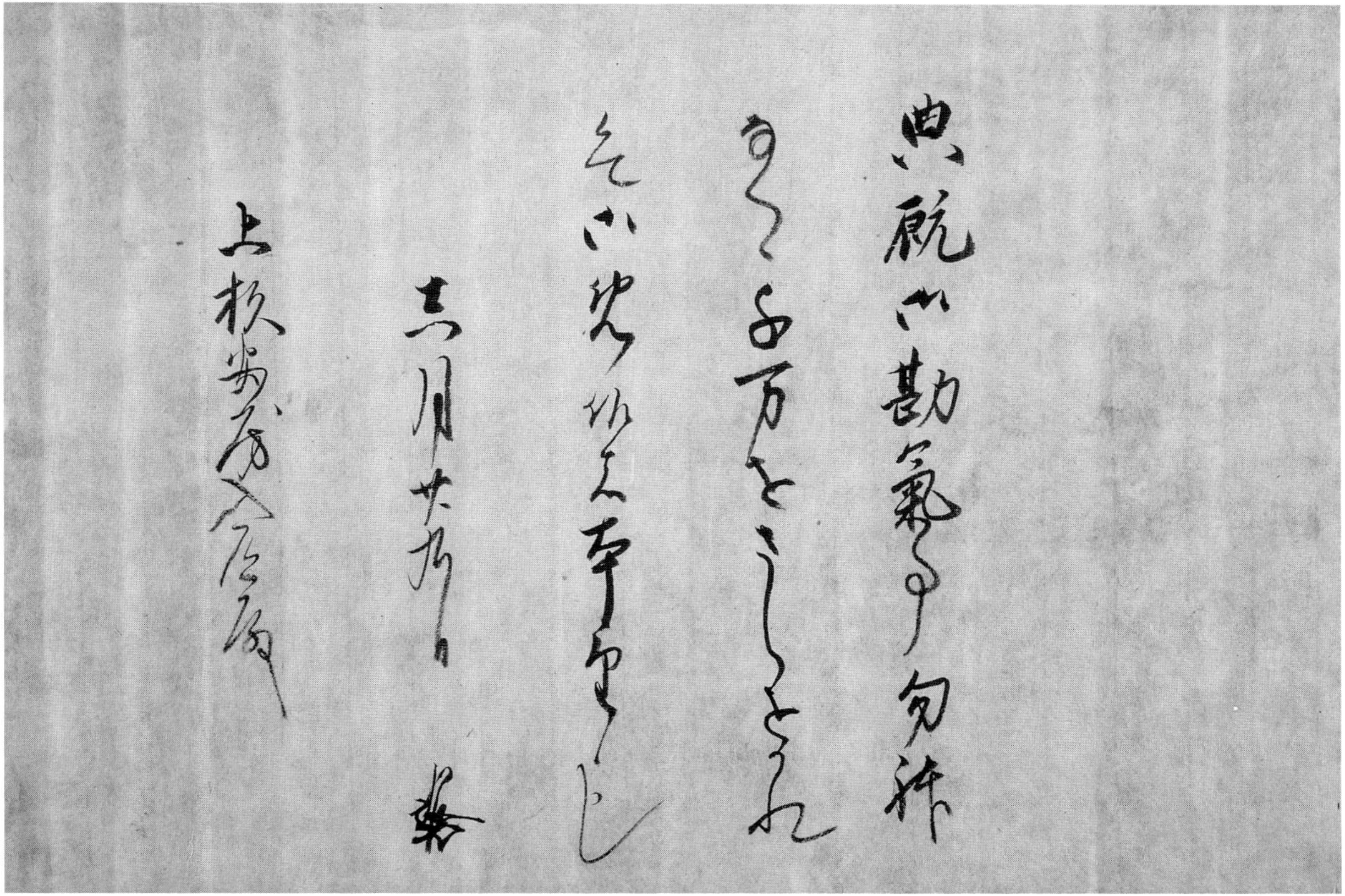

足利道義（義満）書状（上杉家文書、米沢市上杉博物館所蔵・写真提供）　本文 270 頁（607 号文書）

序

『寧楽遺文』に始まり、『平安遺文』『鎌倉遺文』『南北朝遺文』『戦国遺文』と続く一連の史料集が、古代・中世の古文書を読むうえで欠かせない基礎文献であることは言を俟たない。しかしながら、ここに室町時代が欠落していることもまた、一目瞭然の事実である。それには、研究の進展状況や編者の不在などさまざまな要因があろうが、それらの困難を克服し、このたびここに『室町遺文』の第一弾として関東編を発刊する機会を得た。

発刊にあたっては、まず史料の収載範囲を明らかにしておかねばならない。

室町期の関東の歴史は、これを支配した鎌倉府とともにあったといっても過言ではない。その管轄圏を見てみると、南北朝期には室町幕府との間でやや流動的であったが、一三七〇年代のうちにほぼ固定化し、相模・武蔵・上野・下野・常陸・下総・上総・安房・伊豆・甲斐の十ヶ国が鎌倉府、陸奥・出羽両国と越後・信濃・駿河以西が室町幕府の管轄となった。とはいえ、境界の越後・信濃・駿河三ヶ国は、室町期を通じて両府の緩衝地帯として鎌倉府の動向とも深いかかわりを持ち続けた。それゆえ、関東編といえども右の十ヶ国に限定すべきではないと考え、これらの三ヶ国、および越後につながる佐渡を加えた計十四ヶ国を収載の範囲とした。

また、室町期を通してこれらの十四ヶ国のうちに深くかかわっていた武士については、他国での活動も収載することとした。たとえば、駿河守護今川氏の一族のうち傍流の貞世（了俊）や仲秋の系統は、駿河に大きな影響力を有していたため、収載対象地域外である遠江の活動であっても収載している。

陸奥・出羽についても付言しておきたい。先述の管轄圏固定化ののち、明徳二年（一三九一）、陸奥・出羽両国が室町幕府より鎌倉府に移管された。同五年（応永元年・一三九四）には早速、鶴岡八幡宮の修造費用として鎌倉府より陸奥・出羽両国に段銭が賦課され、応永三年には南奥（陸奥南部）で発生した叛乱に、鎌倉公方足利氏満自ら出陣して鎮圧に当たっている。その後、鎌倉公方の連枝が相次いで奥羽支配に配置され（稲村公方・篠川公方）、その存在はときに鎌倉府や室町幕府の動向に大きな影響を与えることとなった。以上のように、室町期の関東および鎌倉府の動向を見るうえで、陸奥・出羽両国を視野の外に置くことはできない。

しかしながら、実際に鎌倉府と直接的なかかわりを有したのは南奥に限られ、同国中部・北部および出羽と鎌倉府とのかかわりは、文書史料からはうかがいがたい。それゆえ、本編では南奥（およそ現在の福島県域）に限って収載範囲に加えることとした。陸奥・出羽両国の史料の全容については、後考に委ねたい。

次いで、収載する年代について。これは、応永元年から享徳三年（一四五四）までとした。明徳五年・応永元年は『南北朝遺文　関東編』とも重複するが、南北両朝併立期の最後の年号が終わり、室町初期を象徴する年号である応永の改元こそ、室町時代の幕開けとするにふさわしい。また、終期の享徳三年については、この年の十二月二十七日に鎌倉公方足利成氏が関東管領上杉憲忠を謀殺し、翌年初めより長きにわたる享徳の乱が勃発する。室町時代の終期をいずれに置くかは、今なお定論を見ないが、享徳の乱が関東において戦国時代への扉を押し開いたことは衆目の一致するところであり、同年末を本編収載範囲の下限とした。

さらに、収載する史料の性格についても、説明しておく必要があろう。史料の残存数が決して多くはない室町期の関東においては、断片的な史料をつなぎ合わせて史実を復原してゆく必要に迫られる。そこで本書では、文書史料に限定することなく、貴重な文字史料である金石文や典籍類の刊記・奥書なども併せて収載することとした。ただし、煩瑣を避けるため、年次やわずかな人名のみのものは収載を見送った。

さて、その方針のもとに編集が進められた本書第一巻は、ひとまず応永元～八年の七七二点を収録している。この間、先述のとおり鎌倉公方足利氏満自ら出陣しての叛乱鎮圧を経て、鎌倉府による南奥支配が確立していく一方で、同五年の氏満没後に跡を継いだ満兼が、今川了俊・大内義弘と結託して反幕府運動を起こすなど、中央との間では軋轢を生じさせている。この頃、醍醐寺三宝院と鶴岡八幡宮との間での伊豆走湯山密厳院領をめぐる相論など、都鄙の分断・自立化を思わせる事例が相次いでいる。中間地帯の信濃で、大塔合戦と呼ばれる大規模な内乱が起きていることも興味深い。また、関東では数少ない寺社の記録史料である『鶴岡事書日記』の条文が残されているのもこの間で、百姓の逃散など貴重な室町期関東の村落の実態を伝えている。本書もその文書部分を収録した。

刊行に至る作業は苦闘の連続であったが、関東足利氏研究会の諸氏より多大なるご協力を賜った。本来ならば、同会編とすべきかもしれないが、左記の五名が記名の上編者の責任を負うこととした。また、各関係機関が公開しているデジタルアーカイブに大いに助けられたことも付記しておきたい。脱漏や誤謬については大方の叱正を乞うとともに、本編の刊行により室町時代史研究が更なる発展を見せることを期待してやまない。

二〇一八年四月

石橋　一展
植田　真平（文責）
黒田　基樹
駒見　敬祐
杉山　一弥

目　次

序

凡例

凡　例

一　本書は、室町遺文―関東編―第一巻として、明徳五年・応永元年（一三九四）より同八年に至る文書七七二通を収めた。

一　文書名は原則として、正文・案文・写などの別を示し、記録や編纂書物から採録したものは写とした。

一　無年号文書は、年代比定可能なものはその年代のところに挿入し、比定不可能であるが、内容・差出・宛名・同収文書等により関連場所に便宜収めたものは、文書名末尾に※を付し、その旨を示した。

一　原文には、読点「、」および並列点「・」を加え、異体字・俗字および真仮名・変体仮名は、原則として常用漢字体もしくは正字、および現行仮名に改めた。

一　原文の摩滅・虫損等は字数を推定して□または［　　］で示し、首欠・尾欠のものはその旨を示した。

一　本文中の異筆や追筆、および編纂物等から採録した文書において、註や標題など本文にかかわらないと推定されるものは「　」、朱筆は『　』で示し、朱の合点は⌒で示した。また、原文の墨抹は▨で示し、その文字を読むことができたものは、文字の左側にゝゝを加えて、右側に書き改めた文字を加えた。

一　文字の誤写や脱漏と思われるところは、〔ママ〕、または編者の案を〔　〕で傍註し、本文中の人名・地名等は（　）で傍註した。その他編者が加えた文字や文章には、必ず○を付けて本文と区別した。

室町遺文

関東編　第一巻

応永元年（明徳五・西紀一三九四）

〇一　日光山常行堂御忌日料足預人数注文案　〇輪王寺文書

御忌日料足預人数事子銭合十壱貫三百文

一貫五百文　教弁
弐貫文　源秀
参貫文　祐尋
弐貫五百文　源有
四貫文　昌瑜
弐貫五百文　宗誉
壱貫五百文　隆宗
壱貫文　快瑜
参貫文　常誉
壱貫五百文　観雅
壱貫文　宗幸
四貫文　秀誉
壱貫文　守全

明徳五年甲戌正月十五日

〇二　今川泰範書下　〇駿河伊達文書

駿河国徳山（志太郡）身成郷事
右、所預置也、守先例可致沙汰之状如件、
明徳五年正月廿九日　前上総介（今川泰範）（花押）
伊達弥五郎（範宗）殿

〇三　相馬憲胤書下　〇相馬岡田文書

行方郡（陸奥国）伊内村之内、岡田宮内大夫（胤久）与大滝帯刀左衛門尉相論
在家之事、手継相続無相違之上、当知行間、不可有相違候、
御公事以下事等、守先例可被致沙汰候也、仍如件、

応永元（年脱カ）二月一日　治部少輔（相馬憲胤）（花押）

岡田宮内大夫殿

○四　「最勝王経巻釈」奥書　○東京都浅草寺蔵

于時明徳五年甲戌二月十三日書之、在後日形見不辱筆跡拙者也、老眼中々無甲斐者也、

勧進　月蔵坊阿闍梨祐円

執筆　権律師関秀

最勝講ノ唄ノ事、当座ノ日一和尚・二和尚可勤之、但限六先達不可勤舎利会先達之者也、仍衆議如件、

日之月々　慶海

於浅草寺（武蔵国豊島郡）月上院毎月初十日修之、

○五　信濃国赤須郷公田注文　○松崎文書

赤須郷（信濃国伊那郡）公田惣田数□□

弐町柒段半　仲条分　壱町九段半　河田屋

陸段半　北条殿分　参段　与三入道殿□

弐段大　刀禰房殿分　壱段　又四郎殿□

壱段九十歩　彦三郎殿分　壱段　八郎三郎殿□

壱段　為宗跡分　陸段半　惣領分

一、赤須郷北ヒカシ（東）ノホン（本）サカイ（境）、キタ（北）ワウシロサワ（後沢）ノツルネヨリ、箱石ヲミアテニソロ（候）、ヒカシ（東）ハマタハコイリシヨリ、ナキハ、ノホリ（堀）ヒキスヱ（引末）ヲミアテニソロ（候）、マタナキハ、ノヒキスヱヨリ、小鍛冶ノマルツカ（丸塚）ヲミアテニソロ（候）、ニシミナミ（西南）ノサカイモ、嘉暦弐年之比、書誌可有候、

一、春近公田六段半并ハシ（土師）ノメン田六反

三段コノウチ一段ハシノメン　定覚跡

三段コノウチ一段ハシノメン　八郎分

弐段半コノウチ一段ハシノメン　マコサフラウ（孫三郎）母分

壱段半　祖一御分

一反コノウチ半ハシメンモリ女房分

一段コノウチ半ハシメン　諸庵分

一、三段半コノウチ二段半ハシノメン　為実分

仍証文状如件、

応永元年甲戌二月十五日　　法名定通 為幸（花押）

〇本文書、検討の要あり。

〇六　足利義満袖判御教書案　〇上杉家文書

御判（足利義満）

出羽国大泉庄・越後国上田庄事、亡父民部（上杉憲顕）大夫入道々昌所給康安元年十月二日御下文紛失云々、而相伝之上者、不可有相違之状如件、

明徳五年二月廿二日

上杉安房入道（道合、憲方）殿

〇七　下総国相馬御厨雑掌徳弘申状案写　〇神宮文庫所蔵「鏑矢伊勢宮方記」上

二所太神宮（伊勢国度会郡）御領下総国相馬御厨嫡家次男雑掌徳弘謹言上

欲早賜連署解状、被執申　関東御方、被成下厳密御教書於守護方（千葉満胤）、被停止三位房頼円無故相語諸方権門、乱入郷々、凝（擬）掠取神物、致障导条、神鑑恐尤不少者歟、所詮於彼頼円者、被処神税執（犯カ）用重科、被追却国中出入、至郷々対捍地頭等者、（止脱カ）非分抑留儀、徴納厳重色々神税上分物等、専式日神役勤子細事

副進

一通　郷々地頭等対捍注文

右、当御厨者、当国権介平朝臣常重（千葉）・同男常胤（同）、去大治・久安・永暦自奉寄　二所太神宮御領以来、為一円神領、備進式日神宮管（役）領無依違地也、而彼三位房頼円相語権門、乱入郷々、掠取色々神物、将又以厳重神領、令寄附寺領云云、旁自由猛悪之段、絶于常篇者歟、因茲式日神役及欠如之条、神領没倒之至、神慮尤難測者哉、所詮於彼頼円者、為神税執（犯）用重科之身上者、不日被追却国中之出入、可被処罪科者也、然早賜解状、被執申　関東御方、被成下厳密御教書於守護方、被停止諸方非分押妨之儀、任先例員数全徴納、致恒例神役之勤、為専　天下安全御祈禱之忠勤、粗言上如件、

明徳五年二月　日

○八　某過所写　○東京大学史料編纂所所蔵「寺社古状」一

藤原関(下野国塩谷郡)所事、興禅寺(同国河内郡)造営之時、材木高扱等以当住持判、無遅儀可申通之状如件、

明徳五年三月五日

藤原代官方

○九　香取社奉行衆連署安堵状　○香取分飯司家文書

香取社(下総国香取郡)　吉原検杖(校、下同ジ)屋敷田畠等之坪付事

合在　田ノ坪付ハ別シニ有、畠ハおほかき(大垣)内五反、内二反小ハヤシキ(屋敷)、検杖私二反、大ハ御名検杖手作者、

右、かの畠ハ四帳合無子細処也、仍為後証之御奉行衆御判形畢、

応永元年三月十日　案主（花押）

田所（花押）

録司代（花押）

○一〇　長立置文　○能永寺文書

能永寺(相模国三浦郡)之事

応永元庚申年建立致之、於寺内境者、東ハ岩根にあなをほり、山にハ井をほり、西にハきりぬき有之、北ハ畠のふちまて、是能永寺境、為末代委しるし置者也、

応永元年

庚申三月十五日　長立（花押）

○本文書、検討の要あり。

○一一　日奉玄珍（広重）寄進状　○浄光明寺文書

相模国中沼郷(四宮荘)并今里村(同)内田畠・屋敷等事、為方丈・客殿・千手料所、々寄附之也、斯乃奉為先考希能禅門文和二年六月廿八日円寂、荘厳報地者也、雖申成華厳院(浄光明寺、相模国鎌倉)領御判、惣別一味之間、別以令寄附于常住畢、仍為後寄進之状如件、

明徳五年三月廿三日　玄珍(日奉広重)（花押）

〇一二　某満恒・某彦九郎連署還補状写　〇彰考館所蔵「吉田薬王院文書」

飯宮〔富カ〕神宮寺阿弥陀堂寄進畠坪者、細谷蓬萊畠八段、如元令（常陸国吉田郡）
還補処如件、

明徳五年卯月九日

兼田所代彦九郎（花押影）

兼田所満恒（花押影）

〇一三　興徳寺鰐口銘　〇個人蔵

（表）
熊野三所権現御宝前鰐口一ケ

武州比企郡唐子郷興徳寺

（裏）
明徳五年卯月十五日

〇一四　某賢雄年貢請取状写　〇樋口本「秋田藩家蔵文書」二九

（注記）
「沙弥賢雄書　赤坂文書」

納　石河庄蒲田内三分壱赤坂村国衙御年貢事（陸奥国）

合壱貫文者、

右、去年分所納如件、

明徳五年四月廿五日

沙弥〔賢雄〕（花押影）

〇一五　相馬憲胤起請文　〇相馬文書

□□之段銭事、任被仰出之旨、雖被過分沙汰候、重

奥州行方郡之御公事田数之□〔事カ〕、委細可注申之由蒙仰候間、

右仁〔古カ〕等尋承候処、前代事者、郡内五拾町之御公事□□申

候由承及候、雖然先代減〔滅亡〕望之動乱以後者、山野罷成候、

永代損望〔亡〕之地間、於愚身三代者、以上拾五町之御公事勤

申候也、右此条偽申候者、

日本国中之大少〔小〕神祇、殊若宮八幡・妙見大菩薩御罰可罷蒙

候、仍起請文如件、

明徳五年五月六日　相馬治部少輔憲胤（花押）

進上　御奉行所

〇一六　下総国大畠村登戸検注雑事日記　〇香取案主家文書

注進明徳五年甲戌五月七日大畠村《(下総国香取郡)》登□□□《(戸検注)》雑事日記
白米一升十文金丸三反内　大長手　一升十文　二分二反　副祝
五合五文　タイノ畠金丸　大長手　五合五文金丸三反内　与一入道□
金丸一反小　金□□□《(丸三反カ)》
五合五文　青木入道跡　一升十文　田□《(冷)》□□
同一反下ノサクシリ
五合五文　御子別当

同瓶日記
一瓶金丸正判官代　一瓶金丸田冷　青木入道跡
一瓶上分副祝　一瓶内司半彦八　半神子別当
一瓶内半大かなて　金丸　半与一入道マチ　金丸小三郎　平大郎

案主（花押）
田所（花押）
録司代（花押）

〇一七　建仁寺曇瑜願文　〇熊野本宮大社文書

（端裏書）「きやうちうひかしやまけ□□□□《(んにんし)》のそうとん□《(ゆ)》」《(京中東山建仁寺)(僧曇瑜)》
山しろのくに《(城国)》のうちひかしやまけんにんし《(東山建仁寺)》のそうとんゆと《(僧曇瑜)》
申也、ほんくう《(本宮)》《(熊野山、紀伊国牟婁郡)》の御し《(師)》いわたとの内のはう《(坊)》にて、御入候、
いまよりのち八、御し《(師)》とたのみ申候へく候、
明徳五年五月九日　曇瑜（花押）
かうつけのくに《(上野国)》
又御せんたち《(先達)》たていしの大夫殿

〇一八　慧俊書状※　〇金沢文庫所蔵「持犯篇後抄」紙背文書

（封紙上書）「謹上　人々御中　比丘慧俊」
両度御札委細令拝見候了、
抑先度御札并御寄進状、去九月廿八日到来候了、御借物少
事候、又新御寄進□□間、御返候ハすとも不可苦候歟之
由、存候之処、丁寧御意□□如此御寄進候事、難申尽□□
畏入候、荒田事ハ、度々蒙仰候之間、令進注文候き、屋敷

（中欠）
此下向以前ニ、既令進□□之処、両方御寄進候、寺家永代大慶候、但此屋敷ハ了禅房善光寺（信濃国水内郡）参籠時、百廿日つゝこもり申候を、百八十日つめ申候、其忠功ニより候て給候き、如此所ニ候間、斟酌申度候へとも、此仁にハかわりを給せられ□よし承候間、先請取申□□かし、如此子細、既ニ可申入候之処、便宜即ニ候へき由承候間、待申候、今まて御返事令遅引候事、返々恐入候、
一、御寄進状文字御不審□□間、可進之由、蒙仰候間、如□□文すこしもたかい候ハす□□
（中欠）
文を書進候、此ハ文字無相違候歟、正文ハ路次おほつかなく候間、先進案文候、若此外ニ又あそハしなをされ候へき子細候ハヽ、御左右ニしたかい候て、正文を進候へく候、
一、目録無子細御まほ（守）りに入候由承候、悦喜仕候、又雖乏少□□引茶小箱一令進候、下品□□恐入候、恐々謹言、

（年未詳）十月十六日　　比丘慧俊（花押）

謹上　人々御中

○本聖教奥に明徳五年五月十一日とある。本文書以下七通同聖教紙背文書を、その日にかけて便宜ここに収める。

一九　慧俊書状※　○金沢文庫所蔵「持犯篇後抄」紙背文書

（封紙上書）「謹上　善済寺御侍者　　比丘慧俊」

今朝廿一日当寺檀方違例難儀候之由、伝承候、老体事候間、定難儀候候ぬと存候、此間随分寺々をハ大事なる事ニ申され候し、其志もたしかたく候間、明日廿二日ふと鎌倉（相模国）へ罷立候、此間愚身私のたくわへつきはて候、惣別にも今年ハ所務かい〳〵しくあるましく候、計会無申計候、道の粮
（中欠）
候間罷立候、料足三貫ハかり借給候者、可然候、雖無心申状候、此間檀方のこゝろさしに候間、万事をさしおき候罷立候、愚身何様ニ罷成候とも、僧達存知事候、此状を支証として仰候者、自惣寺可有沙汰候、恐々謹言、

（年未詳）十月廿一日　　比丘慧俊（花押）

謹上　善済寺御侍者

〇二〇　宗忍書状※　〇金沢文庫所蔵「持犯篇後抄」紙背文書

講讃寺態御上候て、御対面候へく候ところニ、次なく候□
□□御見参候へハ、御心やす□□愚身参候て、御悦可申候
へ□□無隙候間、不参候、御状恐入候、恐惶謹言、
（年未詳）十一月十三日　　宗忍（花押）
（切封墨引）

〇二一　宗忍書状※　〇金沢文庫所蔵「持犯篇後抄」紙背文書

こんはう《（牛蒡）》三把進之候、少分候事恐入候、
先日愚状進之候処ニ、御返事給候、恐入候、受者無子細御
受願候之条、目出度候、兼又檀方違例より《（に脱カ）》候て、鎌倉《（相模国）》へ御
上道候之間、御辛苦恐《ミ》なから察候、さりなから御とりなを
し候へハ、我等まても悦喜申候、
（後欠）

〇二二　宗忍書状※　〇金沢文庫所蔵「持犯篇後抄」紙背文書

喜便宜令申候、抑鎌倉《（相模国）》へ御上路次之間、御辛苦恐なから察
候、さりなから壇方の御病気無子細御とりなをし候事、我
等まて悦喜申候、御意乍恐察申候、参候て可申入候候《（衍）》へと
も、近比庫院指合
（後欠）

〇二三　宗忍書状懸紙※　〇金沢文庫所蔵「持犯篇後抄」紙背文書

（封紙上書）
「引摂寺御侍者□《（御カ）》報　　宗忍」

〇二四　某書状※　〇金沢文庫所蔵「持犯篇後抄」紙背文書

愚状之体可□《（蒙）》御免候、
御しやう《（状）》おそれ入おほせかふり候ぬ、まめ《（豆）》のかわり二百文
給候、今日いち《（市）》にてかひ候て、まいらせ申□《（候カ）》、こやなきの
まめの事うけ給候、いまたこなたのまめのうりかひさたま
らす候、御ようとう《（用途）》を給候て、まめのうり□《（かカ）》いをまち候て、
とり候て、まいらせ候へく候、こなたのつくり

（後欠）

○二一五　東光禅寺雲版銘　○埼玉県鴻巣市雲祥寺蔵

明徳五年甲戌五月念（二十）五日
武州賀村（足立郡）県医王山東光禅寺常住
住持比丘尼雪庵希明置之、

○二一六　本成寺規式并禁制写　○「陣門諸祖略伝」

定　日陣在御判　（越後国大面荘）本成寺規式并禁制之事
一、剃髪之後者、閣万事、以夜継日、可致学問、稽古者也、
但於不能其器用之輩者、以無二之信心、可存給仕、奉公
之処、空送年月、徒経時々之条、甚以不可也、然間向後
堅固可存此旨者也、
一、毎日二時晨朝・日没勤行之刻、無懈怠可被参攸、殊更於晨朝
之勤行者、皆参入堂可有勤行、若於三日不参之輩者、
三ヶ夜之間可有灯油之沙汰也、但除現病遠行者也、
一、毎日当番二人正・権勤仕当番役云云、然者先臈者止宿御
堂、而可被申宿直、若有闕如之人者、任先日約束二日三
夜可令勤行也、
一、仏具等紛失之時者、為当日番役可弁済也、如兼日法式
而已、
一、当年常住臈次之方、於童形者、以十七出家可為方次也、
同年可依前後也、而於内陣出仕之事者、可経三ヶ年者也、
一、剃立法師之事、以十三可為方次、十ヶ年之間可為外陣
也、
一、横入次第事、七ヶ年之間可為外陣出仕、但依人可有用
否也、
一、於他方来者、十ヶ年之間可為外陣出仕、但随器用可有
出進歟、
一、朝夕行法以後、不法談不可論無益雑言事、
一、依当寺止住為休息授部屋坊之後、号退出、或号要用、
以件部屋坊不可被移他所、縦其身者、雖不止住、以坊屋
者、御堂修理料可令点定者也、
一、比丘尼女性以下俗衆等、同以不可参候、内陣縦令雖為

僧衆帯武具而不可着座也、
一、不着袈裟不可参入内陣事、
一、売買本尊持経科事、一期之間可停止出仕也、
一、於打擲罪科者、五ヶ年之間可停止出仕也、
一、悪口謗言科同上、
一、於刃傷事者、十ヶ年之間可停止出仕也、
一、殺害科事、可限一期也、
一、博奕科事、五ヶ年之間可停止出仕也、
一、盗人科事、二十ヶ年之間可停止出仕也、
一、密懐事、可為一期也、
右、於此廿ヶ条之制法者、無親疎堅可致其沙汰者也、兼又剃不経戒臈、不積法臈、只守剃髪姿計、為無智無行身、欲隣上座之条、且背出世之法、且違世間之礼、甚以不可也、然則可謂増上慢比丘、将墜於大忱、亦可思謂已、均仏名増上慢者矣、嗚呼此文可恐々々、此句可恥々々、然者向後固所制止也、若背此旨之輩者、永不可為聖人御門跡、仍末代後証制法之状如件、

応永元年戌〔ママ〕申六月五日

○応永元年は甲戌。

○二七　走湯山女神像銘　○静岡県熱海市伊豆山神社蔵

（胎内銘）
大仏師周□（花押）
（伊豆国田方郡）
走湯山
明徳五年六月八日
（足裏銘）
弘順

○二八　走湯山男神像銘　○静岡県熱海市伊豆山神社蔵

一心三諦観□
一行一切行
恒修□〔此カ〕三昧
（梵字）（梵字）（梵字）
契海　内田入道玄郎広希
一切諸人皆入□
□□〔契カ〕　亡泉正薫周聖女六寿
青吾□　明徳五□〔年カ〕六月□

□身□

○本銘文、前号にかけて便宜ここに収める。

○二九　観仏譲状写　○夷本間文書

（端裏朱書）「九」

ゆすりわたすさと（佐渡）の国釜屋ほう（保）三ふん二・ふなしろ（舟代）のかミ（上）村、しそく（子息）いや二郎にゆつりわたす事しちなり、たのさまたけなくちきやう（知行）すへき状如件、

応永元年六月廿二日　観仏在判

○三〇　善益等四名連署寄進状　○円覚寺文書

（端裏書）「糟屋景徳寺寄附当院文書」

奉寄附

相州糟屋庄内小鐺（鍋）島郷瑞竜山景徳寺、可為円覚寺（相模国山内荘）正続院末寺之事

右、当寺者、崇杲西堂開山之地也、然　正続院者、依為　先祖常照国師（無学祖元）之霊塔、寄附以為末寺者也、但於住持以下者、為先師之遺跡、任理運可定之、随而　祖忌料足毎年壱貫文可致沙汰候、仍後証之状如件、

明徳五年甲戊（戌）六月廿四日　住持善益（花押）

善金（花押）

善傑（花押）

善積（花押）

正続院侍真禅師

○三一　了悟寄進状写　○「歴代古案」六

寄進申

一、上野国くるま（群馬）の郡かいさわのむら（貝沢村）の内聖了寺領田畠之事

右所ハ、武蔵国波羅（幡）郡長井庄田島の郷内田八段・畠五段、彼所ハ長井の柴のうたのすけ（雅楽助）、彼重代相伝の領分はいとく（買得）する所也、しかるを聖因庵主の菩提のために、彼寺に永代券状共にきしん（寄進）申所実也、若彼所において、子孫いらん（違乱）わつらい（煩）候とも、此状のむねとして御ちきやう（知行）ある

へく候、仍為後日状如件、

明徳五年甲戌六月廿四日

了悟判在

○三二一　千葉満胤遵行状　○中山法華経寺文書

（下総国八幡荘）中山本妙寺弁法印日尊申

下総国八幡庄真間弘法寺本尊・聖教・御堂并敷地等事

付諸末寺

右、日満背代々先師置文、引分門徒向背師匠之条、希代所行也、所詮任去永徳二年十二月晦日御教書之旨、可沙汰付所持物所帯等お本妙寺之状如件、

明徳五年六月廿九日

（千葉）平満胤（花押）

○三二二　某胤家遵行状　○中山法華経寺文書

下総国八幡庄内真間弘法寺御堂并本尊聖教等事、任御教書之旨、宍倉十郎（道憲）左衛門入道相共莅彼所、可被渡付下地お中（下総国八幡荘）山本妙寺代之状如件、

明徳五年六月晦日　右衛門尉胤家（花押）

木内七郎（胤信）殿

○三二四　斯波詮持書下写　○内閣文庫所蔵「伊達略記」

大寺安芸（光義）入道々悦・竹貫参河四郎光貞ト相論石川郡（陸奥国）吉村之事、道悦所申頗有其謂云々、早任代々可致領掌状如件、

明徳五年七月朔日　左京大夫（斯波詮持）判

○石川郡須釜村大安寺由緒書。

○三二五　今川泰範書下　○駿河伊達文書

駿河国入江庄内若宮方半済福島弾正左衛門尉跡事

右、所預置也、守先例可致沙汰之状如件、

明徳五年七月二日　前上総介（今川泰範）（花押）

伊達弥五郎（範宗）殿

〇三六　宍倉道憲打渡状　○中山法華経寺文書

□□□（下総国カ）八幡庄真間弘法寺本尊・聖教・敷□（地カ）□□諸末寺等
事、任去六月廿九日御施行并御注文之旨、木内七郎（胤信）相共莅
于彼所、欲渡付御堂敷地・本尊・聖教・先師影・免田畠等
本妙寺（下総国八幡荘）代官、於本尊・聖教・先師之影等者、日満已下僧衆
并市河（同）両宿地下仁等、悉盗取之間、先御堂敷地・免田畠等、
渡付本妙寺代大蔵卿阿闍梨候訖、仍渡状如件、
明徳五年七月二日　沙弥道憲（宍倉）（花押）

〇三七　鶴岡八幡宮執行紹賢書下案写　○「鶴岡事書日記」明徳五年七月条

佐坪（上総国埴生郡）書下案
盆料事、如去年各一駄宛可進上之、於向後者、毎年可為此
定之旨、堅可被申合百姓等、若無沙（汰脱カ）之時者、可被罪科之状
如件、
明徳五年七月五日　法印（宝蔵坊紹賢）
佐坪政所殿

〇三八　足利義満袖判御教書案　○佐々木文書

鹿苑院殿様（足利義満）
御判
上総国畔蒜庄事、所返付也、但当所年貢内於毎月参千疋者、
為禁裏（後小松天皇）御服料、可令進済也者、佐々木治部少輔高詮（京極）可領
掌之状如件、
応永元年七月十三日

〇三九　「法華玄義抄」巻一奥書　○滋賀県叡山文庫真如蔵

法花玄義巻第一鈔第一
于時明徳第五暦甲戌八月三日、於上野国渋河（群馬郡）談（義脱カ）所書写畢、
請後見加添削者也、
右筆美濃国横蔵寺（大野郡）住侶貞海生年廿三才

〇四〇　宗順段銭請取状写　○樋口本「秋田藩家蔵文書」二九

「宗順書　赤坂文書」（注記）
納　浄妙寺（相模国鎌倉）段別銭五拾文宛之事

陸奥国石河庄内赤坂又太郎知行分公田壱丁八反文銭
　合九佰文者、蒲田村内分也、
右、所請取之状如件、
明徳五年八月十四日　宗順（花押影）

○四一　「法華玄義抄」巻二奥書　○滋賀県叡山文庫真如蔵

于時明徳五年甲戌南呂（八月）中旬之天、於上野国群馬郡渋川ノ談所（義脱カ）
書之畢、

○四二　斯波義将施行状　○宝鏡寺文書

（付箋）「斯波左衛門佐義将」
尾張国於田江庄（井）闕所分事、早任去十九日御書之旨、可被沙
汰付北向殿（藤原慶子、足利義満室）御代官之状、依仰執達如件、
応永元年八月廿一日　左衛門佐（斯波義将）（花押）
今河右衛門佐殿（仲秋）

○四三　今川仲秋遵行状　○宝鏡寺文書

（付箋）「今河右衛門佐仲秋」
尾張国於田江（井）庄内闕所分事、任去十九日御書之旨、沙汰付
下地於北向殿（藤原慶子、足利義満室）御代官、可執進請取之状如件、
応永元年八月廿四日　右衛門佐（今川仲秋）（花押）
中賀野修理亮殿

○四四　上野国新田荘江田郷内得河方目録　○正木文書

（上野国）□（新）田庄江田郷内得河方目録□（事）
□（一、）四町五段　分銭拾貫三百文　又三郎
□（一、）壱町八段　分銭伍貫二百文　木部
□（一、）三段半　分銭一貫五十文　太郎二郎入道
一、壱町　分銭弐貫七百文　江田御坊
一、五段此内半不作　分銭壱貫三百文　了実
一、二段　分銭六百文　孫八入道
一、二段年々不作　彦七
一、五段此内四段年々不作一段開　分銭弐百文　又三郎入道

已上田数九町半　分銭弐拾壱貫三百五十文定
同所畠分
〔一、〕□八段　分銭壱貫六百文　木部
一、三段　分銭六百文　太郎二郎入道
〔一、〕□八段　分銭壱貫五百文　江田御坊
一、壱段　分銭弐百五十文　孫八入道
一、壱段　分銭弐百文　孫三郎入道
一、六段　分銭壱貫文　江田孫六
一、四段　分銭八百文　江田六郎五郎
一、壱段　分銭弐百文　彦七
已上　畠数三町二段　分銭六貫百五十文定
合田畠拾弐町弐段半分銭
都合弐拾七貫五百文定
明徳五年甲戌八月廿七日　国政上（花押）

○欠損箇所は写本にて補う。紙継目裏に国政の花押がある。

○四五　神祇官証状　○居多神社文書

「（包紙上書）る　神祇官領御書　（異筆）「神祇官領御書　応永元年八月」
居多社事　越後国一宮
嵯峨天皇弘仁四年七月壬申、奉授越後国頸城郡無位居多神
従五位下、清和天皇貞観三年八月三日甲辰、越後国従五位
上居多神、授従四位上、
已上弘安九年十一月五日依彼社祠□□（商カ）長氏盛命所見之
至、且注出之矣、
正四位下源朝臣（花押）
如此神事為当家存知事、雖有面々口伝、未拝其職、所注出
頗憚存者也、然而神□（不カ）亨（享）非礼所存□何有過乎、
（花押）

○四六　永豊寺雲板銘写　○「駿河記」一六

駿州（益頭郡）小沼県
明徳五年甲戌八月吉日
永豊寺常住

○静岡県焼津市　永豊寺旧蔵。「駿国雑志」巻之三一中・巻之

四七之三は「明徳九年甲戌八月吉日」とする。

○四七 「法華玄義抄」巻三奥書 ○滋賀県叡山文庫真如蔵

法花玄義第一抄　第三甲ノ下畢、
応永元年甲戌九月廿三日
於上野国群馬郡渋河之談義所聞書畢、
慶舜

○四八 「法華玄義抄」巻九奥書※ ○滋賀県叡山文庫真如蔵

花〔ママ〕法玄義第三抄
武州児玉郡金讃宮談〔義所脱カ〕書写而已、
伝領　慶舜

○本奥書、前号にかけて便宜ここに収める。

○四九 道中書状 ○大善寺文書

あきまち分内道より上の畠、故入道殿被申寄進候上者、別

当被渡付候て、請取可被取進之由候、恐々謹言、
明徳五年十月八日　道中（花押）
進上小次郎殿

○五〇 侍従某田売券 ○香取要害家文書（下総国香取郡）

〔端裏書〕「いなきのうりけんの状　しゝう丁古」
永代ニうりわたし申、田□□〔の状の事〕
合直せん（銭）六貫文者
右、件の田つほハ、丁古やつ下いなき一反お、めうねんき（明年）（応永二年カ）のとのいのとしよりはしめ候て、直せん六貫文うりわたし申所実正也、此田ニおてハ、〔い脱カ〕一りう一せんもやくあるましく候、又ハことくせい（御徳政）なり下候とも、此田ニおいき候てハ、いき（異儀）お申ましく候、もしいき申子そん候ハヽ、しんてきたい、又ハふしてきたい（父子敵対）とし候て、そのあとおもつへからす候、仍後為〔ママ〕日状如件、
応永二年〔ママ〕きのへいぬ十月十八日
うりぬし　香取丁古住人　侍従（花押）

永代のうりけんの状

○応永二年は乙亥、甲戌は応永元年。

○五一　鶴岡八幡宮執行紹賢書下案写

○「鶴岡事書日記」応永元年十月条

（武蔵国足立郡）矢古宇郷書下案

就当郷埒役事、百姓等以年貢之内、任雅意切留条、狼籍〔藉〕至也、如此所役者、不限彼郷皆以為地下役至勿論也、所詮急速可令弁済、尚以有異儀百姓等者、直遂参上可申子細之由、可被申含之状如件、

応永元（年脱カ）十月廿二日　（宝蔵坊紹賢）法印

矢古宇郷公文殿

○五二　鶴岡八幡宮執行紹賢書下案写

○「鶴岡事書日記」応永元年十月条

（上総国埴生郡）佐坪書下案

珠数免二ヶ所年貢事、去年以最下分令収納之、不審之処、剰当年分迄、至于今令遅引之条、何体次第候哉、難得心候、急速可被取進之状如件、

応永元（年脱カ）十月廿二日

佐坪政所殿

○五三　鶴岡八幡宮執行紹賢書下案写

○「鶴岡事書日記」応永元年十月条

（武蔵国足立郡）佐々目郷書下案

今年者当郷満作候者、於有限年貢者、百姓等不可申異儀之処、為奸曲代官所務滅〔減〕少、於依怙背往古例、令停止各々検見、号惣郷引懸之候、不及損否、則寄事於左右（方々カ）不応催促、任雅意百姓等其（有脱カ）聞者、且云度々書下、且云新儀、旁以罪科至極也、所詮如此於張本之輩者、不日可被注進交名、次面々代官被相触此旨、於有（ママ）所務有異儀百姓者、同可注進也、雖為何於有緩怠者、不可然之状如件、

応永元（年脱カ）十月廿二日　（宝蔵坊紹賢）執行

佐々目郷公文殿

○五四　足利義満御内書※　○上杉家文書

(端裏張紙)「鹿苑院(足利)義満公十八ノ内」
(同)「五ノ段す印」
(同)「三代足利義満より上杉安房守憲定へ贈ル書」
畠山右衛門佐基国所領総州(上総国)伊南庄事、不日有遵行者、可為
本意、所申下此趣也、可有存知也、
(年未詳)八月六日　(足利義満)(花押)
上杉安房(道合、憲方)入道殿
○本文書以下三通、上杉憲方の没日応永元年十月二十四日にかけて便宜ここに収める。

○五五　上杉道合(憲方)消息※　○上杉家文書

(包紙上書)「　号明月院
上杉安房守憲方御書」
(裏張紙)「二ノ段た印　鎌倉上杉二代」
(端裏書)「明月院殿自筆」(上杉道合、憲方)

ちやうき(長基)ゆつり二つうのほせ候、きやう(京)へあんと(安堵)お申し候
し程に(上杉憲定)、さきにした、め候しをハ、きやう(山城国)へのほせ候ぬ、
しせん(自然)のために、をなしやうに又した、めてのほせ候、又
二郎入道にもたせて候、あなかしく、
「(墨引)」
(礼紙奥、異筆)「明月院殿御自筆」

○五六　上杉道合(憲方)書下案※　○黄梅院文書

武蔵国六浦郷(六浦荘)瀬崎勝福寺門前諸公事以下、任先規、所令免
許之状如件、
明月院殿(上杉道合、憲方)　在判

○五七　守全預状　○輪王寺文書

(端裏書)「守全預状」
預申　御忌日料足事
合本壱貫文者、
右彼之御用途者、毎年十二月中、四文子加利分申候、無懈

怠可沙汰申候、依為後日状如件、

応永元年甲戌十一月十五日

守全（花押）

〇五八　某賢雄年貢請取状写　〇樋口本「秋田藩家蔵文書」二九

（注記）「沙弥賢雄書　赤坂文書」

納　（陸奥国石川荘）赤坂村国衙御年貢事

合壱貫文者

右、所納如件、

明徳五年十一月十五日

沙弥賢雄（花押影）

〇五九　頓学坊珍誉書下案写　〇「鶴岡事書日記」応永二年十一月条

（山城国京都）相国寺御助成段銭事、会所之間衆中披露申之処、開闢已来被停諸公事候上者、堅社家（弘賢）へ致訴訟最中候、暫可有御待之由、可被申御使候、恐々謹言、

応永元也、

十一月廿五日

衆会所

珍誉（頓学坊）在判

（上総国埴生郡）佐坪政所殿

〇六〇　大慶寺空覚五輪塔銘　〇群馬県太田市大慶寺所在

（地輪正面）

明徳五年

（追刻）

「開山空覚上人」

十一月廿八日

（側面、追刻）

逆修五輪

明徳五甲戌十一月廿八日

（上野国新田荘）大慶寺開山法印空覚

〇六一　根本寺大圭置文　〇根本寺文書

（端裏書）「根本（常陸国鹿島郡）二世大圭和尚壁書」

開山塔祥雲庵事者、総門下可為依処、庵主事者、以順番可守候、但可依器用候、老僧等申定候上者、堅可守此旨候、若背此旨輩者、不可為門弟子、仍為後証之状如件、

応永元年甲戌十二月三日

（裏花押）

○六二　鎌倉府奉行人連署請取状　○東北大学国史研究室保管白河文書

納　(相模国鎌倉)鶴岡八幡宮御遷宮要脚面付事

合拾貫文者、

右、為小峰七郎(満政)弁、且所納如件、

応永元年十二月十日　持康（花押）

(壱岐)政高（花押）

○六三　二階堂定種巻数請取状　○金沢文庫文書

(武蔵国六浦荘)金沢称名寺歳末御巻数一枝、入見参候畢、仍執達如件、

応永元年十二月十九日　(二階堂定種)前参河守（花押）

当寺長老(実祐)

○六四　上杉道高（能俊）寄進状案　○報国寺文書

寄附　(相模国鎌倉)報国寺

相模国山内庄秋庭郷内那瀬村事

右、為二親并道宏(上杉重能)禅門追善、令寄進之状如件、

応永元年甲戌十二月廿五日

(上杉能俊)道高在判

応永二年（西紀一三九五）

〇六五　宇都宮満綱感状　〇青木マサイ家文書

当正月三日・五日・七日於福原〔下野国上那須荘カ〕合戦、福原数馬生捕、白川
出羽守霽之首取、無二忠節無比類候、依今日生捕十弐人・
首十五請取幸慶之至候、已上、
応永二年
　亥正月十一日　満綱〔宇都宮〕（花押）
　　阿曾川三河守殿

〇本文書、検討の要あり。

〇六六　称名寺守護結番定書案　〇金沢文庫文書

□守護之次第事

□　阿弥陀堂　宝光院
□　客坊　二室
□　三室　四室
□　護摩堂　綱維坊
□　浄地
□　一室　二室
□番　庫院　地蔵院

□□結番之次第、各半月無□可有守護之状如件、
　応永二年正月十九日

〇六七　伴時義譲状　〇金指靖夫氏所蔵文書

〔端裏書〕「□□」
伊豆国那賀□三島宮□□〔本カ〕□識〔職カ〕事、於文
書者、□□之□也、可令是譲与状如件、
　于時応永二年正月□日
　　那賀之次郎伴時義（花押）

〇本文書、検討の要あり。

○六八　「金剛秘密山王一心三観相伝」巻中記　○滋賀県叡山文庫天海蔵

応永二年二月十日、於下野州宇都宮(河内郡)相伝之、慶珍

○本識語の前に貞治六年五月八日付豪祐、応安四年正月十五日付盛海、後に応永六年正月二十六日付輪海（四九五号）の識語がある。

○六九　「法華玄義抄」巻四奥書　○滋賀県叡山文庫真如蔵

法華玄義第一鈔

于時応永二年乙亥二月十三日、於上野国群馬郡渋河談所(義脱カ)書

写畢、

右筆源詮房興海生年廿四才

○七〇　下屋刑部大夫旦那譲状　○下屋文書

心さし(志)あるによつて、ゆつりわたす二しよたんな(所旦那)の事、一人ものこさすゆつり候なり、又し丶の大夫のあと、ちくこより後ハ、これもさつまとのひくへく候、おなしくひこ四郎大夫のあとも、これら三人のあとおさつまとのニゆつりわたすところしちなり、もしよそよりいき(異儀)申さん物候ハ丶、この状おしよしゆくらう(諸宿老)の御なかにてひらき候て、ひらくへく候、後のため之ゆつり状かくのことし、

応永弐年二月十四日

下や(屋)のきやうふ(刑部)大夫（花押）

この状のおもむき(趣)おそむき候て、ひかん物ハ、二所三たうの御はち(罰)おかうふる候へく候、

○七一　下屋刑部大夫旦那譲状　○下屋文書

返〻もいき(異儀)申さん物ハほうしよ

心さし(志)あるによんて、ゆつりわたすたんな(旦那)、さつまあさり(阿闍梨)ニとらするなり、

やへいたこのかミ四郎のふるいめうゐん・五郎二郎・きやう八入たう・きやう四郎入道、かとかゐのやとう四郎入道のふるい、まんさのすけ四郎・は五郎・しきやう三郎・おとらとの・きやう五郎、大まゐの五郎四郎、

一、ひこ四郎大夫のたんなハ、後々ハさつまあさりのはか

らいたるへし、
かまはらの八郎太郎、入や太郎のふるい、又た郎一のふるいハ、これミなさつまあさりのはからいたるへく候、これをそむいて、よそからいき申さん物ハ、二所三しま（島）の御はつ（罰）をかうふる候へく候、

応永二年二月十五日

しもや（下屋）のきやうふ（刑部）の大夫（花押）

○七二　「大般若経」巻五四三奥書　○千葉県小松寺蔵

仲助（伊賀）　（壺形朱印）

化縁比丘正悦

応永弐年大才乙亥二月十五日書了、筆師浄順之

大山寺常住（安房国長狭郡カ）　大旦那沙弥正照

○七三　「大般若経」巻四七四奥書※　○千葉県小松寺蔵

源仲助（伊賀）　（壺形朱印）

大山寺常住（安房国長狭郡カ）　大旦那沙弥正照

○本奥書以下三点、前号にかけて便宜ここに収める。

○七四　「大般若経」巻四九九奥書※　○千葉県小松寺蔵

比丘正悦

大山寺常住（安房国長狭郡カ）　大旦那沙弥正照

○七五　「大般若経」巻五七五奥書※　○千葉県小松寺蔵

伊賀大炊助源仲助　（壺形朱印）

大山寺常住（安房国長狭郡カ）　大檀那沙弥正照

○七六　某八幡宮鰐口銘　○長野県下伊那郡天龍村　遠山林景氏旧蔵

奉施入見□八幡宮金一□

応永二年乙亥二月二十八日□□□□（願主直カ）

○『信濃史料』第七巻による。

○七七　成田道成契約状　○八坂神社文書

契約申、

播磨国須富庄北方地〔頭脱カ〕職事
〔右、カ〕□所領者、成田下総入道々成重代相伝之本領也、而此間依
不知行、為　祇薗〔山城国京都〕御造営、限年記拾五□〔ケカ〕年之間、所奉契約
也、但此内年貢於毎年百貫文者、為地蔵院可給之也、又過
拾五ヶ年者、此内年貢毎年百貫文、永代可奉寄進　祇薗宝
寿院、若万一相互背此契約之儀、出来違変事者、被付一方、
可被知行也、仍為後証契約之状如件、
応永二年乙亥二月二十九日　　道成
正祀（花押）

○七八　宝戒寺山王七社懸仏盤裏墨書銘写

○神奈川県鎌倉市　宝戒寺蔵

山王七社并大行事早尾
御正体一面
右、応永二年丁亥〔ママ〕二月晦日造立之、於御神体者、自元有之
鏡以下荘〔厳脱カ〕等新造之、於御遷宮者、三月二日丙申戌剋為仏法紹隆
利益有情護国利民也、
当寺〔宝戒寺、相模国鎌倉〕住持沙門興顗敬奉造体之、

○本墨書銘は、文政十二年修補の盤に書写されている。

○七九　鶴岡八幡宮執行尚賢書下案写

○「鶴岡事書日記」応永二年三月四日条

佐坪〔上総国埴生郡〕書下案
八幡宮〔鶴岡八幡宮、相模国鎌倉〕領上総国〔埴生郡〕一野村内杓子屋敷并沢一分在家田畠等事、
薭右京亮清茂多年以隠密之儀、令押領之由、有其聞、急速有糺
明、可有注進之状如件、
応永二年三月四日　　当執行尚賢〔智覚坊〕ノ始判形也、
法印
佐坪政所殿

○八〇　鶴岡八幡宮執行尚賢書下案写

○「鶴岡事書日記」応永二年三月四日条

書下案
同日　「佐坪政所〔封紙上書カ〕〔上総国埴生郡〕　法印尚賢〔智覚坊〕」
二月廿三日注進披見了、

一、早野(同)珠々免年貢壱貫文到来候、此所者天羽(頼円)三位先立令
紀明所請取也、矢貫(上総国埴生郡)・倉持(同)両所事、尋出候由雖被申、年
貢未到来候、如何委細可有注進候、
一、両村(佐坪・一野村)去年段銭訴訟事、如何候、雖其沙汰以前儀、被仰
付上者、代一度事也、強非可歎申、如此之天役者、皆為
地下之弁条、無其隠者也、然而御年貢之内、不可有其
券(募ヵ)、於耕作者致其労者、可有不便之御沙汰之状如件、
応永二年三月四日　法印(智覚坊尚賢)

○八一　行法・祐公連署段銭納状写　○「秋田藩家蔵文書」一〇

(注記、朱書)
『祐公・行法蓋鶴岡八幡社僧歟連署』
納　鶴岡八幡宮(相模国鎌倉)御修理料陸奥国段銭事
金成三郎四郎知行分岩崎郡(陸奥国)金成村内一町分
合五百五十文者、
右、所納如件、
応永弐年三月十日　祐公（花押影）
行法（花押影）

○岡本又太郎元朝家蔵文書。

○八二　中条寒資寄進状　○大輪寺文書

重奉寄進
大輪寺(越後国奥山荘)禅円融庵赤川(同)村田地事
合千伍百苅者坪付在別紙、委細見先寄進状、
右、寄進状之趣、大夫将監(中条)禅門法名秀和并舎弟前(同)土佐守政義
法名秀田委細其趣被載寄進状之□(間ヵ)、有同心評定、一状領過被加
両判形畢、然寒(同)資受父政義後改為政資譲相続、秀和他界之後、
寒資一縁(円)領知秀和知行之分、仍為全後代証拠今重所副別紙
寄進状也、仍為後代亀鑑重寄進状如件、
応永二年乙亥三月十八日　前土佐守平寒資（花押）
○『越佐史料』巻二による。

○八三　国分忠胤ヵ寄進状　○観福寺文書

(裏書、下部、横位置)
「地蔵堂文書　神賀」

奉寄進
　地蔵堂免事
右、堂免者、限永代、御庵え所令寄附也、仍状如件、
　応永二年三月廿二日　三河（国分忠胤カ）（花押）

〇八四　塚田宿三島宮鰐口銘　〇埼玉県大里郡寄居町　三島神社蔵

武蔵国男衾郡塚田宿三島宮鰐口
応永二年乙亥三月廿七日

〇八五　上杉禅助（朝宗）奉書写　〇彰考館所蔵「石川氏文書」

常陸国吉田郡平戸郷内平戸掃部助・同左衛門大夫入道等跡、供島田村事、任今
月十二日還補御下文之旨、可被沙汰付下地於石河左近将監
国昌之状、依仰執達如件、
　応永二年三月廿八日　沙弥（上杉禅助、朝宗）（花押影）
　佐竹左馬助（義盛）殿

〇八六　今川了俊（貞世）書状　〇天竜寺文書

（駿河国志太郡）田尻南村正税御教書到来候了、則可致沙汰候、更不可有等
閑候、上洛事近々間、最前令参可申入候、於地下事者、堅
可申付候、他郡之間、成敗《成敗》雖難儀候、御教書候上者無是非
候、此石川事、狼藉以外候由承及候間、不可然候、契約仁
候上総介（今川泰範）在京候、内々堅可被仰付候哉、就是非追出之事可
致沙汰候、恐々敬白、
　（応永二年）四月三日　了俊（今川貞世）（花押）
　（山城国京都）臨川寺侍者
　　御返事

〇八七　足利義満御教書写　〇内閣文庫所蔵浅草文庫本「古証文」六

（山城国）雍州左女牛朱雀（京都）田地伍段事、建長寺正統庵（相模国山内荘）当知行云々、此
上早領掌不可有相違之状如件、
　応永二年四月十一日
（足利義満）太政大臣源朝臣（花押影）

〇八八　称名寺金堂造営木切酒直注文　〇金沢文庫文書

金堂方木切酒直事
唯徳四ヶ日分　唯学三ヶ日分　得仏四ヶ日分
都合十一人分
応永二年卯月廿日　慈運
四十文下行、十五文ハ米ニテ惣ヨリ下行、

〇八九　斯波満持奉書　〇飯野文書

式部大輔所望之事、所挙申候也、可存知其旨状、依仰執達如件、
応永二年卯月晦日　刑部大輔（斯波満持）（花押）
伊賀孫三郎（光隆）殿

〇九〇　鶴岡八幡宮執行尚賢書下案写　〇「鶴岡事書日記」応永二年五月条

書下案
蘇（清茂）押領彼尺（杓）子屋敷并沢一分在家事、以前参上之時、有証状之由披露候、然者来廿日以前、彼具書等宰相（英尊）山臥可被持参、就其可有尋沙汰之状如件、
応永二年五月十二日　法印（智覚坊尚賢）
佐坪（上総国埴生郡）政所殿

〇九一　鶴岡八幡宮執行尚賢書下案写　〇「鶴岡事書日記」応永二年五月条

佐坪（上総国埴生郡）書下案
夏麦之就当毛、可致其弁処、至于秋致沙汰之条不可然候、自当年堅夏可運上、有違背百姓者可有注進焉、
一、祖母谷（同）阿弥陀堂免、未安堵之由依有其聞、先年被相尋之処、于今不参决之上者、可被改易矣、
一、山守免事、先年可被成公物之由落居、遂年々結解可取沙汰焉、
一、甲（早カ）野（同郡）夏麦事、過時節無沙汰之条、無勿体候、付惣夏麦可被進上矣、
右条々、上使綿貫（継玄）被厳蜜（密）催促、可有取沙汰之状如件、
応永二年五月十四日　法印（智覚坊尚賢）

佐坪政所殿

○九二　鶴岡八幡宮執行尚賢書下案写　○「鶴岡事書日記」応永二年五月条

矢古宇（武蔵国足立郡）書下案

去年就坪役事、以御年貢内可切留之由申条、無其謂、皆為地下役之由、被成書下之処、不能参上不事、同致其弁之由申候、各以年貢内令未進之条、甚以自由之奸謀也、所詮就此夏麦可令皆済之由、百姓等可被申付、不可有緩怠之儀之状如件、

応永二年五月十六日　法印（智覚坊尚賢）

矢古宇公文殿

○九三　某奉書写　○彦根城博物館保管井伊家史料

武蔵国伊東左衛門尉氏景跡事

彼氏景以下之輩、去明徳年中於阿須垣原（武蔵国）、令攘盗、或被討留、或被疵、将又太刀鞘落彼在所之間、取之、出守護所云々、仍就被尋下之、先立雖有注進、未尽之間、被返遣了、委細令相明之、可注進之由、可有御下知御代官之旨、被仰出候焉、

応永二年五月廿日　（千坂越前守）（裏花押影）

奉行人

布施左近大夫家連

○九四　鵜川神社黒姫大明神山中殿造営棟札銘写　○『刈羽郡旧蹟志』下

中央　奉造替鵜川（越後国鵜川荘）神社黒姫大明神山中殿

天下泰平、国土安全、田畠能成除難専祈者也、

右　于時応永二乙亥年　越得〔ママ〕国三島郡鵜川庄

黒姫山鎮座　大工高尾村住人喜太郎

左　五月大吉　当山大宮司藤原弘宗敬白

○鵜川神社蔵。

○九五　某信広押書　○円覚寺文書

円覚寺(相模国山内荘)領駿河国佐野郷(駿東部)半済事、自守護(今川泰範)依承子細、雖相綺候、
於向後者、不可有其儀候、若猶及異乱者、為　上裁、為被
処罪科押書之状如件、

応永二年六月一日　　遠江守信広（花押）

進上　御奉行所

○九六　称名寺金堂修造料足注文　○金沢文庫文書

金沢(武蔵国六浦荘)称名寺金堂修造料足日記

応永二年六月三日始之、

一、山取材木事

参拾五貫五百五十文

長柱二本　根続柱七本

足堅木六丁　円座木廿枚

一、番匠方料足事

五貫文　作事始祝孫四郎

五百文　同酒肴料

百三十貫文　作料

七貫四百文　作事間玄水(硯、下同ジ)等九十日之間連々、

十貫文　造畢祝孫四郎

三貫文　番匠衆中

一貫文　酒肴料

四貫五百文　小袖二重孫四郎一重、二人ニ一ツヽ、

三貫文　馬一疋孫四郎

已上百六十四貫四百文

一、鍛冶方

五貫二百文　鉄一駄片担

二貫百文　炭七十三籠

七貫七百文　作料

五百文　事始祝

百五十文　玄水

二貫文　引出物

已上十七貫六百五十文

一、細々材木等事

三貫六百四十文　五六廿六丁一丁別ニ百四十文、

八貫文　長木二百丁
三十貫文　榑三千支
三貫七百五十文　麻苧片担　綱料
已上四十五貫三百九十文
一、修造之間人仕雑用
十一貫四百十四文　百余日之間人仕
米五石八斗五升七合同食料
已上
都合弐佰漆拾肆貫肆佰伍文之内
二百五十二貫文者、帆別銭、
廿二貫四百五文者、寺家年貢銭、

○九七　称名寺金堂修造料足注文

○『東京古典会創立六十周年記念善本入札目録』

(武蔵国六浦荘)
金沢称名寺金堂修造日記
応永二年六月三日始之、
一、山取材木事
参拾五貫五百五十文
長柱二本　根続柱七本
足堅木六丁　円座木廿枚
一、細々材木等事
三貫六百四十文　五六廿六丁 一丁別二百四十文、
八貫文　長木二百丁
三十貫文　榑三千支
三貫七百五十文　麻苧片担綱料
已上四十五貫三百九十文
(後欠)

○本文書、次号に続く。

○九八　称名寺金堂修造料足注文

○金沢文庫文書

(前欠)
一、番匠方料足事
五貫文　作事始祝孫四郎
五百文　同酒肴料

百三十貫文　作料
七貫四百文　作事間玄水等〔硯、下同ジ〕九十日間連々、
十貫文　造畢祝孫四郎
三貫文　番匠衆中
一貫文　酒肴料
四貫五百文　小袖二重孫四郎一重、二人ニ一ツヽ、
三貫文　馬一疋孫四郎
已上百六十四貫四百文
一、鍛冶方料足事
五貫二百文　鉄一駄片担
二貫百文　炭七十三籠
七貫七百文　作料
五百文　事始祝
百五十文　玄水
二貫文　引出物
已上十七貫六百五十文
一、修造之間人仕雑用
十一貫四百十四文　百余日之間人仕酒直
米五石八斗五升七合同食料
已上
都合弐佰七十四貫四百五文之内
二百五十二貫文者、帆別銭、
廿二貫四百五文者、寺家年貢銭、
○本文書、前号より続く。

○九九　称名寺金堂造営人仕酒直注文　○金沢文庫文書

金堂方人仕酒直事自六月三日十日マテ分
三日百廿六文廿四人分　四日廿五文五人分　五日四十五文九人分
六日六十文十二人分　七日三百廿三文七十五人分　九日三十五文七人分
十日十文二人分
右者自三日十日マテ分
已上六百廿六文〔マヽ〕下行
応永二六月

〇一〇〇 蘆名正乗（盛次）寄進状　〇示現寺文書

（端裏書）
「（陸奥国熱塩）示現寺寄進状太郎丸入道　山四所証文」

奉寄進示現寺所領之事

右、（陸奥国）耶摩郡岩崎村内限山在家四間、於永代為（蘆名盛次）正乗二親菩提、
所寄進申也、若於彼所正乗子々孫々中、到競望輩出来者、
永為不孝子、正乗所領之中少不可有知行事者也、仍為後日
寄進状如件、

沙弥正乗（花押）

応永二年乙亥六月十三日

〇一〇一 足利氏満御教書案写　〇「喜連川家御書案留書」

就方々怪異祈禱事、近日殊可令抽精誠給之状如件、

応永二年六月廿五日　（足利）氏満
御判

（相模国山内荘）円覚寺長老

〇一〇二 称名寺金堂造営手伝酒直注文　〇金沢文庫文書

（金）
今堂方手伝酒直事自廿日至晦日

廿日三十五人分百七十八文　廿一日三十九人分百九十五文　廿二日三十六人分百八十三文
廿三日六十九人分三百四十五文　廿四日廿三人分百十八文　廿五日廿人分百三文
廿六日二人分十文　廿七日二人分十文　廿八日廿一人分百八文
廿九日廿九人分百四十八文　卅日廿一人分百八文
縄代八十文百文小工方へ百文玄水（硯）臨時
已上壱貫八百一文下行之、

（応永二年）六月

〇一〇三 聖観音像胎内墨書銘　〇栃木県芳賀郡茂木町　松倉山観音堂蔵

（上部背板内面）
当庄領主越後守官（管）領大和守藤原国長
結縁衆金剛仏子重尊、同千代大女
大領主聖人月峰智好禅師、生年六十五歳
大檀那大岩治部小（ママ）輔入道普藤
応永二年六月晦日事始□

作者　法真禅師

〇一〇四　山王十禅師懸仏盤裏墨書銘

〇新潟県佐渡市小比叡神社蔵

応永二年六月日

（異筆）「ちいそう」

山王十禅師

（同異筆）「御志やう大」

願主加賀坊

〇一〇五　和田大明神修造棟札銘写

〇「真行寺縁起」

奉修営和田大明神神広前

応永二年乙亥六月日　平蒲景謹拝

〇千葉県山武市　真行寺（廃寺）旧蔵。

〇一〇六　薬師如来像胎内墨書銘

〇新潟県上越市山寺薬師堂蔵

（頭部）大檀那三善讃阿勧進沙門祐山

応永第二年大才乙戌（ママ）七月二日

大仏師筑後法眼

〇一〇七　鶴岡八幡宮執行尚賢書下案写

〇「鶴岡事書日記」応永二年七月条

（上総国埴生郡）佐坪書下

一、当村盆料事、号近年不熟以少分致其弁之条奸曲也、所詮於当年者、以一駄宛分可致其弁由、堅可申含、若於有無沙汰者、可為政所許容由、依運上多少可有罪科之状如件、

応永二　七　五　法印（智覚坊尚賢）

佐坪政所殿

〇一〇八　鶴岡八幡宮執行尚賢書下案写

〇「鶴岡事書日記」応永二年七月条

（上総国埴生郡）佐坪・（同）一野両村夏麦事、反別五拾宛分進上内、五人分号定

不令難渋条、不可然、急速致譴責、可有取沙汰、尚以及異儀者、重而可有注進、同珠数免夏麦三連、且所被上之状如件、

応永二年七月六日　法印（智覚坊尚賢）

佐坪政所殿

〇一〇九　鶴岡八幡宮執行尚賢書下案写

〇「鶴岡事書日記」応永二年七月条

上書　法印尚賢

上書　佐坪（上総国埴生郡）政所殿

当村山守免田畠事、可被成公物之由、落居之間、去明徳三年七月廿七日被取進請文之処候、無音之間、当年重而雖致催促、尚以難渋之条、太不可然、彼任押書趣、三ヶ年分可有取沙汰、同当年分土貢者、宰相（英尊）被仰付畢、押書進之、

一、祖母谷（同郡）伊勢房職事、被闕所之上者、下点札可被相触左右之状如件、

応永二年七月六日　法印（智覚坊尚賢）

佐坪政所殿

〇一一〇　光源渡状

〇金沢文庫文書

□□一本　規式帳二巻古

各帳一帖　番帳一枚

茶盤一　茶瓢一対

代々渡日記二巻順逆

右、所渡之状如件、

応永二年乙亥七月十六日　沙弥知事光源（花押）

〇一一一　鶴岡八幡宮執行尚賢書下案写

〇「鶴岡事書日記」応永二年七月条

態以飛脚申下候、抑就〔衆、下同ジ〕府中国廻、近郷悪党等令居住於当郷之由、其聞候、若然者、無勿体次第也、有糺明、可被払於郷内候、及異儀輩候者、忩々可有注進候、以府中使可執進之、次可被尋聞食子細候、当郷百姓十五人交名在別紙、今月中可被召進候、於有難渋之族者、可有殊罪科沙汰候、努々不可有緩怠之儀之状如件、

応永二年七月廿三日　法印（智覚坊尚賢）

佐々目郷（武蔵国足立郡）政所殿

〇一一二　鶴岡八幡宮執行尚賢書下案写

〇「鶴岡事書日記」応永二年七月条

当郷氷河宮々大夫、就彼職可被尋之旨候、文書等今月中可令持参候、若令遅々者、当作毛等可点札、可被申子細之状如件、

応永二年七月廿三日　　法印（智覚坊尚賢）

佐々目郷（武蔵国足立郡）政所殿

〇一一三　武蔵国佐々目郷百姓等交名案

〇「鶴岡事書日記」応永二年七月条

文恵坊（重純）百姓　　安察（按）法印（智覚坊尚賢）百姓
右馬三郎入道浄阿弥　　藤内次郎入道長阿弥
同上
弥藤太郎入道宗円
文恵坊百姓　　唯円法橋百姓
又三郎入道妙禅　　平内太郎入道蔵教

執行安擦（按察）法印百姓　　頓学坊（珍誉）百姓
五郎三郎入道本阿弥
蓮花坊（禅瑜）百姓
鹿島大夫　　鈴屋
七郎三郎入道道久
孫次郎入道性宝
彦八入道実賢　　禰宜橋
太郎次郎
安藤四郎入道唯法
大弐法印（座心坊倫瑜）　頓学坊百姓
民部卿御（静慮坊賢景）百姓　堤島　　慈月坊（覚算）百姓　沼影
浄円　　三郎次郎
助法印（宝蔵坊紹賢）百姓　美女木
五郎次郎

已上十五人

応永二年七月廿三日　　執行（尚賢）裏封

〇一一四　足利道義（義満）袖判御教書

〇上杉家文書

（花押）（足利道義、義満）

安房守憲方法師跡（上杉道合）法名所領等事、任相伝上杉右京亮憲定可領掌之状如件、〔ママ〕

応永二年七月廿四日

○一一五　足利道義（義満）袖判御教書　○上杉家文書

（足利道義、義満）
（花押）

伊豆・上野両国守護職事、任相伝所補任也、早上杉右京亮
憲定可領掌之状如件、

応永二年七月廿四日

○一一六　金剛力士像墨書銘　○長野県北佐久郡御代田町　真楽寺蔵

（阿形像内後頭部）
奉造立二王金剛力士
本願別当金剛仏子禅済
時大衆長円・良禅・日円・静阿・什尊・長済・筑後覚知
仏師上州世良田（新田荘）刑部公鏡鑁
時檀那源氏女并如阿并源光□□□□□
一結講諸檀那源朝行・同□□□□□□□朝広・臼田十郎・
野沢七郎・同□□□□□満阿ミ・浄眼・同子平内［　　　］
［　　　］教心・盛重・三郎四郎・弁阿ミ・誓願□□□□□性
阿ミ・四郎三郎・弥二五郎・清阿ミ・又二郎・朝阿ミ・九
郎二郎・讃阿ミ・恵二郎・朝阿ミ・弥平三・朝総・浄円・
道阿ミ・佐久二郎・又七・二郎五郎・万五郎・円阿ミ・□
□妙泉・重光・本阿之・盛重・重光・□□□（行阿ミカ）・盛安・盛
光・国吉・道阿ミ・清光・弥藤二・久家・盛吉・吉信・行
盛・盛定・光玄・安光・但三郎・吉家・盛光・又六・浄勢
［　　　］盛重・四郎二郎・源四郎・追分講同佐久
二郎・軽井沢□（講カ）市右衛門

（吽形像内後頭部）
奉勧進檀那
沙弥尼明円・常信・常台・正頭・長慶・牛房殿・教阿・了
本・道元・常光・光連・頼連・了阿ミ・房進・性阿ミ・性
阿妻・青有・千阿ミ・千又殿・慶宮丸・了千・道通・外記
殿妻増金・若狭守妻
松井女大施主
目珠檀那覚智臼子
右志者、諸衆各現世安穏、後生善処、殊当寺安穏、興隆仏
法、乃至法界平等利益也、

応永二年乙亥四月五日　始作之、
　同七月廿五日殿入

○一一七　華蔵寺梵鐘銘写　○「新編武蔵国風土記」一四八

覚城山（下総国結城郡）華蔵寺有鐘旧矣、其器小而声不遠、粤有周益姿、請慕（募カ）縁鋳洪鐘、真俗然可之、權鳴化喙於四方、斉開施鑰於万戸、細流不択、巨海将盈矣、明徳癸酉（四年）、英檀戮力、命大工家光造之、槖風嘘炭、金流溢溶、一鋳即成、形完音朗焉、応永乙亥（二年）七月、住潭和尚、来而乞銘於余辞曰、智短才譾、強曰当仁不譲、因問曰、拘爾石鐘、釈迦銅鐘、那个重那个軽、答曰或重似鴻毛、或軽似大山、余一笑為銘曰、
踊出炉冶　脱体現前　不仮□鎚　大器完全
玉楼霜月　華鯨晩烟　□門呑地　鼻孔遼天
量同三際　応充八埏　力還摩尼　通推目蓮
揺纔一撃　声震三千　上穿天色　下徹黄泉
破六越夢　覚四生眠　金口梵音　潮舌真詮
永鎮華蔵　常助化権　魔雲散尽　仏日高懸
皇風湯々　王道平々　聖躬万歳　相将千年
英檀治国　奉仏拳々　児孫家斉　帰法縣々
見聞随喜　旅受良縁　倶証仏果　各坐宝蓮
有仏事妙　以音声宣　伝牟尼令　唱楼至延
本寺当代住持月潭印公和尚
　応永乙亥（二年）七月日　正受庵守塔比丘斗南謹書
大檀越結城（直光）中務大輔藤原沙弥聖朝
令嗣結城弾正少弼藤原基光
　大工大和守卜部家光幹縁優婆周益菩薩
　○足立郡一四鴻巣宿項。

○一一八　岩松満国所領注文　○正木文書

「（端裏書）
　応永二　閏七　五」
岩松左馬助（満国）代所進
須江郷　（武蔵国）比企郡内当知行浅羽惣領
片柳　（同）足立郡内当知行竜崎方
（同国多東郡）久米宿在家六間　寺領

小泉郷　（同国）男衾郡内山田惣領知行
（下総国相馬御厨）手賀郷内布施村　二階堂山城知行
（下総国相馬御厨）藤意郷　山名知行

○一一九　岩松氏下総国・上総国本知行分注文※　○正木文書

注文
下総国之内本知行分
一所　（相馬御厨）藤意村さうおう寺料所今度刻奉公山名入部
一所　（同）野毛崎村円城寺豊前守知行今度刻北相馬守屋入部
上総国之内
一所　（同）手賀・布施彼両村之事同闕所泉治部大輔・原将監知行
一所　（望東郡金田保）万国（石）郷由緒地今度刻まで鹿倉知行
以上

○本文書、年未詳なるも、前号にかけて便宜ここに収める。

○一二〇　鶴岡八幡宮執行尚賢書状案写

○「鶴岡事書日記」応永二年閏七月条

雖未細々申通候、以事次令啓候、抑（鶴岡八幡宮、相模国鎌倉）八幡宮領（上総国埴生郡）佐坪郷并（同）一野村百姓等、毎年供米対捍候、代官雖申含候、動及強訴候、当年付所務両使下候、定可及異儀候歟、近所間、逃散事候者有御糺明、預御扶持候者本望候、社領事候間不顧憚申入候、被懸御意候者、可為御祈禱専一候、委細使者可申入候、他事期後信候、恐々謹言、

（応永二年）閏七月五日　法印尚賢（智覚坊）

謹上　東条殿
茗荷沢殿
小蓋殿

○一二一　鶴岡八幡宮執行尚賢書下案写　○「鶴岡事書日記」応永二年閏七月条

（上総国埴生郡）佐坪書下案
就当年所務、上使両人被差下候、条々申含□□子細等候、年貢等急速加催促、可被皆済之旨、被申付候、

一、両使在郷之間、厨雑事、百姓中事者雖同(何カ)篇候、可致其沙汰候、於堂社分者、壱遍可勤其役候、
一、両使上用送(途)事、一人分壱結宛、合弐貫文、為両村(佐坪・一野村)役可致其沙汰候、
一、数珠免事、先日書下之趣、執沙汰候分者、天羽(頼円)三位申所者、矢貫(上総国埴生郡)・倉持(同)両所事者、更々無是非左右候、如何也、可致委細可有執沙汰候、
一、夏麦事、佐坪者畠一口分、各五段五十歩除屋敷弐反分定分、段別五十文宛ハ可為弐百六十参文候、各拾肆文無其沙汰候、如何候哉、為向後必々可有執沙汰之状如件、

応永二年閏七月五日　法印(智覚坊尚賢)在判

佐坪郷政所殿

○一二二　称名寺金堂造営人仕酒直注文

○金沢文庫文書

今(金)堂方手伝酒直事自十一日至廿日

十一日八人分四十文　十二日七人分三十五文　十三日六人分三十文
十四日九人分四十五文　十五日九人分四十五文　十八日七人分三十五文
十九日八人分四十文　廿日十三人分六十八文

(応永二年)壬七月

已上三百四十七文

○一二三　南蔵坊俊誉安堵料請取状案写

○「鶴岡事書日記」応永二年閏七月条

佐坪(上総国埴生郡)白山神宮寺免田五反、伊豆(定信)アサリ(阿闍梨)安堵料事
合八百文者、
右、為外方八人分、所請取如件、

応永二年閏七月廿五日　会所南蔵坊(俊誉)在判

○一二四　善松坊朝運等八名連署支配状案写

○「鶴岡事書日記」応永二年閏七月条

佐坪郷(上総国埴生郡)白山神宮寺観音堂免田
伊豆(定信)阿闍梨安堵料五段分事
外方各百文支配

応永二年閏七月廿五日

（重純）文恵坊代在判
（禅瑜）蓮花坊代在判
（顕覚）安楽坊代在判
（珍誉）頓学坊在判
（頼清）寂静坊在判
（覚算）慈月坊在判
（俊誉）南蔵坊在判
（朝運）善松坊在判

○一一五　鶴岡八幡宮執行尚賢補任状案写

○「鶴岡事書日記」応永二年閏七月条

補任　（上総国埴生郡）佐坪郷白山神宮寺観音堂免田畠式（事カ）
合田伍段屋敷壱宇者、
伊豆阿闍梨定信
右田畠屋敷、依有相伝之由緒、以新補之儀所被宛行也、於
寺役御祈禱等者、守先例可令勤仕之状如件、
応永二年閏七月廿五日
法印尚賢（智覚坊）在判

○一一六　宍戸希宗（基宗）置文写

○円福寺文書

□（下総国太方）郡今里郷円福寺法儀条々
一、□（於胎宝山円福寺領）に、自今已後希宗（宍戸基宗）親類并□（不撰甲乙之素）
□（緇）お、不可向馬之鼻お、況□（仏供便宜之田畠）不可有狼藉事、
一、□（円福寺事、溝）堀堤惣万雑公事悉□（免許之、尤永不）可有異儀事、
一、□（宮樹事、円福寺）并香取之別当、不可有其綺事、
一、□（天神・稲荷・十二天、円）福寺に所付也、雖立根本、各別之□（地、自）
□（今已後奉）移香取之傍に、曾非香取之□（末社、不可有香取）之別
当綺也、若及異儀者、不論時可被移円福寺事、
一、□（御祈禱并法事儀）者、永代円福寺に所付也、□（別当・供僧等）是
非之成敗不可有其綺事、
□（右、末代所記）置如件、
応永二年八月三日　沙弥希宗

○欠損部は後補による。

○一二七　称名寺金堂造営人仕酒直注文　○金沢文庫文書

〔金〕今堂方手伝酒直事壬七月廿一日八月三日マテ

廿一日十六人分八十文　廿二日廿四人分百廿三文　廿四日十四人分七十文

廿五日十一人分五十八文　廿六日十四人分七十文　廿七日十四人分七十文

廿八日十六人分八十文　廿九日廿四人分八十文　已上

八月分二日十五人分七十五文　三日十四人分七十文

応永二年八月三日　慈運

七百九十一文下行了、

○一二八　称名寺金堂造営葺榑注文※　○金沢文庫文書

金堂葺榑

八月二日　六十五把　廿七日　三把

三日　三十五把　廿八日　十五把

五日　六十把　九月八日　十五把

六日　六十把　十一日　十五把

八日　三十六把　十三日　二把

九日　三十六把　十四日　六把

十日　廿六把　十七日　一把

十一日　廿六把　都合五百六十七〔八〕把

十二日　四十三把

十三日　三十三把

十四日　六十一把

十六日　十八把

廿四日　十二把

已上二千八百四十文

○本文書以下五通、年未詳なれども、前号にかけて便宜ここに収める。

○一二九　称名寺金堂造営材木注文※　○金沢文庫文書

こてんのちうもん（注文）の事

一、二けんわたりのいた二まい　代五百文

一、五六二丁　代二百三十文

一、くれ（榑）五寸　代五十文

一、かたの七寸一れん　代五十文
一、うり七寸四れん　代百文
一、せうひやう二十れん　代七十文
一、こやしろ（小社）のさいもく（材木）の事
一、□まといた二まい　代二百文
一、くれ五寸　代五十文
一、三寸のくき五れん　代四十文
一、うり七寸一れん　代二十五文
一、せうひやう十れん　代三十文
〔一、〕□いてんのちうもんの事
一、はしら二ほん　代二百六十文
〔一、〕□やくろ三けんわたり　代七百文
一、二けんわたりのいた四まい　代一貫文
一、五六六丁　代六百文
一、二けんのわたりのいた十七まい　代二貫文
一、五六六丁　代六百文
一、四五四十丁　代二貫文
一、あゆめのいた三十まい　代四百文
一、五六三丁　代三百文
一、まさのき（柾木）十寸　代一貫五百〔文脱〕
一、かたの七寸のくき廿れん　代一貫文
一、うり七寸のくき卅れん　代一貫文
一、せうひやう百五寸〔十カ〕れん　代五百文
一、めかすかい二百　代七百文
以上十三貫七百三十文

〇一三〇　塔方料足注文※　〇金沢文庫文書

（折紙、折返裏奥書）
「塔方日記」
五十九貫八百文　納分此内一貫□米加之
下行
二十一貫八百六十二文　柾代二百丁
七貫文　柾代六十丁
一貫三百文　柾代十丁
二貫四十文一丁別三百四十文　五六代六丁

百十三文　人夫酒直材木上之時
四十文　雑紙五帖代
三十文　桶代手水料
二百文　赤岩(下総国下河辺荘)使路銭
百文　上総使路銭
百文鈒召寄時　鳥越(武蔵国豊島郡)へ使路銭
二百文八月十八日　木屋入硯水
四貫文　葺地釘代
五百文　屋上釘代
五百文　軒付釘代
百文　裏板釘代
五十文　足代釘代
二百五十文　瓦釘代
十四文　七寸釘カウラン料
八貫百文此内二百文分未下行　作料八十一人分
十貫三百廿九文　作料百廿九人分
百八十文　墨代二十丁
八十文　墨代十丁
七百十文十月七日ヨリ十一月四日マテ　茶子代番匠料
四百三十五文　番匠硯水細々
三十五文竹釘ケツル時　昇一祐音硯水
二百四十六文四十八人分　木守硯水
百七十八文三十五人分　手伝等硯水
二百六十六文　茶代
二十文　宝鐸釣金代
八百文　米代木守手伝食料

已上五十九貫八百文

○一三一　聖如塔方用途渡状※　○金沢文庫文書

(異筆)「□箱」

塔方代合五結、所渡給也、

(年未詳)三月十日　聖如（花押）

浄地参

〇一三二　雲照書状※　〇金沢文庫所蔵「孝経正宗分聞書」紙背文書

御札之旨、拝見仕候了、抑番匠作料分米事、参拾貫分請取之候、諸事期見参之時候、恐々謹言、

（年未詳）十二月十六日　雲照（花押）

直歳御房御返事

〇一三三　落合秀宗証文　〇新潟県立歴史博物館所蔵大輪寺文書

（張紙）「八、（越後国奥山荘カ）落合村某寄進状」

（異筆）「所状」

高や殿の拝領江（同荘）はたむら（端村）におきて、大輪寺（同荘）の寺領におき候てハ、向後ところ料なんと、申事もあるましく候、仍為後日状如件、

応永乙亥（二年）　八月初四

おちあいの二郎　秀宗（花押）

〇一三四　源行清相博状　〇観福寺文書

奉相博観音堂免坊前畠事

右、相博畠、坪者白幡下藤源太内之畠二和利目、限永代所奉相博也、仍為後日之状如件、

応永弐年八月十八日　源行清（花押）

観音堂別当御房

〇一三五　鶴岡八幡宮執行尚賢書下案写　〇「鶴岡事書日記」応永二年八月条

就当郷所務、衆中可有下向候、迎馬四疋鞍皆具、夫丸八人、来廿五日以前可進之由、百姓中可被相触候、若難渋遅々候者、可有殊罪科沙汰之状如件、

応永二年八月十八日　法印（智覚坊尚賢）

（武蔵国足立郡）佐々目郷政所殿

〇一三六　道祐書状　〇東寺百合文書さ函一七〇

態申候、抑細谷郷（遠江国原田荘）領家職事、守護方より負物の方に、南禅寺（山城国京都）之瑞雲庵へ向進られて候とて、彼代官下候、此十七日ニやかて国より被打渡候、譴責以之外候、是にてとかく申候

へとも、守護方より負物之方ニ給候之間、代官として是非ニ及ましく候由、符〔府〕中にも庄主も申候、若御存知なくも候やと存候て、急々注進申候、か様にハ存候へとも、若又御存知も候、又御計之事にてもや候らんと存候、御計なき事にても候ハヽ、急々御申御沙汰候て、子細候ハぬ様に御判ともなされ候て、とく／＼御下候ハヽ、目出度可然候、延引候てハ、当年の所務あるましく候、先此使者をハ、やかて／＼下給候へく候、原田庄（遠江国）内領家職、惣してみな一円ニ被押て候、細谷郷にハ限らす候、御心得のために申候、

恐々謹言、

（応永二年）八月十九日　　道祐（花押）

高井法眼（祐尊）御房御坊中

「（切封墨引）」

○一三七　安楽坊顕覚等八名連署定書案写

○「鶴岡事書日記」応永二年八月条

定　佐々目郷（武蔵国足立郡）下向巡番事

右、就佐々目郷所務、毎年衆中可有下向之由一同、仍内方二人大二〔弐〕法印倫瑜（座心坊）・二位僧都弘乗（実円坊）、外方二人卿大僧都頼清（寂静坊）・弁大僧都珍誉（頓学坊）下向也、外方人体往々雖有其問答如別記、以本臈次自最初可始之由落居間、頓（珍誉）学坊第一・寂静坊（頼清）第二所有下向也、後年又守本臈次、此次々不可有異儀、若有禁忌現病不慮指合者、可有相博于後年番、相博等若不協者、無力為無下向分、以弐貫文可有沙汰、然者以次下臈次可被差之、以件要脚可被加于彼出立、若又次下人体令辞退者、其咎同前、後年為無異儀、兼日所定如件、

応永二年八月廿五日

珍誉判　頼清同　朝運（善松坊）同　俊誉（南蔵坊）同　禅瑜（蓮花坊）同　重純（文恵坊）同　覚算（慈月坊）同

顕覚（安楽坊）同

○一三八　鶴岡八幡宮執行尚賢書下案写

○「鶴岡事書日記」応永二年八月条

衆中在郷之間、厨雑事等、雖為何返可致其沙汰之由、可被申付百姓等之状如件、

応永二年八月廿五日　　法印（智覚坊尚賢）

佐々目（武蔵国足立郡）政所殿

〇一三九　某賢雄年貢請取状写　〇樋口本「秋田藩家蔵文書」二九

（注記）「沙弥賢雄書　秋田赤坂文書」

納

石河庄（陸奥国）鎌（蒲）田村内三分壱赤坂村国衙御年貢事

合壱貫文者、

右、所納如件、

応永弐年八月廿八日

沙弥賢雄（花押影）

〇一四〇　千葉ヵ胤高奉書　〇神崎神社文書

下総国神崎庄宮和田郷内社領事

先日自公方被成御下知之処、動於彼社領、被致違乱之由、神主代政広所歎申也、此条太不可然云々、自今以後於社領不可有煩、若猶令違乱者、任公方御下知、可令其沙汰之由、依仰執達如件、

応永二年八月晦日　平胤高（千葉ヵ）（花押）

宮和田郷地頭殿

〇一四一　足利氏満御教書　〇法華堂文書

右大将（源頼朝）家法華堂（相模国鎌倉）禅衆職壱口清弁跡事、如元所補任也者、早守先例、可致沙汰之状如件、

応永二年九月五日　（花押）（足利氏満）

宰相阿闍梨御房

〇一四二　上杉禅助（朝宗）施行状　〇法華堂文書

右大将（源頼朝）家法華堂（相模国鎌倉）禅衆職壱口清弁跡事、守還補御補任状之旨、可被沙汰付下地於宰相阿闍梨之状、依仰執達如件、

応永二年九月五日　沙弥（上杉禅助、朝宗）（花押）

三浦介（高連）殿

〇一四三　斯波満持書下　〇東京大学文学部所蔵結城白川文書

就庄司（陸奥国田村荘）仁等退治事、越河（阿武隈川）処、佐々河（同国安積郡）城被堅踏之条、神妙候、仍当知行不可有相違候、随而本領地相分等、不可有子細之

状如件、
応永二年九月廿六日　刑部大輔（斯波満持）（花押）
蒲田民部少輔（石川光広）殿

〇一四四　三浦高連遵行状　〇法華堂文書

右大将（源頼朝）家法華堂（相模国鎌倉）禅衆職壱口清弁跡事、任今月五日還補御補任之状并同日御施行等之旨、沙汰付下地お宰相阿闍梨、可執進請取之状如件、
応永二年九月廿九日　（押紙）「三浦介高連」（花押）
岡蔵人大夫（聖州）入道殿

〇一四五　東寺八幡宮雑掌某奉書案　〇東寺百合文書さ函一八五

東寺（山城国京都）領遠州原田庄内細谷郷領家職事、正中御寄附以来、当知行無相違候之処、瑞雲庵（南禅寺、京都）雑掌、号自守護御方被預置違乱之条、迷惑無極候、雖細砕地候、半済分毎年多分三十余貫定候、八幡宮（東寺八幡宮）元三神供・御神楽、同朔日法楽之捧物以下、異他料所候之間、以御敬信余可被閣半済之由、歎申候之処、結句被付▨（如此）他所候之条、周章無是非候、就中去々年、自守護代方被入人候之間、就申披、預厳密御書下候了、不経年序事候、若思食置候哉、所詮八幡宮諸御願要脚候、併被様（ママ）御祈禱、被止違乱之様、〇（御機嫌）中御沙汰候者、所仰候、恐々謹言、
九月（応永二年）——　——判
追申
雖比興次第〇（憚入）候、無相違申御沙汰候者、御風呂之要脚五百疋分可加下知雑掌候、▨内々得御意候者、悦入候、

〇一四六　町野浄善奉書　〇瑞泉寺文書

遍照院（相模国鎌倉）雑掌聖信申、安房国郡□（房）西庄領家職事、訴状如此、瑞泉寺（同）雑掌押領之由就訴申、召決之処、寺家雑掌雖申所存、無謂、為神領之条、証文分明之上者、早狩野介相共莅彼所、任所帯建長・貞治公験之旨、沙汰付下地お社家雑掌、可被執進請取状、使節緩怠者、可有其咎之状、依仰執達如件、
応永二年十月二日　沙弥（町野浄善）（花押）

丸常陸介（富益）殿

○一四七　岡聖州打渡状　○法華堂文書

右大将（源頼朝）家法華堂禅衆職壱口清弁跡事、任去月五日還補御補任
（相模国鎌倉）之状并同日御施行等之旨、沙汰付下地於宰相阿闍梨候記、
仍渡状如件、

応永二年十月五日　沙弥聖州（岡）（花押）

○一四八　足利道義（義満）御教書案　○東京大学史料編纂所所蔵青蓮院文書五

明王院（相模国鎌倉）并清浄金剛寺（同）・願成寺（同）等寺務職・同寺領以下事、任
仲祐僧都（聖光院）譲与旨、相伝管領不可有相違之状如件、

応永二年十月五日　鹿王院殿（足利道義、義満）御判

青蓮院大僧都（尊満）御房

○一四九　斯波満持感状　○飯野文書

依田村御退治之事、自最前馳参、於御陣致警固、并応永二
年九月廿六日安武熊河戦・同廿七日唐久野原（陸奥国）於御合戦、及
自身大刀打、被致忠節之条、尤以神妙候也、弥々可抽戦功
之状如件、

応永二年十月七日　刑部大輔（斯波満持）（花押）

伊賀式部大夫（光隆）殿

○一五〇　足利道義（義満）御教書案　○東京大学史料編纂所所蔵青蓮院文書五

明王院快季僧正遺跡寺務并所領等事、青蓮院尊満大僧都相
伝之間、東国寺領所々進目六〔録〕候、可被打渡彼雑掌之状如件、

応永二
十月十三日　鹿王院殿（足利道義、義満）御判

左兵衛督（足利氏満）殿

○一五一　足利氏満御教書　○横浜市立大学図書館所蔵安保文書

常陸国下妻庄内小島郷半分事、為武蔵国太田庄須賀郷半分之替、所充行也者、早守先例可致沙汰之状如件、

応永二年十月十七日　（足利氏満）（花押）

安保因幡（憲光）入道殿

○一五二　勝源寺石灯籠銘　○神奈川県足柄下郡箱根町　正眼寺蔵

早河（相模国）庄湯坂勝源寺灯籠

応永二年乙亥十月十九日

別当□（祇カ）厳敬白

大願主

歿故道有禅門霊

同年九日

○一五三　相馬憲胤譲状　○相馬文書

「（端裏書）相馬孫次郎（胤弘）殿三十五」

譲渡

陸奥国行方郡内小高村・村上浜・目々須沢村付小浜・桜浜・南草野内堪（堰）沢付狩倉共に、

右、此村々者、永代相伝地也、然間孫次郎（相馬）胤弘所与（ママ）譲也、公方御公事物者、守先例可致其沙汰、仍為後日証文譲状如件、

応永二年十月廿一日　治部少輔（相馬）憲胤（花押）

○一五四　相馬憲胤譲状　○相馬文書

「（端裏書）相馬孫次郎（胤弘）殿三十六」

譲渡

陸奥国行方郡内吉名村付水谷田在家等山野共に 付上野沢田在家等山野共に

太田村付馬場桑良（奈カ）夫狩倉共に 付内山狩倉

千倉庄内仁義田（木）村付栃窪同狩倉山 浜共に

横手村・駒泉村付大関・安倉村

北草野太倉狩倉共に・鷹倉狩倉共に

江井村内了性内田在家・越前次郎田在家等

大井村内伊豆守之跡田在家

右、此於村々者、代々云相続、云当知行、無相違之間、所

与孫次郎(相馬)胤弘譲也、公方御公事物者、守先例可致其沙汰、
仍為後日証文譲状如件、
応永二年十月廿一日　治部少輔(相馬)憲胤（花押）

〇一五五　相馬憲胤譲状　〇相馬文書

(端裏書)「孫次郎殿(相馬胤弘)」
譲渡
陸奥国行方郡内福岡村・矢河原村付狩倉山・小池村狩倉山
共に・南草野村内小宮在家狩倉山共に、
右、此於村者、寿福寺(相模国鎌倉)領置預也、当知行無相違之間、所与(マヽ)
譲孫次郎(相馬)胤弘也、公方御公事者、守先例可致其沙汰、仍為
後日証文譲状如件、
応永二年十月廿一日　治部少輔(相馬)憲胤（花押）

〇一五六　度会定庭譲状写　〇神宮文庫所蔵「鏑矢伊勢宮方記」上

ゆきつらより御せうふんの正文
権禰宜度会神主定庭処分渡少財物事
合
一、櫟木(伊勢国度会郡)南屋敷一処在文書、并北故郷公宗深古屋敷以前五郎子より譲与、
一、西故国行四禰宜屋敷之内付南東一処在房行神主手継文、
一、牛野垣内一段余
一、益田(伊勢国)御庄御祈禱料御籾、近年米也、七月之分
一、遠江国借屋崎(鎌田御厨)夏冬所済
同国美薗御厨五石五斗松木ヨリ支配、
一、下総国料相馬御厨相伝得分物
一、三河国饗庭御厨得分物松木ヨリ支配、
一、三宝院殿(定忠)醍醐家御祈禱料所宮子(伊勢国)梶原寺・大乃木(同国大橋御園)釈尊寺・鹿苑寺(同国)等
次所従等　徳弘同男子且現在二人
右、為定庭神主一子之上者、雖不可及所分之状、存為後
代、随有所配置也、於此所帯物等者、子々孫々に可譲与
也、仍為後代状如件、
応永二年乙亥十月廿七日
禰宜度会神主判

○一五七　丸富益打渡状写　○「相州文書」鎌倉郡三

安房国郡房西庄領家職事、応永二年十月二日任御奉書旨、
狩野介相共莅彼所、沙汰付下地於社家代候畢、仍渡状如件、
応永二年十月廿九日　常陸介《丸》富益（花押影）

○扇谷村仏師三橋永助所蔵。

○一五八　しやうちやういん借銭状　○米良文書

（端裏書）「申給御れうそく《料足》文、し□ぬし　かくミつ坊」
申給候御れうそく事
合廿貫文
右件御れうそくハ、用々《要用》あるニよつてか□《り》申所実也、ゑちせん《越前》のあさくら《朝倉》・かいのくに《甲斐国》あさくら・おはり《尾張》のあさくら、そうして日本のあさくらハ一ゑんニミやうしちに入申候所実也、もし此御れうそくふさた《無沙汰》申事候ハヽ、あさくらミやうし《朝倉名字》御しんたい《進退》あるへく候、その時われらまこ子のすへまて、一こんのいらん《違乱》申ましく候、もしいらん申候て、まこ子とかく申候ハヽ、御山御さためさるへく候、その時一こん申ましく、仍為しやう文後日状如件、
もし御さた候ハん時ハ、せんちハくりのきとの御もんかにて御入候、
せニぬしハ、
なち《那智》のふしおかみのかくミつ坊かりぬし《借主》しゆやのうしろの
しやうちやういん（花押）
応永二年十一月十二日
（裏書）「此あさり《阿闍梨》之状、切原の田事、孫太郎方より代弐貫・太刀
一道遣候、
文明十一年亥三月十七日」

○一五九　石神与幹田売券　○香取要害家文書

（端裏書）「二位与幹うりけんの状」
長房《大中臣》の御方よりして、石神明幹あんと《安堵》申され候田にて候、重代さうてん《相伝》のしりやう《私領》たりといへとも、二位さうそく《相続》仕候間、
合本銭弐貫四百文者、

右、件のかの田のつほ（坪）ハ、とまきさき地まふり田一反を、本銭弐貫四百文ニうりわたし申候ところ実相（正）也、もしかの田をうけかへし申候ハんと存申候ハん時ハ、本銭一はい四貫八百文にて、うけかへし申候へく候、かの田にをきてハ、しんるいきやうてい（親類兄弟）与幹重代のゆつりをたへし申候間、これも一言もいらん（違乱）を申候ハんともから候ハヽ、本銭三さうはいにてわきまい申候ハんにハ、ちきやう（知行）さをい（相違）あるましく候、

仍為後日状如件、

応永弐年きのとゐのとし 十一月十五日

うり主　下総国かとり（香取）石神ニ位与幹（花押）

○一六〇　斎藤聖信書状写　○東京大学史料編纂所所蔵「阿蘇文書」

九月十日御札、以此御僧并讃岐房到来、条々委細拝見仕候了、抑九州之事、時剋到来、無是非次第候、如仰先年在国之時、御面拝蒙仰候し条々、太略運合申候、雖然重堅可有御成敗之由、被仰定候之旨、目出存候、

一、公方へ被進候御状、奉行所へ付遣候、仍可申披露候之由被申候、次御安堵之事、是又不可有子細候、殊更貴方様之御事、今まてハ一切無御等閑之段、連々公方にても（まヵ）申上候、又惣之奉行中にても（まヵ）、於九州者、無二之御忠之由、披露申候了、此時分如此御申候之間『此間』、愚身申候事に相応之間、畏入候、其子細委彼御両人申候、定可被申候歟、

一、此便宜、御安堵等之事、可申沙汰之処、探題（今川了俊、貞世）駿河国拝領候て、昨日□□『十四』『ゝゝ』下向候、我々も可共仕候之由、自御所（足利道義、義満）蒙仰候之間、一両日之間、可罷立候、所詮九州之事者、年内無余日、明春二月成候者、可有御沙汰候にて候、仍探題も其時分上洛にゐて『マヽ』（よつヵ）、被蒙仰之間、長々面々御在京も御痛敷候『候』、其上京都（山城国）之不審共をも申之ハんために下申候、

一、先年我々吉野（大和国吉野郡）陣より罷上候之時、蒙仰候し御安堵之事、申沙汰仕候て、至徳二年八月五日御安堵并管領（斯波義将）御施行、松田丹後守（貞秀）為奉行申成候キ、其後ハ御無音、又我々下向

之時分も、御座之潘『之堺カ』無心元候、進候ハんする人からも、
如何と存候て、于『今』今不進候、仍此便宜御心安候之間、下
進之候、随分御芳志不忌『忘』申存之間、於向後も不可存等閑
候、

一、今度被成候御安堵ニ、阿蘇三社(肥後国阿蘇郡)太宮司(惟村)殿へと可被成候
之由承候、其段可申候、我々ハ既駿州へ下向仕候、縦暫
雖在国仕候、愚息弥四郎男者、公方奉公之者之間留置候、
彼両人懸御目之『候』間、諸事可被仰付候、堅申置候、尚々此
御安堵目出候、御施行等如此被載候之間、無是非此段可
有御心得候、尚々条々申度事共候へ共、今明罷立之間、
計会仕候て令省略候、今度重可申入候、

一、御判形之事、存知仕候ニ、愚状給候、恐悦候、自由之
至候へ共、当社三社、殊氏神白山も御照覧候へ、自元無
等閑之上、委細蒙仰間、殊更向後も不可有疎略候、不被
残御意蒙仰候者、殊以畏入候、

一、今度御注進御安堵以下事者、大禅門(今川了俊、貞世)より被執申候、便
宜之時者、此趣可有口説『口説カ』候、諸事期後信候、恐々謹言、

(応永二年)十一月十五日　　沙弥聖信(斎藤)状花押

謹上　阿蘇三社太宮司殿
　　　　御返報

上包
謹上阿蘇三社大宮司殿　沙弥聖信
裏ニ斎藤ミの(美濃)、入道状

○一六一　足利満貞書状写　○「秋田藩家蔵文書」二〇

(朱書)『前ニ同』(足利四郎満貞書)
於田村金屋(陸奥国)并当城(篠川城カ、陸奥国安積郡)、連日合戦致忠節、手者少々被疵条、尤
神妙候、於賞者可有御計候、向後弥可抽戦功也、謹言、
(応永二年カ)十一月廿二日　(花押影)(足利満貞)
石河長門守(光重)殿

○赤坂忠兵衛光康家蔵文書。

○一六二　れうせん借銭状案　○金沢文庫文書

(案文)あんもん
申請六文子之御用途事
重貞（花押）

合本壱貫七百五十文者、
右、件の御用途者、三十日を一ヶ月と定申候て、百文分ニ六文つゝのりふん（利分）をくハヘ申候て、来五月中ニ、本子共解怠なく沙汰可申候、若無沙汰候ハヽ、文之身ニハ、おう二郎生年十八才ニ相成を、入置申候、此上いかなるけもんせ（権門勢）い家御りやう内へまかり越候共、此状を先として、一るい□□□をめされまいらせ候、其外地頭・政所違乱さまたけあるましく候、仍為後日状如件、

応永弐年十一月廿三日　れうせん

取主　下総国山河郷（結城郡）内毛呂之住人

○一六三　柴季秀書状　○東寺百合文書さ函一九八

自御屋形只今被仰出候、自東寺（山城国京都）被申候遠州原田庄領家職内当寺知行分事、南禅寺（同）へ申て候間、無子細候、此分被申遣候へと仰にて候、就其被約束申候進物事、難去御用候、忩々催促候て可被進之由、同被仰出候間、きと申候也、
恐々謹言、

（応永二年）十一月廿七日　（柴）季秀（花押）

斎藤四郎（範基）殿

「（奥上書）（切封墨引）斎藤四郎殿　柴季秀」

○一六四　斎藤範基書状　○東寺百合文書さ函一九九

旅所より申候間、状之程可有御免候、
八幡宮（東寺八幡宮、山城国京都）三ケ日御神楽領原田庄（遠江国）内領家半済下地事、無子細候、目出候、柴兵庫（季秀）方より如此申候之間、為御披見進状候、就其者御約速（束）五結之事、持只今可給候、返々不替時可給候、
恐々謹言、

（応永二年）十一月廿七日　（斎藤）範基（花押）

進之候、

「（奥上書）（切封墨引）斎藤尾張四郎
進之候、　範基」

○一六五　浄範檀那書立案　○米良文書

小田一族物領讃岐守　完（宍）戸　岩間　古島

安芸大炊助　住吉橋爪　平野高岡持木
羽上下　安芸国甲立　美作国甲立田中
越畠源六　御森北条筑後守　風間出羽守　中ノミナト（湊）　槿尾（椎カ）
飯沼山城守　北畠筑前守　駿河惣領末兼深志
伊賀守越前入道　筑岐殿
一、ひたち（常陸）国小田の一族河内郡岡見郷
南殿三郎朝義判
同氏女
僧　祐聖判
酒島　道鏡判
御先達若狭阿闍梨浄範判
応永二年十一月廿七日

〇一六六　某盛清・藤原宗秀連署打渡状　〇横浜市立大学図書館所蔵安保文書

常陸国下妻庄小島郷半分事、任御下文并御施行之旨、莅彼所、沙汰付下地於安保因幡入道（憲光）代候訖、仍渡状如件、
応永二年十一月廿八日　藤原宗秀（花押）
左京亮盛清（花押）

〇一六七　二階堂ヵ成喜書状　〇妙本寺文書

（安房国北郡）吉浜妙本寺職地安堵事、彼絵図に押印判被進候間、無子細之条、目出候、湯治以下指合候時分、いま、て延引候て、兵部公長々当参候つる事、労敷存候、委細定此御事可被申候、恐々謹言、
（応永二年カ）十一月廿八日　（二階堂カ）成喜（花押）
妙本寺進之候、

〇一六八　今川仲高（仲秋）書下　〇東寺文書数

（山城国京都）東寺八幡宮領遠江国原田庄内細谷郷、除半済分、如元所返附也、任先例知行不可有相違之状如件、
応永二年十一月廿八日　（今川仲高、仲秋）沙弥（花押）
東寺八幡宮雑掌

一六九　今川仲高(仲秋)書状　○東寺百合文書ク函三二

(封紙上書)「(異筆)到来　応永二　十二　十七」
(切封墨引)　長瀬(泰定カ)駿河入道殿　仲高(今川仲秋)」

東寺(山城国京都)八幡宮雑掌申、彼社領遠江国原田庄内細谷郷事、除半済分、止瑞雲庵(南禅寺、京都)綺、可被沙汰付下地於雑掌方候、彼在所事者、元三之御神楽以下之神料候之間、於当年々貢等者、可被扶持申候思渡候、及異乱候、無勿体候、殊更不可有等閑候也、恐々謹言、

(異筆)「応永二」十一月廿八日　仲高(今川仲秋)(花押)

長瀬駿河入道殿

一七〇　黒坂信光寄進状　○聖応寺文書

(端裏書)「奇進状」(寄、下同ジ)

於当庵奇進境之事

右東ハ法華寺横道、檜木山者弥陀尾お境、南ハ大道南沢お境、北ハ大岩之峰尾お下、真福寺立石烏帽子石、西ハ鼻前之石一之沢お境、於子子孫孫仁此奇進之内、善悪子細等万一申事候者、此状お進而、自寺家可有事、自然自他方境目之議申事候者、此奇進状可出事、仍為後日状如件、

黒坂

応永竜集乙亥(二年)霜月吉日　信光(花押)

於聖応庵(甲斐国八代郡)

奇附

一七一　生馬盛宗旦那売券　○米良文書

(端裏書)「江戸并太田名子」

永代売渡申道者之事

代銭廿五貫文

右、件旦那者、雖為我等重代、依有用要(要用)、売渡申候所実正也、但此旦那ハ、武州国江戸一円・同太田名字、其外地下一族、何も我ら持分一円ニ廊坊へ永代うリ渡申候、彼二流名字、日本国一円ニ御地行(知、下同ジ)可有候、若此旦那ニ何方よりい乱・煩申候方候ハヽ、我之地行申候越後国之旦那ニかゝられ可申候、其時一言お申間敷候、又太田(武蔵国)六十六郷おも一円

ニ相そへ渡申候、権現懸我々之念切申候、〔亀脱カ〕鏡眷〔券カ〕状如件、

応永二年極月三日　本宮いくま九郎左衛門 盛宗（花押）

買主廊之坊

○一七二　武蔵国品河・神奈河帆別銭納帳　○金沢文庫文書

（端裏書）「納帳」

帆別銭納帳明徳三年二月始之、

（武蔵国荏原郡）品河分　八百文此外馬代、

十貫文　二月分

三貫文　四月分

二貫文　七月分

壱貫文　十月分

以上十六貫文寺納

（同国久良岐郡）神奈河分

五貫文　二月分

五貫文　四月分

二貫文　六月分

以上十二貫文寺納

□□　□月□〔分〕自此月道阿弥承之、

（中欠）

四貫文　正月分

四貫文　二月分此月マテ道阿弥所務、

十貫文　四月分此月ヨリ井田殿ウク、

五貫文　六月分

五貫文　七月分

五貫文　八月分

五貫文　九月分

五貫文　十月分

五貫文　霜月分

五貫文　極月分

六貫文　自十月至極月、品河分二貫ツヽ、道阿弥出之、為後年承也、

以上五十九貫文明徳四年分畢、

十貫文　正月分此月ヨリ道阿弥一円ニ承之、

十貫文　二月分
十貫文　三月分
十貫文　四月分
十貫文　五月分
十貫文　六月分
十貫文　七月分　（裏書）「百五十七貫文コレマテ」
十貫文　八月分十二月十二日納之、
五貫文　九月分十二月二十九日且納之、
五貫文　九月分応永二　二月十二日
五貫文　十月分応永二　二　卅日
五貫文　十月分四月十四日納之、
五貫文　霜月分五月一日納之、
五貫文　霜月分十一日納之、此内三貫五百文ハ鉄也、
五貫文　十二月分六月四日納之、
五貫文　十二月分同十九日納之、
五貫文　応永元年未進分（応永二年）七月十四日納之、
五貫文　同未進分納之、閏七月五日
二貫文　同未進分閏七月十四日納之、
　已上応永元年分
二貫文　正月分八月廿九日納之、
三貫文　正月分九月廿一日
五貫文　正月分十一月十六日
五貫文　二月分十二月十二日
　已上応永二年分

〇一七三　二階堂ヵ行孝書状　〇妙本寺文書

当寺職地事、任寿昌寺素意、自老父方被遣絵図候上者、不可有相違候、恐々謹言、
（応永二年ヵ）十二月十一日　（二階堂ヵ）行孝（花押）
（安房国北郡）妙本寺中納言律師（日伝）御房

〇一七四　妙本寺敷地絵図　〇妙本寺文書

（封紙）「鎌倉三代（足利）氏満公之御判
安房国（北郡）吉浜妙本寺敷地絵図　応永二十二　十一」

東

（朱印）上重　東西捌丈貳尺　（朱印）

中重　東西拾肆丈漆尺　（朱印）

下重　東西拾武丈伍尺　（朱印）

（黒印）

北　（絵　図）　南

（朱印）上重　南北肆丈捌尺　（朱印）

中重　南北漆丈玖尺　（朱印）

下重　南北拾伍丈　（朱印）

（黒印）

西

一七五　二階堂定種巻数請取状　○大善寺文書

甲斐国柏尾山（大善寺、山梨郡）歳末御巻数一枝、入見参候訖、仍執達如件、

応永二年十二月十七日　前参河守（二階堂定種）（花押）

応　永　二　年　十　二　月

一七六　「伝通記糅抄」奥書　○滋賀県叡山文庫天海蔵

今私云、

初自明徳四年癸酉十一月十二日終至、

応永二年乙亥十二月十九日ニ、首尾三箇年ノ間、糅伝通記一部十五巻之自他私抄三本ヲ抄勒スルコト、此ヲ於一途異轍ニ已畢ヌ、意樹言葉詞華才実偏非私胸ニ徐交ニシテ、捃拾大都細素分明也、莫レ忘ルコト同中ノ異ヲ式定可如クナルニ上之状如件、

応永二年十二月十九日未剋、了誉（聖冏）在判　畳十歳

○康応二年五月二十七日付良順の本奥書および寛永九年九月二十七日付刊記は省略した。

一七七　装束目録写　○「相州文書」鎌倉郡鶴岡坤

御かり（狩）衣目六〔録〕

一、御ゑほし（烏帽子）御はり以下

一、御かりきぬ（狩衣）

一、御あこめ（衵）

一、御ひとへ（単）
一、御さしぬき（指貫）
一、御下のはかま（袴）
一、御をひ（帯）
一、よこめの御あふき（扇）
一、御くつ（沓）
以上
これハ御所より御しやうそく（装束）のなかに入られて、おくり給之、
応永二年十二月廿日、神主時連（大伴）御所へめされ、この御かり衣（狩衣）二具をくたし給ハるところ也、
遠山弥八郎

○神主大伴主膳所蔵。

○一七八　下総国南相馬郡等田数注文　○相馬文書

（端裏書）「ちうしんのあん（注進案）　三十八」

ちうしん（注進）　下おさ（総）の国ミなミさうま（南相馬）のむらならひニ六（陸奥）の国
なめかた（行方）のこほり（郡）のかうむら（郷村）のてんす（田数）の事
一、ミなミさうま（南相馬）のふん
上　わしのやのむら（鷲谷村）　二十三丁八たん（反）大
中　ミのわ（箕輪）　六丁六反六十歩
上　いつミのむら（泉村）　二十二ちやう
上　おほヰのむら（大井村）　二十丁四反
上　ますをのむら（増尾村）　二十八丁一反三百歩
中　たかやなきのむら（高柳村）　九丁三反半
中　さつまのむら（佐津間村）　十二丁八反三百歩
下　あわのうのむら（粟野村）　一丁九反
中　ふちかやのむら（藤ケ谷村）上下　十三丁一反
（異筆）「応永二」
以上てんす（田数）百三十八丁二反
（押紙）「至応永比、総州相馬有知行之証、滅墨応永二トアリキ、」

○一七九　浄光明寺本尊台座心柱墨書銘

○神奈川県鎌倉市　浄光明寺蔵

□之銘　応永二年壬子
大壇建立安坐之時書之、
　　如幻　六十三
泉谷山（相模国鎌倉）浄光明寺本尊大坐之心柱
当寺大工大仏師宗円法印并忠三郎・勘助

○一八〇　「一流相承法門私見聞」奥書

○『昭和現存天台書籍綜合目録』上

応永二年　下野州都賀郡稲葉談所〔義脱カ〕　円宗寺相伝之、

応永三年（西紀一三九六）

○一八一　常在院源翁和尚頂像胎内銘

○福島県白河市　常在院蔵

□□〔応永〕三丙子正月四日□
　　二代　大仙□□〔碩叟〕
於□□高木三拾貫寺領
□□□□大和尚二代大仙□□

○一八二　真性房定意譲状

○佐渡国分寺文書

（前欠）
□□〔譲与カ〕
間生入道屋敷之事

右かい□《〔とカ〕》の方のまうと屋し□□《〔きカ〕》田畠ならひ観音寺仏供田
小田松木沢 河内のおたハらてん、松王丸にゆつりあたふるとこ
ろしちなり、しんるひたにん《（親類他人）》さまたけ《（妨）》となすへからす、依
為後日譲状如件、

応永三年正月廿三日

定意（花押）

○一八三 鶴岡八幡宮執行尚賢補任状案写 ○「鶴岡事書日記」応永三年二月条

補任案文
補任 佐々目《（武蔵国足立郡）》郷地蔵堂号西明寺別当職事
田三反 畠三反大 常陸房鏡尊
右、以彼人体所令補任也、修理寺役以下、守先例可致之沙《〔其カ〕》
汰状《（ママ）》之如件、

応永三年二月廿一日

法印尚賢《（智覚坊）》

○一八四 頓学坊珍誉書下案写 ○「鶴岡事書日記」応永三年二月条

政所へ遣状案文
当郷地蔵堂別当職、常陸房鏡尊被補候、仍堂舎・田畠等下
地、悉可被渡付彼仁之由衆儀也、会所之間令申候、恐々謹
言、

応永三
二月廿一日 珍誉《（頓学坊）》

佐々目《（武蔵国足立郡）》政所殿

○一八五 上杉禅助（朝宗）奉書案 ○雲頂庵文書

御留守鎌倉《（相模国）》警固事、相催一族、早々可被馳参由候也、仍執
達如件、

応永三年二月廿八日 沙弥《（上杉禅助、朝宗）》在判

波多野小次郎《（高経）》殿

○一八六 下屋刑部大夫旦那譲状 ○下屋文書

心やすくたの□□□きによんて身のにそたんな《（旦那）》の事、われ

よりのちハ、たんなとくふん、いんくふんとも候ハヽ、下屋の御りやうのみや（霊宮）のふる日候わんところをもしつくへく候、其ためにさつまあさり（阿闍梨）に、あつけ候ところ実也、そうしてしゝの大ゆうのあとのたんなの候わするところを、きゝいたし候て、このとくふんおも、みやへよせへく候、返々も此状をそむかん物ハ、御りやう（霊）大明神の御はおかう（ち脱カ）ふるへく候、ちくこよりのちハ、さつまあさりにつくへく候、これよりハ、たゝこの人のこよくニあるましく、これみや（宮）のこうりう（興隆）のため也、仍後日の状如件、

応永三年三月一日

下屋のきやうふ（刑部）の大ゆう（夫）（花押）

○一八七　斯波道将（義将）奉書　○北条寺文書

伊豆国北条（田方郡）円成寺雑掌申、駿河国沢田郷（金持荘）段銭并守護方所役已下事、於向後者、所有免除也、可被存知其旨之状、所被仰下也、仍執達如件、

応永三年三月三日　沙弥（斯波道将、義将）（花押）

円成寺長老

○一八八　斯波道将（義将）奉書　○北条寺文書

伊豆国北条（田方郡）円成寺雑掌申、駿河国沢田郷（金持荘）段銭并守護方所役已下事、於向後者、所有免除也、可被存知其旨之状所被仰下也、仍執達如件、

応永三年三月三日　沙弥（斯波道将、義将）（花押）

今河伊予入道殿（了俊、貞世）

○一八九　「阿闍梨位之事」奥書　○東京都龍光寺蔵

深旨難述テ端矣、

右示給之趣、大概如斯、付冥付頭（顕）雖多恐憚為備癡忘所呈短筆而已、

康永二年歳次癸未十二月十三日火曜鬼宿

伝授清雅畢、

応永三歳次丙子三月七日木曜鬼宿

武州多麻（摩）郡　宇津木竜弘寺

○一九〇「松橋唯授附法様」奥書　○東京都龍光寺蔵

右、当流最極奥旨口頌等授与、
応永三歳次丙子三月七鬼宿木曜
伝授大阿闍梨法印俊盛
武州多麻（摩）郡　宇津木竜弘寺

○一九一「大般若経」巻四四二刊記　○神奈川県円覚寺蔵

（巻中）（大喜）前丹後守光昌
（巻中）夏沙弥（町野）浄善
（巻末）応永三年三月日化縁比丘法亀

○一九二「大般若経」巻一三九奥書　○東京都青梅市安楽寺蔵

（奥題）大般若波羅蜜多経巻第一百卅九
応永三年丙子卯月十九日　丹治頼貞書

○一九三「決疑鈔直聴牒」第三巻一〇奥書　○滋賀県叡山文庫天海蔵

于時応永三年丙子卯月二十三日、了誉（聖冏）五十六記南無阿弥陀仏為二親頓証菩提也、

○一九四　九条祐円（経教）遺誡　○宮内庁書陵部所蔵九条家文書一

（第二元表紙外題）「後報恩院自筆御遺誡」（九条経教）
（第一元表紙外題）「後報恩院御自筆　（花押）（九条尚経）」
（第一元表紙見返書）「此袖書者、後慈眼院殿也、兼孝（九条）一見之間、書之、
（九条尚経）後報恩院自筆御遺誡矣、
永正丙子（十三年）小春己巳　（花押）（九条尚経）」

（端裏書）
「家領等当時管領分」

家領当知行分

一、播磨国田原庄半済定年貢四百余果、公事銭一万疋許歟、雑掌宇野入道源長、月宛毎月七百疋、月宛公事料二千余疋致沙汰者也、

一、同国安田庄五ヶ郷、於安田郷者、一音院（東福寺、山城国紀伊郡）寺用、公乗法印奉行、使田年貢千疋致沙汰、其外不及課役、高田郷八条三位入道（源恵、季興）知行、曾我部郷大納言（九条教嗣）知行、中村郷為料所、野間郷半分同料所、今半分廊管領、

一、同国蔭山庄七ヶ村、下村松田九郎左衛門秀長為預所、中村頼氏為御恩、多田村兼世（源）御恩、山田村兼邦（楊梅）、無足田一音院領、八千草村同前、仁色村楊梅少将親家御恩、

一、尾張国大県宮（二宮荘）号二宮、月宛千疋、惣課役一万五千疋、

一、美濃国衣斐庄半済内、半分御料所、半分秀阿御恩、

一、同国下有智御厨、当時前関白（九条忠基）管領、

一、同国岩田庄、以基（薄）朝臣御恩、課役千疋、

一、丹波国多紀庄号泉、課役五千疋、此内給主分千疋、

一、但馬国新田庄、課役四千疋、此外給主分三千余疋、

一、備中国駅里庄、課役六千疋、別納地有之、神田・太郎丸・小山・宇那江、

弐千疋、

一、能登国若山庄、日野為相伝地、当時本庄二郎左衛門（満宗ヵ）帰参、課役一万疋令直進、但近年沙汰分八千疋許歟、

一、同国町野庄、三千疋、畠山（基国）致沙汰者也、

一、越後国白河庄、雖有名無実、先為当知行分、

一、摂津国輪田庄東方、一品禅門（土御門源舜、保光）御恩、西方政所親賢奉行、為請所毎年七千疋八千疋致沙汰、課役弐千八百疋、

一、高松殿（山城国京都）敷地、子息小童親俊可相続歟、
去年被召了、未及歎申者也、

一、安房国、仰付木戸了、課役一万疋、可為出仕用脚、

十五ヶ所、

応永三年四月　日　（付箋）「後報恩院殿」
（花押）（九条祐円、経教）

○紙継目裏に九条経教の花押がある。

〇一九五　足利道義（義満）袖判御教書　〇東京大学史料編纂所所蔵小笠原文書

（足利道義、義満）
（花押）

美濃国中河地頭職事、所返付也、早小笠原兵庫助長秀如元
可領掌之状如件、

応永三年五月六日

〇一九六　某紛失状　〇善照寺文書

（端裏書）
「原田　正寿寺」

越後国苅羽郡原田保正寿寺事、寄進状応永弐年六月一日依
偸盗分〔紛〕失由候間、重進安堵寄進状候、如元仏光門徒可有御
相続候、若持本寄進仁出来候者、於公方偸盗之罪科可被申
行者也、仍為後日支証分失状如件、

応永三年五月十五日　□□（花押）

〇『越佐史料』は発給者を貞利とし、十一月十五日付とする。

〇一九七　某氏義寄進状写　〇彰考館所蔵「吉田神社文書」

寄進
常陸国吉田郡吉田郷内小沼田壱段事
右、為笠原（常陸国吉田郡）御社御供田、所奉寄付也、仍寄進之状如件、

応永三年五月廿五日　散位氏義（花押影）

〇一九八　小谷荘八幡宮梵鐘銘写　〇松田孝弘氏所蔵文書

八幡宮 信州更級郡小谷庄 奉懸洪鐘一口
一峰載雲　遮那妙相　九乳鳴風
金口説教　宿留催米　已果願念
三宝諸天　納受知見
少沙弥　直長
神主　源国氏
応永三年丙子五月廿六日　惣公文　藤原圀光
惣目代　僧光宣
大檀那　預所少別当用実　比丘宗済
大工　藤家光

所司供僧等　右筆　尊栄

○一九九　今川仲高（仲秋）書下案　○醍醐寺文書二九函

金剛王院（醍醐寺、山城国宇治郡）雑掌申遠江国原田庄領家職事、任去六日御教書旨、
如大法半済分可被沙汰付彼雑掌状如件、
応永三年六月九日　沙弥（今川仲高、仲秋）判
長瀬駿川（泰定ヵ）入道殿

○二〇〇　石塔ヵ信家書下　○東京大学史料編纂所所蔵伊東文書

安部山（駿河国）玉河手之内国末木取木所充行也、仍状如件、
応永三年六月十二日
信家（石塔ヵ）（花押）
伊東九郎（祐範）

○本文書、検討の要あり。

○二〇一　足利氏満御教書写　○「楓軒文書纂」六四

奥州田村庄司対治事、所発向也、為御馬廻可抽戦功之状如件、
応永三年六月十二日　（足利氏満）（花押）　（注記）「下ケ札ニ足利氏満」
佐竹彦四郎（白石義悟）殿

○白石丹次衛門家蔵。

○二〇二　獅子頭舌部墨書銘　○新潟県佐渡市草刈神社蔵

□□所ヨリ
応永三年六月十三□（日）
奉施入八王子

○二〇三　天照皇太神宮宝殿棟札銘　○長野県大町市仁科神明宮蔵

（表、上）
大日本国信濃国安曇郡仁科孫三郎盛房・同嫡子
長熊丸・同兄弟女子等
天照皇太神宮御宝殿　奉造替年月日
応永三年丙子二月廿七日乙卯杣山入初手鋘初、卯月
四日辛卯借殿御遷、五月十六日壬申御柱立、丁丑六月

十一日丁酉御棟上、同十四日庚戌子剋御遷宮

(表、下)奉行人関左衛門四郎入道　　釘奉行関十郎
沙弥禅見　　磯部忠泰
加藤兵庫允入道　　内藤入道
沙弥禅永　　銅細工沙弥道全
野口孫九郎入道
沙弥広阿

大工左衛門尉伯国宗　　平九郎 鍛冶阿部延綱
権大工右衛門五郎英多宗経　　平内太郎 同　延重
小工彦九郎伯宗継　　右馬四郎 同　貞安
檜皮葺沙弥一円塩田庄(信濃国)住人
沙弥覚善　　右馬次郎 轆轤師藤原□□

(裏)作料事
大宮弐拾貫文　手鉾始馬壱疋、銭壱貫文、瓶子一具、清酒桶酒三桶、　鳥兎以下肴、　同柱立
銭壱貫、酒肴同前、　次棟上馬壱疋、銭三貫文、絹二、布二、酒肴同前、
棟瓦置銭壱貫、酒肴、　御遷宮用途壱貫文
檜皮葺馬壱疋、作料七貫文、　同檜皮切初銭壱貫文、酒肴料銭二百文、　銅細工三貫文　鉄
細工作料弐貫文　馬壱疋
御門屋手鉾初・柱立・棟上之祝銭壱貫五百文　作料六貫文

廊之作料拾貫文

〇二〇四　今川了俊(貞世)書下　〇本間文書

(端裏上書)「山名政所　了俊(今川貞世)」
高部郷(遠江国山名郡)内大塚田畠事、本間修理亮(範季)依理運返付上者、可令遵
行状如件、
応永三
六月十五日　(花押)(今川了俊、貞世)
山名政所

〇二〇五　伊勢道貞書状　〇円覚寺文書

円覚寺(相模国山内荘)領尾張国富田庄当知行分与上総国堀代(土気郡)・上郷(一宮荘)・大崎(金田保)
三ヶ郷相博事、自寺家堅御所望之間、当年一所務之事、先
申定候了、自他無相違候者、後々事者、追而可申談候、安
堵事、同前候哉、此段先度両使御僧御上洛之時、申候了、
乍去自寺家給連署御契約之状之間、自是捧請文候、可得御
意候、恐々謹言、
(応永三年カ)六月十九日　沙弥道貞(伊勢)（花押）

謹上　岡屋安芸入道殿

○二〇六　波多野高経着到状案　○雲頂庵文書

着到
　相模国波多野小次郎高経申
右、去二月廿八日為小山若犬丸御対治、自野州同奥州田村（田村荘）城御発向以来、於鎌倉（相模国）相催一族、属当御手、尽（昼）夜致宿直警固之上者、早賜御判、為備後証着到如件、
　応永永〔衍〕三年六月　日
「承候了、在判」（証判）

○二〇七　烟田重幹軍忠状写　○京都大学総合博物館所蔵烟田文書

着到
　鹿島烟田刑部大輔重幹申軍忠事
右、去二月廿八日、上方（足利氏満）為小山若犬丸御対治、御進発間、属物領鹿島兵庫大夫入道永光（幹重）手、最前馳参、至于武州府（多東郡）中・村岡（同国大里郡）・古河（下総国下河辺荘）御陣、宿直警固仕畢、其後同五月廿七日為奥州田村御追罰、御発向之間、於白河（陸奥国白河荘）御陣警固仕、已至于鎌倉（相模国）御帰坐之期、令供奉、抽忠節上者、賜御証判、為備後代亀鏡、仍着到之状如件、
　応永三年六月　日
「承候畢、（花押影）」（証判）

○二〇八　大高成宗軍忠状　○大高文書

目安
　大高二郎左衛門尉成宗申軍忠之事
右、去二月廿八日上方（足利氏満）為小山若犬丸御対治、大将御発向之間、陣々令供奉、所々御陣宿直警固仕、其後五月廿七日為奥州田村御追罰御発向之間、於白河（陸奥国白河荘）合戦、家人吉田隼人怨敵首討捕、同時大内四郎致合戦見知畢、奉抽忠節上者、賜御証判、為後代亀鏡備、目安言上如件、
　応永三年六月日
「承候畢、（花押）」（証判）

○『大日本史料』第七編之二による。

○二〇九　島津直忠軍忠状　○島津孝一氏所蔵下野島津文書

(包紙上書)「鎌倉公方左馬助持氏公御判」

島津彦次郎直忠言上、

右、依小山(下野国小山荘)御発向、去三月二日馳参入間河(武蔵国入東郡)御陣、為御馬廻人数、同四日自村岡(同国大里郡)御陣、致于古河(下総国下河辺荘)御陣、令致宿直警固、同五月廿七日御陣御立、奥州御進発間、自小山御陣、宇都宮(下野国河内郡)・青野崎・白河(陸奥国白河荘)所々御陣警固仕処、御敵役(没)落之間、御帰落之間、致于(至)御貴(帰)着古河令宿直仕候、此条御見知上者、賜御証判、為備亀鏡一見状如件、

応永三年六月　日

「承(証判)□(候)畢、(花押)」

○二一〇　斯波道将(義将)施行状案　○醍醐寺文書二九函

金剛王院(醍醐寺、山城国宇治郡)雑掌申遠江国原田庄領家職事、訴状如此、被官人押妨云々、太不可然、早止其妨、可被沙汰付金剛王院雑掌之由、所被仰下也、仍執達如件、

応永三年六月　日　　沙弥(斯波道将、義将)在判

今川右衛門佐(仲高、仲秋)入道殿

○二一一　「大般若経」巻四四三刊記　○神奈川県円覚寺蔵

(巻中)秋沙弥浄善(町野)

(巻中)布施兵庫烝(丞)季康

(巻末)応永三年六月日化縁比丘法亀

○二一二　斯波道将(義将)施行状　○上杉家文書

武蔵国大窪郷(足立郡)領家職・馬室郷(同)・六郷保郷司職・神奈河郷(久良岐郡)・六浦本郷(六浦荘)・八林郷(比企郡)等事、任去年七月廿四日安堵、被沙汰付上杉安房守憲定代之由、所被仰下也、仍執達如件、

応永三年七月廿三日　沙弥(斯波道将、義将)(花押)

上杉中務少輔(禅助、朝宗)入道殿

○二一三　斯波道将(義将)奉書　○上杉家文書

上野国鳥屋郷・奈雲(拝志荘)・長野郷(群馬郡)・八幡庄・春近領并同国道珍(上杉憲

春）跡所々事、任去年七月廿四日安堵、被沙汰付上杉安房守憲
定代之様、可有申沙汰之由、所被仰下也、仍執達如件、
応永三年七月廿三日　沙弥（斯波道将、義将）（花押）
上杉中務少輔（禅助、朝宗）入道殿

○二一四　斯波道将（義将）奉書　○上杉家文書

伊豆国鶴喰（田方郡）・長伏（同）・賀茂（賀茂郡）・蒲谷郷（同）・伊浜田（同）・稲津郷（同）内宇土
賀禰村并落合村・仁科庄内阿良・里牛・藤沢村・河津庄重
守・三津庄内重須郷半分・河見・木負及大島・新島・外
島・神津島・三宅島・八丈島・大見郷等事、任去年七月廿
四日安堵、被沙汰付上杉安房守憲定代之様、可有申沙汰之
由、所被仰下也、仍執達如件、
応永三年七月廿三日　沙弥（斯波道将、義将）（花押）
上杉中務少輔（禅助、朝宗）入道殿

○二一五　斯波道将（義将）奉書　○上杉家文書

下総国葛西御厨・下幸島、常陸国信太上条・同下条、安房
国朝平郷（朝夷郡）南方、相模国山内庄岩瀬郷半分・愛甲庄屋敷・渋（中
郡）見郷・鴨江（三浦郡）・平佐古（同）、下野国皆河庄半分、次庶子等跡、足（下
野国）利庄内屋敷弐ケ所、葛西御厨内道弥（珍）跡（上杉憲春）、大厩別当職、陸奥
国玉造郡内泉目郷、出羽国大泉庄等事、任去年七月廿四日
安堵、被沙汰付上杉安房守憲定代之様、可有申沙汰之由、
所被仰下也、仍執達如件、
応永三年七月廿三日　沙弥（斯波道将、義将）（花押）
上杉中務少輔（禅助、朝宗）入道殿

○二一六　斯波道将（義将）施行状　○上杉家文書

越後国々領半分・上田庄・五十公郷（中頸城郡）内闕所分・同上田庄内
参分壱并国領内所々道珍（上杉憲春）跡等事、任去年七月廿四日安堵、
可被沙汰付上杉安房守憲定代之由、所被仰下也、仍執達如
件、
応永三年七月廿三日　沙弥（斯波道将、義将）（花押）
上杉民部大輔（房方）殿

○二一七　斯波道将（義将）施行状　○上杉家文書

参河国吉良庄内家武名事、任去年七月廿四日安堵、可被沙汰付上杉安房守憲定代之由、所被仰下也、仍執達如件、

応永三年七月廿三日　沙弥（斯波道将、義将）（花押）

一色左京大夫入道（信将、詮範）殿

○二一八　閻魔大王像胎内墨書銘　○新潟県佐渡市寺田十王堂蔵

（背部）明徳五年庚戌六月五日作始也　採色弘仁寺（佐渡国羽茂郡）妙蓮坊

大檀那美濃阿闍梨河原六十五才

造立新倉山弘仁寺禅蔵坊

応永三年丙子七月廿八日供養

為□衆生造立之

○二一九　加治貞綱位牌銘　○埼玉県飯能市宝蔵寺蔵

真寂山翁仁公庵主霊

加治豊後之新左衛門尉丹氏朝臣貞綱

応永丙子（三年）八月一日更衣坐化寿六十二

○『武蔵史料銘記集』による。

○二二〇　色部氏長譲状　○新潟県立歴史博物館所蔵色部文書

（貼紙）「七、色部氏長譲状」

譲与

越後国加納方（小泉荘）色部・岩船并粟島之地頭職事

合田数坪付在所名字者別紙在之、

右於所領者、氏長（色部）重代相伝私領也、然を嫡子熊童丸（色部朝長）惣領として、代々具書を相副、譲与之処也、無他妨可知行者也、但恒例臨時御公事、守先例、可致其沙汰者なり、仍譲之状如件、

応永三年つちのへとら（ママ）八月十日

平氏長（花押）

○二二一　今川了俊（貞世）官途吹挙状　○東京大学史料編纂所所蔵伊東文書

（付箋）
「祐実給」
蔵人所望事、可挙申京都之状、如件、
応永三年八月十日　　　沙弥（今川了俊、貞世）（花押）
伊東九郎（祐範）殿

〇二二二　称名寺雑掌光信申状案　〇金沢文庫文書

金沢（武蔵国六浦荘）称名寺雑掌光信謹言上、
欲早被停止関中務丞無理之所行、糺明寺領赤岩郷（下総国下河辺荘）監妨放〔濫、下同ジ〕
火之咎之条事
副進
監妨放火註文一通
右、今月十二日、関中務丞不知実名率大勢、押寄于赤岩郷、致
監妨放火、搦取百姓良善禁獄之、或刃傷寺領之法師之条、
無理之所行也、於所務之時分、現如此之不思議之間、年貢
之失墜、寺家之大損也、寺者是（当寺既）御祈願寺也、寺領亦御寄附
之地也、何任雅意可致狼藉哉、其上百姓全無其咎、寺家亦
無一塵之謬之処、欲掠寺領、所致無理之悪行也、就中放火
監妨其過是重、争無御糺明哉、所詮所禁獄之百姓、急速出
之、所監妨之資財、不日返之、於所焼失之物者、悉可弁償
之旨、預御成敗、全寺領、弥為致御祈禱之忠勤、恐々言上
如件、
応永三年八月　日

〇二二三　鹿島大宮司大中臣則重等連署申状　〇鹿島神宮文書

鹿島太神宮（常陸国鹿島郡）神官等謹言上
欲早任代々相伝旨、被棄破梶山掃部助幹継非分押領、如元
被令全和田権祝家貞知行者、各奉行祭礼、弥抽夙夜御祈
禱忠、安丸名田畠等事
右、謹案先例、当太神宮者、本朝守護之霊社、異国征伐
之尊神也焉、而於彼従神国主宮而、奉勤仕毎年四月・八月・十一月
三ヶ度之御祭礼、天長地久并公家・関東御祈禱之条、専為
安丸名三ヶ所之勤役矣、雖然於彼所者、依為和田権祝家貞
重代相伝所帯、曾無他妨之処、当村地頭梶山掃部助幹継任

于雅意、三十二町田畠令押領之条、謀計之企、此則御神事退転
之科、御祈禱闕如之至、甚以難遁其罪科、専可被行別儀之
御沙汰者乎、併所奉仰御成敗者、被停止彼幹継無理之押領、
任先祖相伝之道理、早被渡付于本主家貞、全末代之御神事、
欲抽弥御祈禱之精誠而已、仍神官等粗恐々言上如件、
応永三年八月日
案主散位三田久千（裏花押）
物申占部常義（裏花押）
和田権祝大中臣家貞（裏花押）
益田権祝中臣宗政（裏花押）
押領使大中臣尚景（裏花押）
惣追捕使大中臣家景（裏花押）
検非違使大中臣忠継（裏花押）
大祝正六位上占部宿禰政常（裏花押）
大禰宜正六位上中臣朝臣宗親（裏花押）
太宮司散位大中臣朝臣則重（裏花押）

○二二四　某逆修宝篋印塔銘　○群馬県渋川市興禅寺所在

（基礎正面）
勢多郡（上野国）拝志庄□逆修
応永三年丙子八月□日

○二二五　畠山義清寄進状　○教念寺文書

奉寄進上本田郷（武蔵国男衾郡）内田地事
合壱町者、字との田
右、寄進者、誉田六郎左衛門尉依本願之子細、所寄進教念（同）
寺道場也、更不可有相違、仍為末代寄進之状如件、
応永参年九月廿二日　義清（畠山）（花押）
○本文書、検討の要あり。

○二二六　斯波道将（義将）奉書案　○久我家文書

（端裏書）「糟屋庄御教書案　奉行治部（則栄）四郎左衛門尉封裏」
久我入道前太政大臣（紹佩、具通）家雑掌申、相模国糟屋庄領家職事、解
状具書如此、早可有申沙汰之由、所被仰下也、仍執達如件、
応永三年十月十五日
沙弥（斯波道将、義将）判

上杉中務少輔（禅助、朝宗）入道殿

○治部則栄の裏花押がある。

○二二七 「大般若経」巻一奥書　○栃木県輪王寺蔵

大般若波羅蜜多経巻第一
武蔵崎西郡門井郷新御堂別当良秀奉
応永三年十月十八日頓写、執筆沙門契俊
（後筆）「表紙之修理願主宗吽敬白」
（同）「天正六年戊寅十一月自十五日真読之、本宮当上人法門房綱誉
於別所日夜奉読之、現世安穏後生善処祈也、（花押）」

○二二八 「大般若経」巻五奥書　○栃木県輪王寺蔵

大般若波羅蜜多経巻第五
応永参年丙子十月十八日　重鑁
（武蔵国大里郡）崛戸盛光寺住僧秀範
（後筆）「明応四天乙卯九月十五日ヨリ、朝宗上人ノ時奉真読、尊心」

○二二九 「大般若経」巻六奥書　○栃木県輪王寺蔵

大般若波羅蜜多経巻第六
武蔵国男衣〔衾〕郡上児之郷常楽寺住僧
金剛仏子祐山頓写了、
応永三年丙子十月十八日

○二三〇 「大般若経」巻一一奥書　○栃木県輪王寺蔵

大般若波羅蜜多経巻第十一
（後筆）「一交畢、」
武蔵国村岡（大里郡）如意輪寺頓写大般若内、於肥塚（同郡）宝珠
寺令書写畢、
応永三年丙子十月十八日

○二三一 「大般若経」巻二八奥書　○栃木県輪王寺蔵

大般若波羅蜜多経巻第二十八
武蔵国崎西郡中条溝（興カ）徳寺大蔵坊一函内
応永参年拾月十八日

寅一点始而申剋書写畢、

○一二三二　「大般若経」巻三九奥書　○栃木県輪王寺蔵

大般若波羅蜜多経巻第三十九
於武蔵国大里郡久下郷善福寺・持宝山如意輪寺、一日頓写
内如形奉書畢、
　于時応永三年十月十八日　山雲道剣居士書之、

○一二三三　「大般若経」巻一〇八奥書　○栃木県輪王寺蔵

大般若波羅蜜多経巻第一百八
武州上足立郡箕田郷之内釜江塚住僧三位房理通之書写云々、
　応永三年太才丙子十月十八日
（後筆）「於滝尾山（日光山、下野国都賀郡）奉真読所也、　天台沙門尊心」
（後筆）「元亀三年壬申於新宮（日光山）別所奉真読、下妻（常陸国）普門寺舜海」

○一二三四　「大般若経」巻一二一奥書　○栃木県輪王寺蔵

大般若波羅蜜多経巻第一百二十一
応永三年丙子小春（十月）十八日、武州比企郡於菅蒜郷書写畢、

○一二三五　「大般若経」巻一二二奥書　○栃木県輪王寺蔵

大般若波羅蜜多経巻第一百二十二
応永三年丙子十月十八日、於武州大里郡春原庄村岡郷内島
花仙、為令法久住如形書写畢、

○一二三六　「大般若経」巻一四一奥書　○栃木県輪王寺蔵

大般若波羅蜜多経巻第一百四十一
　応永三年丙子十月十八日
武州大里郡熊谷郷報恩寺住僧芳林拝書、

○一二三七　「大般若経」巻一四二奥書　○栃木県輪王寺蔵

大般若波羅蜜多経巻第一百四十二
　（後筆）「一交合」
応永三年丙子拾月十八日　右筆者契吽正（生）年四五也、

（中裏書）
「　　　　右筆永松丸

武州成田（崎西郡）阿弥陀寺住呂（侶）　福聚金剛契了謹書」

沙門契□（最カ）」

（中裏書）
「武州崎西郡成田郷内平戸村住僧

○二三八　「大般若経」巻一四四奥書　○栃木県輪王寺蔵

大般若波羅蜜多経巻第一百四十四

応永三年丙子拾月十八日

武州崎西郡池上郷大乗坊　良尊

○二三九　「大般若経」巻一四五奥書　○栃木県輪王寺蔵

大般若○（波）羅蜜多経巻第一百四十五

武州崎西郡池守郷西福寺書写了、

応永三年丙子十月十八日

○二四〇　「大般若経」巻一五〇奥書　○栃木県輪王寺蔵

大般若波羅蜜多経巻第一百五十

雖為悪筆書写畢、　承祐

応　永　三　年　十　月

於武州足立郡与野郷慈観寺牛（午）剋書畢、

応永三年丙子十月十八日

○二四一　「大般若経」巻一七八奥書　○栃木県輪王寺蔵

大般若波羅蜜多経巻第一百七十八

於（武蔵国）足立郡与野郷鈴谷光明寺中道房

応永三年丙子十月十八日頓写、

（後筆）
「元亀三壬申、於（日光山、下野国都賀郡）新宮別所、下妻（常陸国）普門寺舜海真読之、」

○二四二　「大般若経」巻一八一奥書　○栃木県輪王寺蔵

大般若波羅蜜多経巻第一百八十一

武州足立郡南部七郷内深佐古村光明寺書写畢、

応永三年十月十八日三人書了、　玉海

（後筆）
「五度令真読了、　当（日光山、下野国都賀郡）山遊城坊隠居綱範七十七才」

○二四三　「大般若経」巻一八三奥書　○栃木県輪王寺蔵

大般若波羅蜜多経巻第一百八十三

応永三年十月十八日
武蔵国足立郡土田　　教蔵生年三十七才

〇二四四　「大般若経」巻一八八奥書　〇栃木県輪王寺蔵

大般若波羅蜜多経巻第一百八十八　（後筆）「一校畢、」
武州足立郡浦和之善賢律師右筆年七十云々、
応永三年丙子十月十八日　未時書写畢、

〇二四五　「大般若経」巻一九二奥書　〇栃木県輪王寺蔵

大般若波羅蜜多経巻第一百九十二
応永三年丙子十月十八日、於武州崎西郡中河郷大和田村蔵林寺奉書写、勧進大般若経一部六百巻之内一箱承取、自本悪筆無極候処、周章書仕候間、後代可為嘲哢候者歟、仍後見人々念仏十反可唱給候、
右筆覚繁六七三才
（後筆）「於滝尾（日光山、下野国都賀郡）御宝前真読之時、落行落句落字書続畢、　天台沙門尊心」
（後筆）「五度令真読了、当山（日光山）遊城坊隠居綱範七十七才」

〇二四六　「大般若経」巻一九二奥書　〇栃木県輪王寺蔵

大般若波羅蜜多経巻第一百九十六
于剋応（永）三年太歳丙子玄英応鐘（十月）十八日、於武州足立郡之内太和田村法聚山蔵林寺壇（談）義所、為令法久住之、奉頓写也、
助筆良秀

〇二四七　「大般若経」巻一九八奥書　〇栃木県輪王寺蔵

大般若波羅波羅（衍）密（ママ）巻第一百九十八
応永三年十月十八日　於難波田（武蔵国入東郡）如意輪寺書写畢、
（後筆）「天正五年丁丑正月真読之、正観坊亮真、於藤本坊（日光山、下野国都賀郡）、」
（後筆）「五度令真読畢、当山（日光山）遊城坊隠居綱範七十七才」

〇二四八　「大般若経」巻二二一奥書　〇栃木県輪王寺蔵

大般若波羅蜜多経巻第二百二十一
応永三年丙子十月十八日、武州吉見郡於久米田西法寺、

為令法久住利益人天書写畢、
金資覚院

（後筆）「天正五年丁丑正観坊亮真（真脱カ）読畢、」
（同）「当山（日光山、下野国都賀郡）遊城房隠居綱範七十七ニ而、五度令真読畢、」

〇二四九 「大般若経」巻二二四奥書 〇栃木県輪王寺蔵

大般若波羅蜜多経巻第二百二十四
応永三丙子十月十八日
武蔵国比企郡於下青鳥郷悲願山浄光寺、為令法久住利益有
情耳、
（後筆）「天正五年丁丑正観坊亮真（真脱カ）読畢、於藤本坊（日光山、下野国都賀郡）」

〇二五〇 「大般若経」巻二三八奥書 〇栃木県輪王寺蔵

大般若波羅蜜多経巻第二百三十八
日本第一之雖為悪筆、為自他法界如形憖贖料紙畢、
武州入西郡粟生田上村書写畢、
応永三年丙子十月十八日　賢海

（後筆）「天正五年丁丑正観坊亮真、於藤本坊（日光山、下野国都賀郡）真読畢、」

〇二五一 「大般若経」巻二四二奥書 〇栃木県輪王寺蔵

大般若波羅蜜多経巻第二百四十二
応永三年丙子十月十八日、武州入西郡於厚河坂下奉書之
畢、
（後筆）「天正五年丁丑正観坊亮真（真脱カ）読畢、宿房藤本坊（日光山、下野国都賀郡）」
（後筆）「天正廿壬辰巳午三年間、五度令真読畢、当山（日光山）遊城坊隠居柴
庵綱範七十七才」

〇二五二 「大般若経」巻二四八奥書 〇栃木県輪王寺蔵

大般若波羅蜜多経巻第〇（二百）四十八
于時応永第三丙子小春（十月）十有八日書之、以為一日一繕写
之助焉、　武之河陽（河越）天花之室

〇二五三 「大般若経」巻二四九奥書 〇栃木県輪王寺蔵

大般若波羅蜜多経巻第二百四十九

応永三年丙子十月十八日

一日頓写書畢、

(武蔵国)河越庄大袋

○二一五四 「大般若経」巻二五六奥書 ○栃木県輪王寺蔵

大般若波羅蜜多経巻第二百五十六

応永三年丙子十月十八日頓写、大般若経内三巻武州入西郡

於勝(呂脱カ)談所(義脱カ)頓書畢、

○二一五五 「大般若経」巻二五七奥書 ○栃木県輪王寺蔵

大般若波羅蜜多経巻第二百五十七

応永三年十月十八日

于時於武州比企郡古郡郷書写畢、 筆者師宏目坊

○二一五六 「大般若経」巻二九二奥書 ○栃木県輪王寺蔵

大般若波羅蜜多経巻第二百九十二

于時応永三年太才丙子十月十八日酉剋、

武蔵国村岡(大里郡)一日頓写内一巻書写候畢、

同国内多東郡阿佐谷村堀内円範、為結縁助筆仕畢、末代興

隆故也、仍顧後日嘲候、

○二一五七 「大般若経」巻四〇一奥書 ○栃木県輪王寺蔵

大般若波羅蜜多経巻第四百一

于時応永三初冬(十月)十八日、於武州榛沢郡藤田郷極楽寺令

書写畢、 (山城国京都)東寺末資権少僧都朝禅

金資朝舜

金資良尊

助筆分 良成 良明 道尊 上野公 犬楠丸

旦那分 了進 妙道 栄仙 土佐公

(後筆)「天正廿壬辰巳午三年、五度真読了、(日光山、下野国都賀郡)遊城房隠居綱範七十七

才」

○二一五八 「大般若経」巻四〇二奥書 ○栃木県輪王寺蔵

大般若波羅蜜多経巻第四百二

于時応永三初冬(十月)十八日、於武州榛沢郡藤田郷極楽寺令書写畢、

阿闍梨良慶
大法師朝尊
大法師永朝
小野憲行

助筆分　永蔵　永禅　俊尊　周防公　久楠丸
旦那分　良法　栄春　森吉　良祐

○二五九　「大般若経」巻四一〇奥書

○栃木県輪王寺蔵

大般若波羅蜜多経巻第四百一十

(後筆)「五度真読了、綱範七十七才」

応永三年丙子拾月十八日頓写畢、

於武州榛沢郡藤田北飯塚常楽坊書畢、

助筆行輪坊慶承感端□□感光各々畢、

○二六〇　「大般若経」巻四一四奥書

○栃木県輪王寺蔵

大般若波羅蜜多経巻第四百一十四

(後筆)「一交合了、

天正五年丁丑正観房亮真(真脱カ)読畢、於藤本坊(日光山、下野国都賀郡)、」

於武蔵国入西郡越生報恩寺令書写訖、

執筆栄曇　良慶　良祐

応永三年丙子十月十八日

○二六一　「大般若経」巻四四三奥書

○栃木県輪王寺蔵

大般若波羅蜜多経巻第四百四十三

于時応永三年丙子十月十八日、於武蔵国児玉郡阿久原一日頓写経、未剋書写了、

右筆金資慈運

○二六二　「大般若経」巻四四四奥書

○栃木県輪王寺蔵

大般若波羅蜜多経巻第四百四十四

于時応永第三丙子小春(十月)仲八日、於武州児玉郡本庄郷

藤原栄次謹書写、

〇二一六三 「大般若経」巻四四七奥書 〇栃木県 輪王寺蔵

大般若波羅蜜多経巻第四百四十七
応永三年丙子十月十八日、於西本庄（武蔵国児玉郡）栗崎有（宥）勝寺書写了、

〇二一六四 「大般若経」巻四五二奥書 〇栃木県 輪王寺蔵

大般若波羅蜜多経巻第四百五十二
応永三祀柔兆（丙）困敦（子）応鐘（十月）十八日、於武之東目釈源容書畢、

〇二一六五 「大般若経」巻四五四中裏書 〇栃木県 輪王寺蔵

大般若波羅蜜多経巻第四百五十四
応永三稔丙子小春（十月）十八日、於武林目山頓
写終也、
（中裏書）
「武蔵国児玉郡円岡是受取申書写半巻畢、 丹治（安保）光泰四五三才」

〇二一六六 「大般若経」巻四八一奥書 〇栃木県 輪王寺蔵

大般若波羅蜜多経巻第四百八十一
応永三年丙子十月十八日、於武州児玉郡金鑽宮令書写之、
（後筆）
「天正廿壬辰巳午三年間五度真読了、当山（日光山、下野国都賀郡）遊城坊隠居綱範
七十七才」

〇二一六七 「大般若経」巻四八三奥書 〇栃木県 輪王寺蔵

大般若波羅蜜多経巻第四百八十三
応永三年丙子十月十八日、於武州児玉郡金鑽宮談〔義脱カ〕所一乗坊、
一日頓写大般若経内一帙十巻書写之、庶幾依般若書写功
徳、酬大善結縁力用、現世誇七難即滅七福即生之楽、当
来証三身究竟三徳円満之果矣、乃至有縁無縁誹謗嘆無差
抜済矣、
始求法大沙門奥州平泉円隆寺住侶心詮書之、
次源秀、次宰相公、次天台求法比丘観秉、
次丹治（安保）朝臣光泰生年廿三才、已上右筆五人 心詮記之、
安保左衛〔門脱〕三郎、号円岡、

○二一六八　「大般若経」巻四八五奥書　○栃木県輪王寺蔵

大般若波羅蜜多経巻第四百八十五

応永第三丙子十月十八日

武州児玉郡金鑽宮談〔義脱カ〕所令頓写訖、

右筆尾州篠木庄住侶妙観生年廿

（後筆）「天正廿壬辰巳午三年間五度真読了、当山（日光山、下野国都賀郡）遊城坊隠居綱範

七十七才」

○二一六九　「大般若経」巻五〇一奥書　○栃木県輪王寺蔵

大般若波羅蜜多経巻第五百一

応永三丙子十月十八日　武州幡羅郡西聴〔庁〕鼻和柴前

為悪筆難〔雖〕、書所実也、　祐珍

（後筆）「天正廿壬辰巳午三年間五度真読畢、当山（日光山、下野国都賀郡）遊城房隠居綱範

七十七才」

○二一七〇　「大般若経」巻五〇三奥書　○栃木県輪王寺蔵

大般若波羅密〔ママ〕多経巻第五百三

（後筆）「天正五年丁丑正観房亮真真読誦畢、」

雖悪筆、現世安穏後生善処為書写、于見物人可有誹

謗候也、

願以此功徳　普及於一切　我等与衆生　皆共成仏道

武州波〔幡〕羅郡玉井郷住人長久房書写了、執筆生年廿七才也、

○二一七一　「大般若経」巻五〇六奥書　○栃木県輪王寺蔵

大般若波羅蜜多経巻第五百六

応永三年丙子十月十八日頓写之畢、

執筆慶秀

武州幡羅郡新開郷別所霊光寺

○二一七二　「大般若経」巻五〇七奥書　○栃木県輪王寺蔵

大般若波羅蜜多経巻第五百七

応永三年丙子十月十八日頓写之畢、

武州幡羅郡新開郷別所霊光寺

○二七三 「大般若経」巻五一三奥書 ○栃木県輪王寺蔵

大般若波羅蜜多経巻第五百一十三

右一日頓写之大般若経一巻、於于武之入西郡越生県助縁之、伏翼依茲功勲、法界有情悉乗般若航、渡煩悩苦海、到菩提彼岸、同円種智者也、

于時応永三禩丙子小春（十月）十八日於于大円坊午剋書之畢、

○二七四 「大般若経」巻五一七奥書 ○栃木県輪王寺蔵

大般若波羅蜜多経巻第五百一十七

武州秩父郡大河原郷善光寺深沢住人書写了、

応永三年　十月十八日

（後筆）「元亀四年癸酉於新宮（日光山、下野国都賀郡）別所奉真読処也、下妻（常陸国）普門寺舜海出離（為脱カ）生死菩提也、」

○二七五 「大般若経」巻五一八奥書 ○栃木県輪王寺蔵

大般若波羅蜜（ママ）多経巻第五百一十八

応永三年丙子十月十八日、於武州幡羅郡長井庄蓮沼郷金蔵寺灌頂道場、一日頓写為令法久住、　助筆了珍

（後筆）「天正五年丁丑正観房亮真、於藤本坊（日光山、下野国都賀郡）真読畢、」

（後筆）「元亀四年癸酉正月、奉真読成就、下妻（常陸国）普門寺住寺（持）舜海

同二年辛未十一月十一日、尾張国住小太（織田）上総守信長ト云者、比叡山（延暦寺、近江国滋賀郡）破却仕也、仏閣・僧房・社中悉不残一字云々、」

○二七六 「大般若経」奥書 ○栃木県輪王寺蔵

下野国西御庄西水代藤宮正覚坊書写畢、

応永三年丙子十月十八日頓写書了、

○巻次不詳。『藤岡町史 資料編古代・中世』による。

○二七七 「大般若経」巻二五四内題下書※ ○栃木県輪王寺蔵

于時竜集（年未詳）小春（十月）十八、　於武陵河陽（河越）之裏太井房南軒誌、

○本奥書以下六点、年未詳なるも前号までにかけて便宜ここに収む。

○二七八 「大般若経」巻一四三奥書※ ○栃木県輪王寺蔵

大般若波羅蜜多経巻第一百四十三
武州崎西郡成田置蓮福寺為令法久住書写畢、
金資契尊
(後筆)「壬申(元亀三年) 下妻(常陸国)普門寺舜海、於新宮(日光山、下野国都賀郡)真読成就也、」

○二七九 「大般若経」巻一四九奥書※ ○栃木県輪王寺蔵

大般若波羅蜜多経巻第一百卌九
武州崎西郡葛浜下崎郷光明寺

○二八〇 「大般若経」巻二二三奥書※ ○栃木県輪王寺蔵

大般若波羅蜜多経巻第二百二十三
執筆武州比企郡青鳥天神別当秀賢
生年六十八才
(後筆)「天正五年丁丑正観坊亮真生年五十一真読之、
正月十四日戊亥ノ刻ノ間、南体(男カ)(日光山、下野国都賀郡)鳴光物二三飛也、」

○二八一 「大般若経」巻二三〇奥書※ ○栃木県輪王寺蔵

大般若波羅蜜多経巻第二百三十
岩殿山(武蔵国比企郡)正法寺如法堂

○二八二 「大般若経」巻三九一奥書※ ○栃木県輪王寺蔵

大般若波羅蜜多経巻第三百九十一
執筆大里郡(武蔵国)崛戸郷住人大日堂盛光寺住僧
門長坊秀範
(後筆)「元亀二年辛未比叡山(延暦寺、近江国滋賀郡)破却、尾州住小太(織田)上総守信長ト悪党上
洛之時分也、
同三年壬申於新宮(日光山、下野国都賀郡)別所奉真読処也、常州下妻普門寺舜海
為出離生死也、」

○二八三 今川了俊(貞世)書下 ○本間文書

遠江国山名庄東方高部郷惣領職・同岩井郷之事、綸旨并
代々御判等相副、任譲状旨、祖子(庶)分共ニ本間楠犬丸知行不
可有相違状如件、

応永三年
十月廿日　（今川了俊、貞世）（花押）

山名大膳殿

○二八四　我野神社ヵ棟札銘　○埼玉県飯能市我野神社蔵

御造栄〔営〕　応永参年丙子十月廿八日　紹恵敬白

○本棟札、検討の要あり。

○二八五　「大般若経」巻四四四刊記　○神奈川県円覚寺蔵

（巻中）（布施）兵庫烝〔丞〕三善季康
（巻中）冬沙弥浄善（町野）
（巻末）応永三年十月日化縁比丘法亀

○二八六　大日六地蔵塔銘　○埼玉県入間郡越生町　路傍辻在

武州入間郡上谷村秋□　応永三丙子年十月日

○『武蔵史料銘記集』による。

○二八七　「妙法蓮華経」奥書　○神奈川県妙本寺蔵

奉施入相州筥（足下郡）根社、伏乞納受矣、
応永三年丙子十一月一日　　弟子沙弥浄善（町野）

○二八八　我野神社ヵ棟札銘　○埼玉県飯能市我野神社蔵

（表）
法欽（花押）　大工藤原□
宮代大明神新造　暦応二祀三月十三日　敬白
大檀那宗法（花押）

（裏）
大工橘信義
宮代大明神新造　応永三年庚子十一月十日　敬白
大檀那重吉

○本棟札、検討の要あり。

○二八九　円覚寺正続院文書目録　○円覚寺文書

（端裏書）
「正続院文書目録」（円覚寺、相模国山内荘）

正続院文書目録

一　円満常照国師(無学祖元)諡号宸翰一幅并書一通勅黄「失却」(異筆、下同ジ)
一　仏光禅師(無学祖元)諡号大字紙数六片并四条殿(隆蔭)状・春屋(妙葩)禾上状二通
一　万年山　正続院両額大覚寺殿(後醍醐天皇)宸翰
一　以舎利殿為正続院綸旨　二通
一　法光寺殿(北条時宗)御書　二通
一　最勝園寺殿(同貞時)御書　三通
一　古(故)将軍家(足利尊氏)、当寺事、不可佗(他)(有脱カ)寺綺之由、御教書　一通
一　厚木郷(相模国毛利荘)御寄進状等以下正文　十八通
一　同正合(照)検見帳等　二十三巻
一　同古帳　七巻
一　成松保(丹波国)御寄進状等正文、加大(法忻)喜和尚目録定　七通
一　同案文数通在之、
一　秋庭郷(相模国山内荘)内信濃村御寄進状以下正文　四(五)ミ通
一　同古帳結解状等　五巻
一　田呂(多)郷(伊豆国田方郡)御寄進状并施行　二通
一　同国衙下地(知)状　「○失却」二通

一　同検見帳目録　「失却」六巻
一　同守護代検田状　「○失却」一通
一　鼓岡(上野国片岡郡)寄進状以下正文付古(小カ)泉古文書(武蔵国男衾郡)　四通「一通失却」
一　同目録　「失却」三通
一　庄吉郷(上総国二宮荘)寄進状并施行　二通
一　同目録正合等　二十一通「此内六通在之、」
一　同絵図草案一紙
一　同公方請取　「失却」三通
一　津田長福寺(武蔵国大里郡)文書　「○失却」一結
一　建長寺(相模国山内荘)門前屋地古文書　六通
一　舎利殿地文書　「失却」二通
一　瓜谷(同国鎌倉)地文書付配分□力帳　六通
一　宮山(同国高座郡)文書一結
一　観音殿跡為開山塔真跡送春屋和尚状　一通「失却」
一　一翁(院豪)和尚書状　一結「失却」
一　可庵和尚遺跡文書　一結「失却」
一　ミ葦「航」(道然)江和尚状　一通

一 下生首座状　「一通失却」二通
一 了意坊地文書　三通
一 (常陸国多賀郡カ)三会寺文書　一結
一 渡諷経御教書　二通
一 制札　二通「一通失却」
一 存孝(土岐頼貞)寄進状　一通
一 南禅院宣案(後宇多上皇)　二通
一 少室(慶芳)和尚什物寄進状　一通
一 正蓮下祠堂免許連暑〔署〕状　一通
一 開山祖師池西塔頭所劄依田右衛門入道聖法封裏、　一通
永和二年丙辰十月初吉　侍真成竜（花押）
院主(少室慶芳)（花押）
(異筆)「
新添
正続院領
官府〔符〕宣色々事
一 左弁官　一通
一 太政官　一通

一 厚木郷分　一通
一 庄吉郷分　一通
一 秋庭郷分　一通
一 多呂郷分　一通
一 京都御教書　一通
一 関東御教書　一通
已上八通
院主(天鑑存円)（花押）
至徳四年丁卯二月廿七日」
(又異筆)「一 観史庵休首坐状　一通
一 糟屋(相模国)景徳寺文書案并連署　一通
応永三年丙子十一月初吉」

○本文書、永和二年の目録紙継目裏に成竜、また同目録と至徳四・応永三年の目録との紙継目裏に天鑑存円の花押がある。

○二九〇　赤堀直綱請文　○久我家文書

(端裏書)「赤堀請文」

伊勢国石榑御厨御代官職事、被仰付候之上者、任御教書之旨、有限御年貢・御公事等、無懈怠可執沙汰仕候、万一不法之事候者、雖為何時可被召放御代官職候、其時更不可申入一言之子細候、若背本所之御命、申異儀候者、於公方被訴申、可被処罪科候、仍為後日、請文状如件、

応永三年十一月十二日　（赤堀）民部少輔直綱（請文）（花押）

〇二九一　称名寺敷地田畠銭注文案　〇金沢文庫文書

（武蔵国六浦荘）金沢称名寺敷地田畠銭事

合

一田銭　五十九貫五百文加人具給定、

一畠銭　二十貫文加人具給定、

一中沢子分

田銭　五貫文

畠銭　四貫文

都合八十八貫五百文

応永三年十一月廿四日

〇二九二　足利氏満御教書　〇文化庁所蔵皆川家文書

明春正月七日垸飯所課注文在之、事、任例可令勤仕之状如件、

応永三年十二月五日　（足利氏満）（花押）

（義秀）長沼淡路守殿

〇二九三　山名智兼寄進状　〇観福寺文書

奉寄進　下総国牧野村地蔵堂同所内敷地并畠少、号畠中内事

右、以此結縁、為後生善所、奉寄進□（状カ）如件、

応永三年十二月五日　（山名）沙弥智兼（花押）

〇二九四　足利氏満寄進状写　〇「相州文書」高座郡坤

寄進

（相模国山内荘）建長寺宝珠庵末寺長松寺（同国高座郡）

相模国（同）座間郷内田畠大注文有別紙、事

右、為当寺領、如元可被致沙汰之状如件、

応永三年十二月十七日

応永三年十二月
左兵衛督源朝臣（足利氏満）（花押影）
○新戸村長松寺所蔵。

○二九五　二階堂氏盛巻数請取状　○大善寺文書

甲斐国柏尾山（大善寺、山梨郡）歳末御巻数一枝、入見参候訖、仍執達如件、
応永三年十二月十八日　前下総守（二階堂氏盛）（花押）
衆徒中

○二九六　石塔ヵ信家書下　○東京大学史料編纂所所蔵伊東文書

甲斐国山小笠原庄内朝尾郷下村岡之分年貢内、原田跡之年貢参貫文事、為給恩所相計伊東蔵人祐範也、任先例可知行之状如件、
応永三年十二月十九日
（花押）（石塔ヵ信家）

○二九七　九条祐円（経教）遺誡　○宮内庁書陵部所蔵九条家文書一

予命終後可相続家領・家記・文書等事

一、（付箋）「後己心院殿」前関白（九条忠基）可令物領、依無実子、内府（九条）教嗣為猶子相続、出仕以下事、一向可被加扶持者也、
一、内府教嗣、当時管領播州曾我部郷・備中駅里庄内神田・小山・太郎丸、其外野間郷（播磨国安田荘）半分・美濃下有智御厨、
一、不断光院（山城国京都）尼衆、安田庄（播磨国）内使田・多紀庄（丹波国）年貢中五百疋、
一、慈心寺尼衆　田原庄（播磨国）月宛五十（ゝ九）疋、越後白河庄年貢千疋、田原庄内功田名、
一、姫君母儀一条局、吉田長老可為弟子由、令契約了、二宮（大県社、尾張国二宮荘）月宛等、可令相続者也、
一、若君十二歳孫子、田原庄月宛并宇那江村（備中国駅里荘）弐千疋、立身之間、可被相計者也、
一、二（ゝ四）歳若君母儀別当局、濃州衣斐庄月宛百疋・田原庄内貞久名・輪田庄（摂津国）年貢千疋、同立身之間、相計者也、
一、姫君七（ゝ八）歳・四歳両人、蔭山庄（播磨国）内下村・二宮月宛、一期之間相計者也、
一、若君（九条満家）三歳、母儀堀川局、中村郷（播磨国安田荘）年貢千五百疋、同立身之間、相

計者也、
一、廊、野間郷半分・田原庄内別名・若山庄(能登国)御役・二宮并
田原月宛等、不可替当時者也、
一、一条局、二宮月宛給分千疋、一期間可被相計、
一、二条局、二宮月宛毎月百疋、給物千疋、可被相計、
一、大県宮月宛分参千疋沙汰余了、此内弐千疋、為予仏事
用脚、令談合二尊院(山城国葛野郡)長老、以忌日可被沙汰者也、
一、家記・文書等、就惣領可令管領、就所用可被了見者也、
一、於北亭、如当時前関白可居住、於南亭者、内府可居住、
成水魚思、不可有相論儀者也、
一、堀川局、衣斐月宛給物千疋、同可被相計、二歳若君(経覚カ)料
所等、可被奉行、於不調者、不及是非者也、
一、按察局、衣斐月宛、百疋其外輪田庄年貢千五百疋相計者也、
其身無不調者、一期之間可被相計、
一、新中納言局、田原・二宮月宛并姫君料所可令奉行、二
宮年貢内千疋、同相計者也、
一、別当局、田原・二宮月宛・若君料所可令奉行、於不調

儀者、子細同前、

家僕等恩給事

一、日野、自月輪禅閤(九条兼実)以来代々家僕、世以知之、当時無家
礼儀、雖不及是非、為権門之間、不及問答、若山庄自故
大納言(日野)時光代、雑掌年貢直進、
一、一品禅門(土御門保光)、源舜一人為家礼儀、子息資家(土御門)、輪田東方可相続
歟、
一、葉室前中納言宗顕、代々家僕、当時奉行地無殊儀者、
不可相替者也、
一、中納言(九条)氏房卿、草加部庄(備前国カ)相伝地当時不知行、万一家領
等令本復者、雖如形可被相計者也、
一、三位入道(八条季興)源恵、高田郷(播磨国安田荘)并三原村(石見国大家荘)為恩給、実種(八条)朝臣可令
相続者也、
一、阿賀丸、雖年少父祖奉公異他、仍相伝地九条御領・多
紀庄・田原庄奉行、成人令奉公者、不可替当時者也、
一、以基(薄)朝臣、岩田庄(美濃国)年貢千疋致沙汰・梅宮長者、其職無相違者、
前駈一人必可沙汰進、当時称無器用不沙汰進、故以季朝(薄)

臣時、無子之由申、不致沙汰、仍被仰（厳密）間、以範（同）・永説（藤原）其
以猶子沙汰進了、先例在近、可被加問答者也、
一、兼世（源）、多田村（播磨国蔭山荘）并水田公文跡・田原内有国名、
一、兼致、相伝地泉州日根庄当時不知行、田原庄西二名并
蔭山内山田村為恩給、濃州下有智御厨奉行事、仰付了、
窮困不及是非歟、是又月輪禅閤以来于今奉公、家領等有
本復事者、可被相計者也、
一、頼氏、蔭山庄内中村為恩給、子細同前、
一、実博朝臣（藤原）、田原庄内宗永・安武両名、有便宜闕者、可
被相計者也、
一、親俊子息、年少雖有若亡、於高松殿敷地者、可被相計
者也、
一、行孝入道、濃州衣斐庄四分壱、当時為恩給、行貞可令相
続歟、
一、祐賢、為政所雖未陳有若亡、為譜代、仍懸其名、輪田
西方奉行、年貢弐千八百疋致其沙汰、其外為恩給、大番
領致奉行、舎人番頭十一人可致沙汰、親真申請了、無沙

汰不可然、可召進由、可被加問答、不致沙汰者、可被仰
付他人者也、
右大概注置了、安房国、此地称被進法皇（崇光）、被召放了、未歎申候者也、自光厳院御代知行、可被宛出仕用
脚、無出仕時可被成他用、其時者半分可被相分内府、有書
落地者、為惣領可被管領、莫違犯而已、
応永三年十二月廿五日　老僧（九条祐円、経教）（花押）
「（後筆）此状去年如此書置了、然前関白（付箋）「後己心院殿」已令薨了、仍内府相続
管領無子細、子孫内、加首服家門相続人体、譲与内府
内、両所許可被相計者也、重所注置也、（九条祐円）（花押）
書置条々文、不可有違犯者也、」
「（奥書）後報恩院殿御遺誡也、（九条祐円）
寛永十八年七月廿九日　道房（九条）銘之、」

○紙継目裏に九条経教の花押がある。

○二九八　足利道義（義満）寄進状　○円覚寺文書

寄附　円覚寺正続院（相模国山内荘）

常陸国小鶴庄事
右、所寄附当院之状如件、
応永三年十二月廿七日
入道准三宮前太政大臣（足利道義、義満）（花押）

○二九九　足利道義（義満）御教書※　○円覚寺文書

円覚寺（相模国山内荘）正続院領常陸国小鶴庄事、未事行之由、歎申候、早
速落居候之様、可有御下知之状如件、
四月廿八日（年未詳）　（花押）（足利道義、義満）
左兵衛督（足利氏満カ）殿

○本文書、年未詳なるも前号にかけて便宜ここに収める。

○三〇〇　「大般若経」某巻奥書　○埼玉県入間郡越生町最勝寺蔵

応永三年　赤尾（武蔵国入東郡）阿弥陀堂海禅

○『武蔵史料銘記集』による。

○三〇一　少宮神社棟札銘写　○山梨県山梨市少宮神社蔵

（表）一当社（少宮神社、甲斐国山梨郡）建立　永代旦那
（裏）応永三年
上野太郎右衛門

応永四年（西紀一三九七）

○三〇二 諏訪社神使頭番役差定状 ○守矢文書

当社（諏訪社、信濃国諏訪郡）今年神使頭番役之事
右、任御占、差定内県介畢、仍為小坂（同郡）郷之役、守先例、可
被勤仕之状如件、
応永四年正月一日 神長（守矢貞実）在判
小坂殿

○三〇三 諏訪社神使頭番役差定状 ○守矢文書

当社（諏訪社、信濃国諏訪郡）今年神使頭番役之事
右、任御占、差定内県宮付畢、為禰津（同国小県郡）郷役、守先例、御勤
仕候者、神慮定可有御納受候、仍副状如件、
応永四年正月一日 神（守矢）貞実在判
謹上 禰津殿

○三〇四 鶴岡八幡宮執行尚賢補任状案写 ○「鶴岡事書日記」応永四年正月条

補任 鶴岡（相模国鎌倉）八幡宮領上総国植（埴）生郡佐坪并一野村代官職事
平田彦六実次
右、以彼人体所補任也、守先例可致其沙汰之状如件、
応永四年正月十日 法印（智覚坊尚賢）判

○三〇五 頓学坊珍誉書下案写 ○「鶴岡事書日記」応永四年正月条

佐坪（上総国埴生郡）并一野（同）村政所職田畠事
合本給分 田壱町二反大加湯屋免定者、
畠壱町大并先政所屋敷
右、以此旨可有存知之由候也、会所之間令申候、恐々謹言、
正月十一日（応永四年） 会所珍誉（頓学坊）判
平田彦六（実次）殿

○三〇六　「大般若経」巻四四五刊記　○神奈川県円覚寺蔵

（巻中）春沙弥浄善（町野）

（巻末）応永四年正月日

○三〇七　義観宗祐田売券　○香取要害家文書

（端裏書）「田所義観状」

用々（要用）あるニよつて本銭かへしに売申田の事

　合直銭九貫文者、

右、件の田の坪ハ、丁古（下総国香取郡）の内壱反ハやもとの花立と、壱反ハおなしきつゝみより上かと田、これハ年紀いまた三年候際、来候はんたつのとし（応永七年）のつくりより始候て、御ちきやう（知行）あるへし、此弐反の田におき候てハ、まんさうくうし（万雑公事）おちやうし（停止）、売渡申候ところ実正也、但なん時にても候へ、うけかへし申候ハヽ、本銭九貫文おわきまへ申候へく候、なおもつて此田ニおき候て、違乱□（わ）つらひ申事候ハヽ、任法例本銭壱倍をもつて、さたをいたし申候へく候、仍為後日状如件、

　応永四年丁丑二月四日

うりぬし　香取（下総国）田所義観宗祐（花押）

○三〇八　文三郎祝田売券　○香取要害家文書

（端裏書）「永代状　文三郎祝　うりけん状」

用々（要用）有よつてうり申かまのへたの状事

　合本銭九貫六百文者、

右、件の田坪ハ、かまのへたわした一反半お、永代おかきりて、売渡し申処実正也、あたいのせに九貫六百文ニ申候上ハ、若子孫中にいき（異儀）を申候者候ハヽ、本せん一はいをもつてわきまい申へく候、若又御とくせい（徳政）なりとも、此田ニおゐて、いらんわつらい（違乱煩）申ましく候、仍為後日状如件、

　応永四年丁丑二月四日

下総国香取社（香取郡）　文三郎はうり（花押）

〇三〇九　田所庶子侍従名所務売券写　〇香取物忌家文書

（端裏書）「永代しよむ《（所務）》の状　侍従」
永代にうり申田所ミやう《（名）》の大田のしよむの事
　合本せに《（銭）》弐百文者
右、件の田所ミやうのしよむの事、ひのとのうし《（丁丑）》年よりはしめ候て、万さうくうし《（雑公事）》於ちやうし《（停止）》候て、永代ニうりわたし申所実正也、
一、ゆつり状・かい状おそへ候て、まいらせへくさた候とも、かの状おぬす人ニぬすまれて候、そのほかちうもん《（注文）》あまたそへ候て、とられて候ほとに、そへ申す《（さ脱カ）》候、いつかたよりもゆつり状・かい状いてきたる事候わは、ぬす人の御さたあるへく候、かの状おほんとし候て、永代ニ御しよむおめされへく候、われらかしんるいきうたい《（親類兄弟）》・まこひこ《（孫彦）》まても、いき《（異儀）》お申ましく候、仍こにち《（後日）》のためニ永代ニうりわたし申状如件、
応永四年ひのとのうし二月廿七日
うりぬし　香取《（下総国）》丁古住人田所そし《（庶子）》侍従（花押影）

〇三一〇　「大般若経」巻四三一刊記　〇神奈川県円覚寺蔵

（巻中）吉良上総兵部大輔治家
（巻中）明徳二年未夏沙弥浄善《（町野）》
（巻中）秋沙弥浄善
（巻末）応永四年二月日　化縁比丘法亀

〇三一一　長寿寺梵鐘銘　〇神奈川県円覚寺蔵

相州路《（鎌倉）》宝亀山長寿禅寺
康応元年僧堂既成尚欠鍾魚、爰有売銅鍾者其直三万銭、而今募縁市之懸於堂前、以為永遠法器、
応永丁丑《（四年）》仲春《（二月）》日　幹縁比丘等禅
住持比丘等海　知事比丘心乗

〇三一二　宝篋印塔銘　〇群馬県吾妻郡中之条町　宗本寺所在

（基礎正面）大檀那沙弥教部　敬白
応永四才丁丑四月七日
（側面一）
□
（側面二）野州吾妻（ママ）（上野国）□結衆□十人□阿□□□之処也、

○三一三　諏訪社花会御堂頭番役差定案　○守矢文書

諏方社（信濃国諏訪郡）今年花会御堂頭番役之事
右奉為聖朝安穏、天長地久、殊征夷将軍家宝祚延長、別国
事泰平、人民豊楽故也、仍任恒例、為中村郷（同国高井郡）役、（可脱カ）被勤仕、
御教書如件、
応永四年卯月八日　　神長（守矢貞実）在判
高梨殿　　　無上書者候、
守此旨、為神長役認、何方へも可遣以（候カ）、

○三一四　諏訪社花会頭番役差定案写　○「守矢家諸記録」

諏方社（信濃国諏訪郡）今年花会頭番役之事
右奉為聖朝安穏、天長地久、殊征夷将軍家宝祚延長、別国
事泰平、人民豊楽故也、仍任恒例、為井上郷（同国高井郡）役、（可脱カ）被勤仕、
御教書如件、
応永四年卯月八日　　神朝臣某（守矢貞実）在判
謹上　井上殿

○三一五　斯波道将（義将）奉書　○美吉文書

円勝寺（山城国京都）領駿河国益頭庄役夫工米事、為御起請符地之上者、
可停止催促之旨、可被相触之由、所被仰下也、仍執達如件、
応永四年四月廿三日　　沙弥（斯波道将、義将）（花押）
今河上総介（泰範）殿

○三一六　「大般若経」巻四三三刊記　○神奈川県円覚寺蔵

（巻中）真翁順公禅定門　明徳第二四月廿五日

(巻中)正法寺殿本光季公大禅定門　明徳第三四廿三日
(巻末)応永四丁丑卯月日化縁比丘法亀

○三一七　足利氏満挙状写　○「報恩寺年譜」二一(ママ)

吾那式部丞光泰申、武蔵国入西郡越生郷是名永内在家弐宇、同郷水口田内窪田弐段、同郷谷賀俣村内田畠在家弐宇、同郡浅羽郷内金田在家一宇・田畠、高麗郡吾那村内在家弐宇安堵事、任譲状之旨、相伝当知行無相違候、可有申沙汰候哉、恐惶謹言、

(応永四年)同五月三日　(足利)氏満判在別

(斯波道将、義将)右衛門督入道殿

○三一八　足利氏満御教書案　○相馬文書

陸奥国小野保名主国井若狭守・田原谷弾正忠等事、恩領敵対之上、去年執立先代名字仁、及合戦之由、所有其聞也、不日可被加退治之状如件、

応永四年五月廿二日　(足利)氏満御判

(斯波詮持)左京大夫殿

○三一九　「大般若経」巻四四六刊記　○神奈川県円覚寺蔵

(巻中)夏沙弥(町野)浄善
(巻中)為先考正吽大徳退(追)善平時縄(綱カ)
(巻末)応永四丁丑五月日化縁比丘法亀

○三二〇　武正忻奉書案写　○「鶴岡事書日記」応永四年六月条

棟別除状案

(上総国市原荘)市原八幡宮造営料棟別事、於(相模国鎌倉)鶴岡八幡宮領(上総国)植(埴)生郡一野・佐坪者、可被止催促候之由、被仰出候也、恐々謹言、

応永四六月六日　武兵庫入道正忻

千坂弥三郎殿

○三二一　鶴岡八幡宮執行尚賢書下案写　○「鶴岡事書日記」応永四年六月条

一、当郷夏麦事、自去〔々脱カ〕年五月中可致沙汰之由、落居之処、
当年延引之条、無勿体次第也、急々可運上候、
一、早野〔上総国埴生郡〕数珠免事、当年夏麦以下可取沙汰、
一、盆料事、来月十二日以前、各一駄宛可有運上之由、固
可被申付候、先年落居事候、尚以可被申含状〔マヽ〕之如件、
応永四年六月七日　法印〔智覚坊尚賢〕
佐坪〔同郡〕政所殿〔平田実次〕

○三二二　日尊譲状　○顕実寺文書

譲与　顕真僧都日経・少納言阿闍梨日恵・大輔阿闍梨日
瞻・侍従律師日英・妙日比丘尼・李氏竹千代御前・高範比
丘等所々田地等事
一、日経譲与分　下総国八幡庄谷中郷内高国名壱町参段在
家一宇、船橋殿者、一期間彼仁可知行也、一期後者、日経可令知行者也、・同国千田庄原郷内
多古村阿弥陀堂免五段在家壱宇、此田地者、公私法花〔下総国〕
寺・〔八幡荘〕〔同〕本妙寺御寄進也、雖然依有志、日経一期分譲与処也、
一期後、為本寺領間、可為本寺計也、此外三谷堂免弐町、
胤貞〔千葉〕御寄進状有之、雖然先師日祐・日経等御譲与也、受
彼御素意同譲与処也、
一、日恵譲状分　同国八幡庄曾谷堂免等并当郷導師職等、
彼田地者、本妙寺御寄進也、雖然依有志、日恵に一期分
譲与処也、一期後者、為寺領間、可為本寺之計者也、
一、日瞻譲与分　同国八幡庄谷中郷内徳重名内在家・同国
千田庄導師職事、日瞻一期分譲与処也、彼田地者、公私
共一円に本妙寺江御寄進地也、雖然依有志、日瞻一期譲
与処也、一期後者、可為本寺之計者也、
一、日英譲与分　同国千田庄原郷谷内田地在家等、雖為法
花寺領、侍従律師自本知行上、為一期分、可令知行也、
日英一期後者、可為本寺之計也、
一、妙日比丘尼譲与分　同国八幡庄北方村八郎太郎名田地
壱町在家壱宇、妙日比丘尼譲与処也、妙日一期後者、可
為本寺付弟〔計脱カ〕者也、
一、竹千代御前・高範比丘尼譲与分　同国臼井庄神保郷小
室村うい内九段当百姓又四郎名・肥前国小城郡内別府内田参町、

面々一期分譲与処也、若本寺違背時者、為寺領間、為本寺之計可改易、一期之後者、可為本寺之付弟計者也、
一、同国八幡庄曾谷郷大田名田地者、置法花寺代官職料所処也、
右、処々田地并導師職等、面々各々一期分譲与処実也、彼面々、多分に雖可譲与付弟、少分限にてわ公私不可叶間、志計譲与処也、就公私料足、（後脱カ）向所要之事出来時者、配分惣跡、可致沙汰之由、付弟之譲状并置文に誡畢、惣胤貞・胤（千葉）継等為御願、御領内神講田者、可為本妙寺之計由、御寄進状在之、仍守置文・譲状之旨、不可有違背、若違犯之輩者、不可為日尊弟子者也、導師職事、於于本寺違背之仁者、為本寺之計可令改易者也、若所定置文・譲状等違背之輩者、併依背日尊素意、永不可為弟子間、日尊跡少分不可為知行、猶以違背之輩者、永可削門徒者也、仍為後日譲状如件、

応永四年六月八日　　日尊（花押）

○紙継目裏に日尊の花押がある。

○三三三　日尊譲状　○頂妙寺文書

（前欠）

次三寺之修造并就公私料足、所用出来時者、配分日尊跡□可致沙汰者也、次違背之仁出来時者、経衆儀評定、再三加教訓、可令住正義、尚以違犯者、可令擯出門徒也、此上成異儀者、公方ぇ申、可被処法例罪科、此外号日尊之譲、存各別之儀輩者、不可為日尊弟子上者、不可有御許容、堅可被処罪科者也、如此誡置事、至于未来永々、門徒引分、中悪事於痛存故也、是代々先師御本意也、敢不可違背、仍為後日譲状如件、

応永四年六月八日　　法印日尊（花押）

○三三四　足利氏満御教書写　○「相州文書」鎌倉郡円覚寺塔頭坤

炎旱数日之間、祈雨事、近日殊可被致精誠之状如件、

応永四年六月十一日　　（足利氏満）（花押影）

（相模国山内荘）円覚寺衆僧中

○続灯庵所蔵。

〇三一五　「瑜祇経口伝」上巻奥書　〇滋賀県叡山文庫天海蔵

于時応永四年丁丑六月十二日、於上野州新田荘錦(綿)打妙満山太慶寺談義所、賜師御本令書写之訖、偏為興隆仏法也、金資清弁一交了、瑞光寺自栄海来

〇貞応三年閏七月二十一日付道範の本奥書は省略した。

〇三一六　「瑜祇経口伝」下巻奥書　〇滋賀県叡山文庫天海蔵

于時応永四年丁丑六月十七日書写畢、此疏八、賜師主法印御本如形書写仕了、後見人可愍給々々、金資義□(覚カ)三十五才、
瑞光寺自栄海来

〇建保六年十二月二十三日付の伝受奥書、貞応三年閏七月二十一日付道範の本奥書は省略した。

〇三一七　某袖判書下案　〇建内文書

(端裏書)「南都(大和国奈良)薬師寺状案、此正文応永四年九三平瀬持来、当方状遣薬師寺、」

南都薬師寺
判

播磨国土山庄京上夫用途事、自元為領家管領之間、当知行無相違者也、於鎌倉(相模国)夫料足者、地頭方知行之段無子細之上者、任先規可被管領之状如件、

応永四年六月日　権律師寛円判

〇三一八　二宮是随奉書　〇本間美術館所蔵市河文書

(付箋)「たかのすのはん(判)
二宮の越中殿御はん」

信濃国高井郡市河刑部入道興仙於知行分之山巣鷹之事、不経案内而有下取仁者、為盗賊、任先例、於公方可致其沙汰之状、依仰執達如件、

応永四年七月二日　是随(二宮)（花押）

○三三二九　新田ヵ武蔵守袖判書下　○本間美術館所蔵市河文書

(新田ヵ武蔵守)(花押)

中野中務少輔

信濃国志津間(若槻新荘)小笠原但州分地頭職之事

右、於彼所者、馳参最前、於致忠節者、可令領掌者也、仍状如件、

元中十四年(応永四年)丁丑七月五日

○三三三〇　足利氏満御教書　○結城錦一氏所蔵結城家文書

料所陸奥国田村庄三分壱肆拾村事、当年壱作所預置也、於有限年貢者、任事書之旨、可致沙汰之状如件、

応永四年七月八日　(足利氏満)(花押)

結城三河七郎殿(小峰満政)

○三三三一　足利氏満ヵ御教書写　○結城錦一氏所蔵結城家文書

(封紙上書)「小峰参河七郎殿(満政)　満兼(ママ)」

当知行地等事、如元可知行之状如件、

応永四年七月八日　(足利氏満ヵ)(花押影)

小峰七郎(満政)殿

○封紙上書は、「秋田藩家蔵文書」三より補う。

○三三三二　鶴岡八幡宮執行尚賢書下案写　○「鶴岡事書日記」応永四年七月条

佐坪(上総国埴生郡)政所(平田実次)方書下案

七月四日注進、同七日到来披見了、抑当郷旱魃損亡之間事、此所者、自往古相定テ、古作不云旱水損不立損亡、損田・御佃以下券(募ヵ)諸御公事、自今以後以此斗代、雖為一粒不可対捍之由、当郷百姓等各捧押書依申請、御佃以下上中下斗代、閣諸事、如此間被定置之処、当年旱損之由之申状捧之条、造意之企、罪科難遁者也、若破古作旨、可為本斗代分者、先々熟年之時、御年貢勘本斗代可致其弁哉、宜任百姓等申請之旨者也、

一、盆料事、先年既両村(佐坪・一野村)百姓各一駄宛可致其沙汰之由、固

申含畢、尚重不可有緩怠之由、可被申付者也、
一、夏麦事、五月中悉可致沙汰之由、自去〔々脱カ〕年被定法之処、
当年遅々条、難心得者也、相副盆料、可致沙汰之由、堅
百姓等可被申付候、若無沙汰候者、殊可行罪科可被申含
之状如件、

応永四年七月八日　　法印（智覚坊尚賢）

佐坪政所殿

〇三三三　足利氏満寄進状写　〇「相州文書」鎌倉郡二

寄進　真言院（覚園寺、相模国鎌倉）

竹沢兵庫助入道跡事

右、為当院修造領、所令寄附也者、早守先例、可被致沙汰
之状如件、

応永四年七月十日

左兵衛督源朝臣（足利氏満）（花押影）

〇同村（二階堂村）覚園寺所蔵。

〇三三四　上杉禅助（朝宗）施行状　〇覚園寺文書

竹沢兵庫助入道跡事、守御寄進状之旨、可被沙汰付下地於
真言院（覚園寺、相模国鎌倉）雑掌之状、依仰執達如件、

応永四年七月十日　　沙弥（上杉禅助、朝宗）（花押）

千坂越前守殿

〇三三五　足利氏満寄進状　〇黄梅院文書

寄進　黄梅院（円覚寺、相模国山内荘）

武蔵国崎西郡葛浜郷内久下五郎右衛門尉〔跡脱カ〕大河辺女子方
并同国足立郡殖竹郷地頭職内・同郡河田郷領家職内・
同郡淵江郷石塚村等内足立大炊助跡事

右、為相模国鎌倉郡小坪残半分替、所令寄附也者、早守先
例、可被致沙汰之状如件、

応永四年七月廿日

左兵衛督源朝臣（足利氏満）（花押）

○三三六　上杉禅助（朝宗）施行状　○黄梅院文書

武蔵国崎西郡葛浜郷内久下五郎右衛門尉跡大河戸女子方・同国足立郡殖竹郷地頭職内・同郡河田郷領家職内・同郡淵江郷石塚村内足立大炊助跡事、守御寄進状之旨、可打渡下地於黄梅院（円覚寺、相模国鎌倉）雑掌之状、依仰執達如件、

応永四年七月廿日　沙弥（上杉禅助、朝宗）（花押）

千坂越前守殿

○三三七　足利氏満御教書　○結城錦一氏所蔵結城家文書

料所陸奥国田村庄事、為致其沙汰令下向之上者、相催庶子等、可罷越当庄、若庶子中有異儀仁者、就注進、可有殊沙汰之状如件、

応永四年七月廿二日　（足利氏満）（花押）

結城（小峰満政）参河七郎殿

○三三八　救誉旦那譲状　○米良文書

なかくゆつりわたす処分事

楠御前分

一、あふミ（近江）の国いは（伊庭）の安楽寺一円

一、いてわ（出羽）の国一円武蔵国平間（丸子保）浄長引旦那一円

一、あふミの国はくさい（百済）寺（愛智郡）先達直法分辻坊門弟引たんな一円

一、かつさ（上総）の国一円たゝしかやうにゆつり候へとも、ふもつ候間、第三年の間ハ、本坊にちきやう（知行）候へきなり、

右、件の諸国諸たんなハ、救誉重代相伝のたんなたる間、心さし（志）によって、楠御前ニなかくゆつりわたすところなり、仍後日きけい（亀鏡）のため、ゆつり状如件、

応永四年丁丑七月廿八日　権律師救誉（花押）

○三三九　諏訪社御射山加頭番役差定案写　○「守矢家諸記録」

諏（信濃国諏訪郡）□□□□（方社明年）御射山加頭番役之事

差定

船山郷（同国埴科郡）

右奉為聖朝安穏、天長地久、殊□□（征夷カ）将軍家宝祚□□（延長）、国事泰平、人民豊楽之故也、仍□□（任恒）例、可被勤仕彼頭番役之状

如件、

応永四年七月晦日

大祝神

神長(守矢貞実)神在判

副祝神在判

擬祝神在判

権祝神在判

禰宜神在判

〇三四〇　神長守矢貞実副状案写　〇「守矢家諸記録」

諏方社(信濃国諏訪郡)明年御射山加頭番役事

右、任望、船山郷(同国埴科郡)差定申候畢、守此旨御勤仕候者、神慮定可有御納受候、仍副状如件、

応永四年七月晦日　神朝臣某(守矢貞実)在判

謹上　小笠原殿(長秀カ)　人々御中

〇三四一　新田ヵ武蔵守書状　〇山梨県立博物館所蔵市河家文書

(包紙写)「市河刑(部脱)大輔入道殿(興仙)　武蔵守(新田カ)」

(注記)「右之名書ハ上包ニ有、本腰ふミ包也、」

一、昨日真我僧愚状進之候、請文未到候、其上心事為申承候ハん、近所候、真有子細候者、為入見参覚候、

一、彼大儀一向憑入候、其子細此御僧可被申候、心事御返事承候者悦入候、何様身進退まかせ申候上ハ、御左右ニより候て、不日落居あるへし、返々打憑入候、此御僧委細可有物語候、恐々謹言、

八月十日(応永四年カ)　武蔵守（花押）

(付箋)「貞応三」　(付箋)「北条武蔵守平泰時御はん」

〇三四二　「常行堂声明譜」奥書　〇栃木県輪王寺蔵

奉施入　日光山(下野国都賀郡)常行堂妙音流声明所上下二帖

右志者為現当二世悉地成就円満也、

応永四年丁丑八月十一日

施入之仁

妙法坊阿闍梨栄重

法縁之仁

御留守権(主カ)律師昌瑜

〇三四三　香取社定額乗胤田売券　〇香取要害家文書

(端裏書)「田のうりけんの状　定額」
依有要用、永代にうりわす(た脱カ)田ノ状事
□(合)直銭伍貫文者
右、件の田のつほハ、杖取ノ下つゝみ副さ(は)うり田、大ノ田一反うりわたし申候也、右、彼の田ハ、香取(下総国香取郡)社定額重代相てんの私領たるによんて、永代をかきて売わたすところ実正也、若此田ニおいていき(異儀)を申候ハん輩、又ハ弟子・同ほう(朋)・しんるい(親類)きやうてい(兄弟)、ましてたれにても候へ、身のあとをつき候ハんもの、此田にいらん(違乱)候ハゝ、なかくふうけう(不孝)として、身のあとをさうそく(相続)すへからす候、若此旨を背候ハゝ、
当社大明神御罰罷かふるへく候、仍為後日証文状如件、
応永四年ひのとうし八月十五日
売主　香取社定額乗胤（花押）

〇三四四　山名時煕書下写　〇蜷川家文書

上野国山名(緑野郡)郷八幡宮別当職事、任貞治五年正月廿九日・永和元年四月十九日補任状等之旨、所返付也、早云別当職、云新寄進分、守先例、全宮務・造営并御祈禱等、厳密可致沙汰之状如件、
応永四年八月十八日　(山名時煕)（花押影）
讃岐阿闍梨御房

〇三四五　山名時煕書下写　〇蜷川家文書

上野国山名(緑野郡)郷内阿弥陀堂号中御堂別当職田弐段・畠弐段　并西(同)福寺寄進分等事、任先例、領掌不可有相違状如件、
応永四年八月十八日　(山名時煕)（花押影）
讃岐阿闍梨御房

〇三四六　日栄誓状写　〇「本圀寺年譜」四

鎌倉(相模国)松葉谷妙法寺之事
右、此弘通所者、日静聖人遷都之後、日叡建立之、

陵私ニ曰叡師護良親王嫡男楞厳丸是也、護良親王ハ大塔若宮也、楞厳丸幼少ニシテ忍フ鎌倉、静師撫育シテ成リ人、遂妙法寺仰開山者也、

在々所々之寺院等悉令一味同心、末代永可為本寺本圀寺（山城国京都）之御成敗由、被捧寄進之状候、依之器用之仁出現之程、為勤仕御代官、可致弘通之由被仰付候間、所申領掌也、聊於御本寺、不可成申敵対向背之思候、此旨惣門徒中之誓約状加判形、堅奉守此趣候上者、努々不可有御不審候、奉守本寺京都六条堀川本圀寺之御弘通、一心不愛身命、可奉令弘通宗旨候、並致同心鎌倉中近所在々所々之門徒・僧俗、可助成申京都之御弘通候、日栄一期以後、於于本寺之御計者、可被附器用之仁候、若万一、日栄弟子分之中有申出異儀之輩者、永可為不孝之仁候、其旨御本寺御影可有御照覧者也、聊不可存自専之義候、仍誓文之状如件、

応永四年八月廿三日　　阿闍梨日栄在判

御本山御院家中

〇三四七　香取大禰宜大中臣長房充行状　〇香取大禰宜家文書

神子別当の屋敷田畠等事

合坪付　安久名壱反、又見御神田
壱反小、ホツトノツ、ミ下九日の御神田
壱反、おしほの御神田弐反、おかわ田、十一月御神田、
畠坪付吉氏名七反私、金丸壱反、司小、御名小、

右件の田畠ニおいてハ、他人のさまたけなく、知行おまたくし、神ちうおいたし、任先例御神事をつとめ、庶子等ニおいてハ、社家の法ニまかせ一期分たるへき也、仍状如件、

応永四年八月廿四日

（大中臣）長房（花押）

〇三四八　足利氏満寄進状　〇埼玉県天満天神社文書

寄進　武蔵国（入西郡）北野天□□

同国山口（同）郷内北野宮并田畠在家注□（文カ）在別紙、

右、任先例致沙汰、可□□神事之状如件、

応永四年八月廿五日

左兵衛督源（足利氏満）□□（朝臣）（花押）

○三四九　斯波道将（義将）施行状写　○本郷文書

本郷美作守詮泰申、越後国吉河庄内中条北方壱分地頭職事、
重訴状副具書如此、子細見状、先度被仰之処、不事行云々、
何様事哉、太不可然、所詮退押領人等、沙汰付下地お詮泰、
可被執進請取之由、所被仰下也、仍執達如件、

応永四年八月廿八日　沙弥（斯波道将、義将）（花押影）

上杉民部大輔（房方）殿

○三五〇　平憲忠寄進状　○観福寺文書

奉寄附

大応寺（下総国香取郡）

下総国松沢庄仁良郷内田四町、在家弐宇坪付在別紙、
右、当郷者、憲忠永代相伝地也、然お任亡父忠宗法名聖勇遺言、
所奉寄附如此、志者、為亡父聖勇追善、且者憲忠現当二世、
限永代奉寄進者也、仍寄附状如件、

応永四年丁巳八月日　平憲忠

（花押）

○三五一　笠間家朝申状案　○山戸茂則氏所蔵税所文書

笠間長門孫三郎家朝謹言上

欲早被退宝戒寺（相模国鎌倉）三聚院当知行、如元全知行、常陸国
笠間郡十二ヶ郷・石井郷半分事残半分者御料所

副進

一通　十二ヶ郷一円京都安堵御下文明徳二年二月廿二日
一通　先立京都安堵御吹挙状至徳元年六月十日
一通　京都御注進状案正文者京都進上之、
一通　代々御下知手続証文等并忠状系図

右懸名字、笠間十二ヶ郷内相違郷々事、去明徳元年十二月
給賦銘、令致上訴之処、於京都、任至徳元年関東御吹嘘（挙）并
去康応元御注進等之旨、明徳二年二月廿二日下給十二郷一円
安堵御下文上者、於関東御沙汰、弥不可有予儀歟、彼石井
郷残半分者、被置御料所上者、宜奉任上意、然早被退彼三

聚院当知行、任京都安堵下文旨、下給御施行、石井郷如元全知行、弥為致夙夜奉公之勇、謹恐々言上如件、

応永四年八月日

〇三五二　鶴岡八幡宮執行尚賢書下案写　〇「鶴岡事書日記」応永四年九月条

就寂静坊（頼清）訴訟書下案

就氷河宮（武蔵国足立郡）大夫屋敷事、可尋聞召子細候、百姓等任註（注）文、米十五日以前可被召進之状如件、

応永四年九月四日　法印（智覚坊尚賢）

佐々目郷（同郡）政所殿

〇三五三　武蔵国佐々目郷百姓等交名案写　〇「鶴岡事書日記」応永四年九月条

可被召進百姓事

長阿ミ・常阿ミ・正法・本阿ミ・宗円・善法・西善・空覚・五郎次郎入道・妙善

以上

〇三五四　鶴岡八幡宮執行尚賢カ書下案写　〇「鶴岡事書日記」応永四年九月条

当村（西光寺、上総国埴生郡）阿弥陀堂免大田三反半安堵料事、于今延引無勿体次第也、急速可被致其沙汰候、

一、祖母谷阿弥陀堂免跡伊勢房年貢事、可被取進之候、

一、山守免年貢事、同可被取進□□状如件、

応永四年九月四日

佐坪（同郡）政所殿（平田実次）

〇三五五　沙弥某御教書写　〇「安得虎子」一五

「小山若犬丸の時也、」（注記）

木内目会津郡（陸奥国）中、不日可乱（糺）明申之、執（執）達如件、

応永四年九月五日　沙弥

弾正少弼殿

○小見村市右衛門所蔵文書。

○三五六　町野浄善ヵ奉書案　○木内文書

（前欠）

□〔田〕堀内田壱段小、永和二年□（国分弥七入道）道善沽却之地同郷
内田壱反小、屋敷壱宇、康暦□（三年三月十一日）木内八郎太郎
□（後家法阿沽却之）地同郷内田三反大、永徳元年十二月□〔十〕三日、
木内□□（与三）胤広却之地同郷内田五反小、至徳二年二月□□（九日、）木
内弥五郎胤行沽却之地同郷内田七反小、在家壱宇、同三年
三月廿二日、木内弥次郎泰胤沽却之地同郷内壱反小、康応
元年十一月十五日、木内八郎太郎入道後家法阿沽却之地同
郷内田三反、明三年二月廿九日、木内弥五郎胤行沽却之地
事、云相伝当知行并田畠在家員数・土貢分限、云沽却実否、
私領之段可支申仁之有無令糺明、戴起請之詞、可注申、次
本主請文、同可進之、使節若令引汲訴人、捧不実請□〔文〕者、
可処罪科之状、依仰執達如件、

応永四年九月六日　沙弥（町野浄善ヵ）□

木内弥八郎殿

○欠損箇所は、「安得虎子」一五所収の写より補う。なお、同写は差出を「同住（問注ヵ）所町野入道」とする。

○三五七　足利氏満書状　○結城錦一氏所蔵結城家文書

料所奥州田村庄事、去月廿三日遂入部之節候之由、註〔注〕進到
来、目出候、謹言、

（応永四年）九月八日　（足利氏満）（花押）

（小峰満政）結城三川七郎殿

○三五八　寺尾憲清奉書　○三嶋大社文書

（相模国鎌倉）大仏寺雑掌申、（伊豆国）当国（田方郡）市原事、御奉書如此、案文遣之、出帯
文書、不日企参上、可被明申之由候也、仍執達如件、

応永四年九月九日

（寺尾憲清）左衛門尉（花押）

（盛平）東大夫殿

○三五九　通玄寺寺領目録写　○内閣文庫所蔵「曇華院殿古文書」

通玄寺（山城国京都）領目録事
一所　駿河国須津庄
一所　加賀国味智郷（石川郡）
一所　同国島田保
一所　摂津国潮江庄散在
一所　幡（播）磨国福田保西条方
　　已上五ヶ所
右、当知行所々如件、
　　応永四年九月　日

○三六〇　通玄寺・曇華院領目録写※　○内閣文庫所蔵「曇華院殿古文書」

　通玄寺（山城国京都）并曇華院（同）領目録事
駿河国須津庄　　加賀国味智郷（石川郡）
同国島田保　　摂津国潮江庄散在
同国難波村（橘御園）　　播磨国福田保西条方
丹波国十世村（山内荘）　　伊勢国小向庄
参河国設楽郷　　近江国和爾庄願成寺
　　　　　　　　并正智坊一類跡
同国伊香立教林坊一類跡　　丹波国山田郷
　　已上

○本文書、前号にかけて便宜ここに収める。

○三六一　足利氏満書状　○結城錦一氏所蔵結城家文書

為田村（陸奥国）年貢之沙汰、馬一疋栗毛到来、目出候、謹言、
　　十月二日（応永四年）　（花押）（足利氏満）
　結城三川七郎殿（小峰満政）

○三六二　鶴岡八幡宮執行尚賢書下案写　○「鶴岡事書日記」応永四年九月条

書下案
一野村（上総国埴生郡）内頓学坊（珍誉）十九番下地之内、彼籠谷道下向弐段内半ニ
田事、混十八番所之内願法耕作之条、無謂上者、任分田

張〔帳〕、了道方へ可渡之由、衆会沙汰落居云々、次至当年々貢
者、可弁済之由可被申含也、仍云下地云年貢、早々可被致
其沙汰之状如件、

応永四年十月三日　　法印（智覚坊尚賢）

（同郡）佐坪政所殿（平田実次）

○三六三　鶴岡八幡宮執行尚賢補任状案写

○「鶴岡事書日記」応永四年十月条

補任　祖母谷阿弥陀堂
佐坪村（上総国埴生郡）西光寺別当職事

合田弐段并畠三反

（綿貫）上総房継玄

右所者、為佐々目郷（武蔵国足立郡）地蔵堂之替、所令補任也、寺役等任先
例可致其沙汰之状如件、

応永四年十月三日　　尚賢（智覚坊）

○三六四　蓮花坊禅瑜書下案写

○「鶴岡事書日記」応永四年十月条

書下案

当村祖母谷阿弥陀堂（西光寺、上総国埴生郡）別当職事、上総房（綿貫）継玄被補任候、仍当
年々貢并堂舎・田畠下地等、悉可被渡付彼仁之由衆議候也、
補任案副会所之間申候也、恐々謹言、

応永四
十月三日　　禅瑜（蓮花坊）

（同郡）佐坪政所殿（平田実次）

○三六五　結城白河満朝譲状写

○仙台白河家蔵「白河証古文書中一」

譲与　所領等事

一、陸奥国白河庄南方知行分
一、同国同庄摂津前司入道々栄（結城盛広）跡
一、同国高野郡
一、同国石河庄内郷々村々
一、同国宇多庄
一、同国津軽田舎郡内河辺桜葉郷
一、下総国結城郡

一、下野国中泉庄内 二階堂下野入道跡 同下総入道

一、同国寒河郡内知行分郷々

一、出羽国余部(海辺荘)内尾青村・清河村

一、同国狩河(海辺荘)郷内田在家

一、京都(山城国)屋地

一、参河国渥美郡内

野田郷・高足郷・細谷郷・大岩郷

若見郷・赤羽郷・弥熊郷・吉胡郷

岩崎郷・牟呂郷・草間郷

右、於彼所領等者、相副手継証文、所譲与氏朝(結城白河)也、不可有他妨、為後日譲状如件、

応永四年十月廿一日　満朝(結城白河)（花押影）

○三六六　香取社神事酒机注文　○香取田所家文書

（前欠）

［　　　］饍カケ司

卅五饍神主殿御シルヱサ

［　　　］七饍副祝

［　　　］六十歩　今ハ案主勤　瓶子六半有

［　　　］一饍内　(異筆)「これハ今ハ大禰宜殿御手」

［　　　］□(禰)宜殿御シルヱサ　一饍物忌同小机五饍

［　　　］饍目代　一饍　大禰宜殿供僧クロカイ

［　］

(一まいりの)［　　］□□□(大)長手　案主スミ判官代キシ二ノ神夫

(小机)□□□□(八)饍内　七饍大祝　一饍蔵立

一饍コト　二饍庭ハキ　半机一饍小物ヲサ

小机一饍むしろ　小机二饍土器サイク

(一瓶)□□子酒日記

瓶子二神主殿　瓶子一惣検校　瓶子一権禰宜殿

瓶子□(二)宮介殿　瓶子一有　瓶子半　定使

同一方小神田瓶子酒日記

瓶子二大禰宜殿　瓶子一国行事殿　瓶子一物忌

瓶子一酒司　瓶子半定使

(一案主)［　　］□□(分)瓶子日記

瓶子一大ち一瓶子蔵立　瓶子一吉色　瓶子一御禱
瓶子二次瓶子　一太瓶一次瓶子酒　追野引地寺ノ勤
一、案主前ノ金丸三反ノ畠ノ役ニ御穀御菜御餅有、
此外注漏ハ、祭祝ト相合追可沙汰申候、
一、同日御祭佐原禰宜勤　田二反佐原イトニハ机酒下前共ニ
一饍権禰宜殿　一饍録司代　一饍田所
一饍案主佐原　一饍返田押領使　一饍佐原禰宜
一饍脇鷹祝　一饍小長手　一饍織幡長
一饍分飯司奉行　一饍酒司　一饍擬祝
一饍文三郎祝　一饍惣検校　一饍土器
一饍権祝　一饍塙祝　一饍蔽（幣カ）所
一饍神子別当　一饍禰宜祝　一饍中祝
一饍天道命婦　一饍源太祝　一饍大細工
一饍歌人　一小机五十七饍内
廿五饍大禰宜殿御シルヌサ　十饍権禰宜殿
八饍録司代　八饍田所　八饍案主佐野
大瓶一□（従カ）料酒　瓶子四内　瓶子一物申殿
瓶子一録司代　瓶子一田所　瓶子一案主佐原
右、此外机酒注漏ハ、祭頭相合、追可沙汰申候、
徳治弐年丁未本帳、応永四年丁亥十月日
書写畢、
案主（花押）
田所（花押）
録司代（花押）
行事禰宜（花押）
物申祝（花押）
権禰宜（花押）

○三三六七　「大般若経」巻四四八刊記

○神奈川県円覚寺蔵

（巻中）秋沙弥浄善（町野）
（巻末）応永四年十月日
化縁比丘法亀

○三三六八　平田実次打渡状案写

○「鶴岡事書日記」応永四年十一月条

畏令申候、抑去二(三)日御書下之旨、謹拝見仕了、随而一野村(上総国埴生郡)十九番御地之内(珍誉)頓学坊分彼籠谷道之下半之田、西ノ方混十八番候之由、蒙仰候間、莅彼所検知仕、任分田帳之旨、立畔境、十九番百姓方へ渡付了、恐惶謹言、

応永四
十一月六日　実次判(平田)

進上　仙波殿(頼家)

○三六九　広園寺梵鐘銘写　○「新編武蔵国風土記」一〇二上

夫以大江朝臣沙弥心(長井)広建立広園精舎、重令僧香方造鐘、既成以篋之、欲為銘記矣、

真化方便　発利生因
大機大用　等起怨親
頂顕竜像　腹湛宝汶
広園夜月　鯨音遠振
響伝虚谷　無常催隣
観其音力　忽脱根塵
聞思修恵　入理実新
清衆倶集　邪徒消泯
大功不牢　小縁通真
万年芳烈　言莫可陳

応永四丁丑年十一月十三日
大日本国武蔵州兜率山(多西郡)広園寺大檀那沙弥心広
大工大和権守守光

○多摩郡一四上山田村項。

○三七〇　足利氏満寄進状　○黄梅院文書

寄進　円覚寺黄梅院(相模国山内荘)
武蔵国賀美郡・児玉郡内荒蒔豊後入道跡事
右、為相模国小坪郷(鎌倉郡)之替不足分、所寄附之状如件、
応永四年十一月廿日
左兵衛督源朝臣(足利氏満)（花押）

○三七一　某経鎌倉当参合力銭請取状　○飯野文書

納物領鎌倉□（当）参合力銭之事
合壱貫文者、（相模国）たうねん（当年）のみしん（未進）の分
右、為飯野殿分、所納如件、
応永四年十一月廿三日　経（花押）

○三七二　神長守矢貞実注進状案　○守矢文書

当社（諏訪社、信濃国諏訪郡）大明神御渡之事、十一月廿一日夜、令凝結湖（諏訪湖）水、同廿四日卯剋自当社浜古河渡下御天、下宮浜礪河渡江上御候、佐（同国佐久郡）久新海明神者、自桑原（同国諏訪郡）浜小溝渡下御天、御参会于湖中候、
以此旨可有御彼（披）露候、恐惶謹言、
応永四年十一月廿四日　神長（守矢貞実）貞在判
進上　御奉行所　児少時ハ印判押

○三七三　諏訪社大祝注進状案写　○「守矢諸家記録」

一、当（諏訪社、信濃国諏訪郡）大明神御渡之事、十一月廿一日夜、令凝結湖（諏訪湖）水、同廿四日卯剋、自当社浜古河渡下御御天、下宮浜礪河渡江上候、佐久（同国佐久郡）新海明神者、自桑原（同国諏訪郡）小渡溝下御御天、御参会于湖中候、
以此旨可有御披露候、恐惶謹言、
応永四年十一月廿四日　大祝在判
進上　御奉行所

○三七四　某行光安堵状写　○彰考館所蔵「吉田薬王院文書」

定山本（常陸国吉田郡）のかう（郷）たけくま（武熊）の林（村）の御くうし（公事）物の事
合壱貫伍百文分者、
右、件御くうし物、きやうこうにおいて吉田のきしん（寄進）たるへく候あひた、子細あるましく候、愚身の子そん（孫）におひていらん（違乱）申ましく候、仍後日為状如件、
応永四年十一月廿六日　信濃守行光（花押影）

○三七五　神長守矢貞実注進状案　○守矢文書

当（諏訪社、信濃国諏訪郡）大明神重御渡之事、同廿六日寅剋、自当社浜柳渡下御天、下宮浜殿田渡江上御候、佐久（同国佐久郡）新海明神者、自桑原（同国諏訪郡）浜浮島下

御天、御参会于湖中(諏訪湖)候、以此旨可有御披露候、恐惶謹言、
応永四年十一月廿六日　神長貞(守矢貞実)在判
進上　御奉行所

○三七六　諏訪社大祝注進状案写　○「守矢諸家記録」

一、当大明神(諏訪社、信濃国諏訪郡)重御渡之事、同廿六日寅剋、自当社浜柳渡下御天、下宮浜殿田渡江上御候、佐久新開(同国佐久郡)明神者、自桑原(同国諏訪郡)浜浮島下御天、御参会于湖中(諏訪湖)候、以此旨可有御披露候、恐惶謹言、
応永四年十一月廿六日　大祝在判
進上　御奉行所

○三七七　某氏家請文　○東寺百合文書ヤ函四七

(端裏書)「□□□(井カ)右京亮状」
村櫛庄(遠江国)領家方本家米代事、五貫文令進上候、当年皆済之請取可下給候、以此旨可有御披露候、恐々謹言、
(異筆)「応永四」十一月卅日　左衛門尉氏家(花押)
進上　高井殿(祐尊)御坊中

○三七八　上杉禅助(朝宗)施行状　○黄梅院文書

武蔵国賀美郡・児玉郡内荒蒔豊後入道跡事、早莅彼所、任去月廿日御下文之旨、可沙汰付下地於円覚寺(相模国山内荘)黄梅院雑掌之状、依仰執達如件、
応永四年十二月三日　沙弥(上杉禅助、朝宗)(花押)
千坂越前守殿

○三七九　常陸国大賀村検注取帳副日記案　○鹿島神宮文書

(端裏書)「大賀村(常陸国行方郡)検注取帳副状并雑志料目録」
大賀村検注取帳副日記
┌六十歩ト云ハ　足数六十也、――小ト云ハ　二六十歩也、
├半ト云ハ　三六十歩也、――大ト云ハ　四六十歩也、
└三百歩ト云ハ　五六十歩也、――一段ト云ハ　六々十歩也、

一反ニ五斗四升也、　此内─四斗ヲ宮方へ沙汰ス、
　　　　　　　　　　　　─一斗四升当方へ納也、
三百歩ニハ四斗五升　此内─三斗三升三合宮方へ沙汰ス、
　　　　　　　　　　　　─一斗一升七合当方へ納也、
大ニハ　三斗六升　此内─二斗六升六合々中宮方へ沙汰ス、
　　　　　　　　　　　　─九升三合々中当方へ納也、
半ニハ　二斗七升　此内─二斗宮方へ沙汰ス、
　　　　　　　　　　　　─七升当方へ納也、
小ニハ　一斗八升　此内─一斗三升三合宮方へ沙汰ス、
　　　　　　　　　　　　─四升七合当方へ納也、
六十歩ニハ　九升　此内─六升六合々中宮方へ沙汰ス、
　　　　　　　　　　　　─二升□〔三〕合々中当方へ納也、

一、斗代ト云ハ、一反ニ一斗三升也、是ハ宮方へ六升五合、当方へ六升五合同分ニ納也、

一、都合ト云ハ、宮方ノ百姓モ、読田一反ニハ五斗四升沙汰ス、此内一斗四升、当方へ納ムルヲ勘定シテ、大賀ノ籾ヲ宮方へ沙汰アルヘキヲ、当方ニト、メヲクヲ、加徴米ト云也、

右、依読田、宮方へ都合ノ籾ヲ沙汰シテ後、

五斗　御別料、五月五日・小七月両度ノ分ニ禰宜ニ請取スル也、

六斗　五月五日・小七月ノ駄餉料神事米ト云、百姓十人シテ請取也、

三斗　堰料トテ百姓等請取也、

一斗　御倉祝トテ百姓等請取也、

二石四斗供料三人分一口八斗充也、

　合三石九斗役所へ下行ス、余分ハ名主筆祝ニ給也、

元徳二年庚午十一月十八日日記ヲ写畢、

　応永四年丁丑十二月八日　書写了、

　　同十一年甲申十一月廿五日書改、

大賀村検注雑志料事

銭一貫二百五十文　　白米二斗八合々中

籾三斗三升三合　　大豆三升

此外水クリヤ（厨）ヨミアヒノ酒肴ノ代アリ、
又帳紙二帖アリ、
一、雑志ヲハイ（配）分スル次第、宮方へノ分
銭八百文　白米一斗三升八合々中
籾二斗二升▨▨　大豆二升
此外水クリヤ（厨）細々在之、又帳紙一帖
文和三年十二月廿五日　元弘日記写之、
一、地頭方へノ雑志ハイ（配）分事
銭四百五十文　白米七升八合々中
籾一斗一升三合　大豆一升
此外水クリヤ（厨）細々物并帳紙一帖アリ、
又云、銭三百文・白米四升七合・籾七升五合・大豆一
升・紙一帖、
名主方へ請取也、
銭百五十文・白米二升三合・籾三升六合、定使▨▨▨
ル也、
但池代八反大ノ分百三十三文ハ、元徳二年庚午年ヨリ留
応永四年十二月

之、然間一貫百六十文納テ、此ヲ已前ノ如日記両方へ
配分スル者也、
元弘元年辛未十一月十八日々記ヲ、貞和五年己丑十一月
十七日、当十九年写之、又文和三年甲午十一月十七日、
自元弘元年至于今当二十四年、写之畢、
雖然応永四年丁丑十二月八日、当四十四年、此目録ヲ見
出畢、元徳二年庚午年ヨリ応永四年丁丑十二月八日ニ至ルマ
テ、六十九年ニ、池代八反大カ分百三十三文留之畢、
右件検注トケテ後、宮方へ都合ノ沙汰シテ、所残、
五斗　御別供料　六斗　神事米　三斗　堰料
一斗　御倉祝　二石四斗　供料三人分
合三石九斗役所へ下行スル也、余○分ハ名主筆祝ニ給
也、
一、堰料一石八斗、此内一石五斗、宮方ヨリ下行ス、
三斗、当方ヨリ下行ス、
是ヲ宮方ノヲトナ五斗請取、
大賀ノヲトナハ一石三斗請取也、

「(裏書)名主方へ、正月五日礼節ニ罷越了、三月三日・五月五日ノ節供ニ料足三百文ツヽ也、
十八ノヲトナノ外ニ、禰宜御ソナヘアリ、
又修正田アツカル物モソナヘ、ヨキサケヘイシ一具出也、
但三月三〔日脱〕・五月五日ノ節供、ヲトナ共令難渋了、」

〇三八〇　千坂前越前守打渡状　〇黄梅院文書

武蔵国賀美郡・児玉郡内□□〔荒蒔〕豊後入道跡等事、任去三日御施行之旨、莅彼所、沙汰付下地於円覚寺(相模国山内荘)横〔黄〕梅院雑掌候畢、仍渡□〔状〕如件、

応永四年十二月十三日　前越前守(千坂)（花押）

〇三八一　斯波道将（義将）施行状案　〇東大寺文書

(端裏書)「安間郷御教書安〔案〕」

東大寺(大和国奈良)雑掌申遠江国蒲御厨内安間郷事、為厳重塔婆料所之上者、早止半済之儀、一円可被沙汰付雑掌之由、所被仰下也、仍執達如件、

応永四年十二月十三日　沙弥(斯波道将、義将)在判

今河右衛門佐入道(仲高、仲秋)殿

〇三八二　足利氏満挙状　〇中山法華経寺文書

治部卿大僧都日暹申、下総国八幡庄法花寺・本妙寺・弘法寺等免田、谷中郷并北方村内田畠在家、同庄曾谷郷田畠在家、同郷秋山村内田畠在家、臼井庄(下総国)神保郷小室村、同伊毛窪・島田・平戸・真木野等村々田畠在家、同国千田庄原郷内所々同免、同庄中村郷内田畠在家、同二谷村内田畠在家、金原郷内阿久山堂免以下、千葉庄(同)堀籠郷内屋敷壱ヶ所、葛(同)西御厨篠崎郷内田畠在家、上総国周東郡末利上村中島内田畠在家等、任師匠日尊譲状并重義(埴谷)避状之旨、相伝当知行実否、可支申仁有無、被尋証人大須賀左馬助憲宗・臼井上総介胤盛之処、請文無相違之上者、安堵事可有申沙汰候哉、恐々謹言、

応永四年十二月廿三日　氏満(足利)（花押）

右衛門督入道(斯波道将、義将)殿

○三八三　某重吉等連署年貢銭請取状写　○仙台結城文書

御料所陸奥国田村庄之年貢銭之事

合伍十貫文、目録在之、

右、為小峰殿《満政》御分、請取申候処如件、

十二月廿五日《応永四年カ》

重吉（花押影）

在宗（花押影）

□□《久カ》（花押影）

小峰殿御代官

○三八四　某清広在家売券写　○「新田岩松古文書之写」中

江黒郷《上野国佐貫荘》之内こんとうかはら《近藤原》の御堂かいと《垣内》の在家、羽継弥九郎知行処を、世良田《同国新田荘》の了清ニ永代うり申候、処の年貢明年一年二貫文とり候てまいらせ候へく候、若ふさた《無沙汰》にも候ハヽ、こもりのひやへしやうとものしろをめされ候ハん、一分もいき申ましく候、仍後為ニ小文状如件、

上野国佐貫庄羽継村大袋

応永四年十二月

弥九郎清広（花押影）

応永四年丁丑十二月廿五日

○三八五　八郎五郎請状　○香取要害家文書

「うけい《請》申八郎五郎《端裏書》
おんはうの住人うけい《請》状」

うけい《請》申状事

合、御そふつ物十たんそめ候て、まいらせ候へく候、もし一たんもなんしう《難渋》をつかまつり候ハヽ、かのうけい《請》状をさきとして、市町のきらいなく、みあい《見合》のかうしち《高質》をめされ候ハんニ、しんるいきやうてい《親類兄弟》・他人まて、其いろい一言もあるましく候、

仍為後日うけい《請》状如件、

応永四年丁丑十二月廿九日

うけい《請》申　八郎五郎（花押）

〇三八六　鶴岡八幡宮執行尚賢書下案写　〇「鶴岡事書日記」応永四年十一月条

(上総国埴生郡)一野村頓学坊(珍誉)分百姓了道、以無理強訴上於下地之間、任衆中一同之法、可払彼在所之由落居候、努々不可有緩怠之儀之状如件、

応永四年十二月日　　法印(智覚坊尚賢)

(同郡)佐坪政所殿(平田実次)

〇三八七　「大般若経」巻四五〇刊記　〇神奈川県円覚寺蔵

(巻中)冬沙弥(町野)浄善

(巻末)応永四年十二月日化縁比丘法亀

〇三八八　「授手印伝心抄」奥書　〇滋賀県叡山文庫天海蔵

応永四年丁丑丑〔ママ〕二十九日、弁師六代弟子了誉(聖冏)記

〇三八九　長福寺梵鐘銘　〇『天命鋳物と佐野乾山』

応永四年　冶工同州(下野国)天冥〔命〕人(安蘇郡)菅六入道光阿

応永五年（西紀一三九八）

○三九〇　公珍譲状写　○「報恩寺年譜」二

二所檀那事
大串・北殿一門・地下道栄・妙経・田中孫太郎・彦太郎・弥八兄弟・次郎三郎・孫次郎・五郎三郎兄弟等
右、此檀那至親類并不載名帳公珍代々之檀那、一人不残、譲与栄曇律師方事実也、仍為後証状如件、
応永五年正月十一日　公珍判有別

○三九一　公珍譲状写　○「報恩寺年譜」二

弘法大師所筆之八祖肖影八幅
善無畏大師所図両界曼荼羅二幅
伝法灌頂道具密器等
右、至檀那親類等並名帳載公珍之代々檀那、一人不残、栄曇律師所譲与実也、仍後証状如件、
応永五年正月十一日　公珍判判証文有別、

○三九二　長岡政長譲状案　○長岡古宇田文書

ゆつりわたす田はたけの事
ひたちのくにまかへのこほりなかをかのかう《常陸国真壁郡長岡郷》のうち、めう《妙》《長岡》
かん《幹》さうてん《相伝》のしりやう《私領》たるによて、たい〳〵《代々》のあんと《安堵》を
申て、しさい《子細》なき所なり、田のつほハ、大まち九たん・そ
りまちニこんけん《権現》の神田ともに一ちやう六たん、田ともに
一ちやう六たん、おかハにしのさき大ミちのミなみ一けん、
こうた《古宇田》のほりのうちまへのはたけたうち《道智》内たうさい《道西》内、山
ハひきちよりひかし、くつれこはたさかいのみちをかきり、
ミなみハさハをかきる、又はこいしのこんけん《権現》の御うしろ、
寺のもんせん《門前》をかきる、ミなミはさわをかきる、ともにし《子》
そく《息》いぬほうし丸ニゑいたい《永代》をかきてゆつりわたす所しち《実》

さう（正）なり、よののちのためニゆつり状如件、

応永五年正月十六日

まさなか（政長）（長岡）（花押影）

〇三九三　常行堂雑具注文案　〇輪王寺文書

（端裏書）「常行堂雑具注文」（日光山、下野国都賀郡）

常行堂雑具注文事

香呂（炉）十三　錫杖十本　硯五面、水入四

鏡一　鈸一具　鼓四柄

甲袈裟十四帖　平袈裟上十四帖　平袈裟下十二帖

納袈裟六帖　法花経一部　如意一

提二　水瓶一　手取一

屏風三双　仏具三面具　大火舎一

大師三十覆　流通一　大鼓一

田楽鼓四柄

応永五年戊寅正月十六日

〇三九四　大輪坊宗幸預状　〇輪王寺文書

（端裏書）「大輪坊預状」

預申常行堂御忌日料足事（日光山、下野国都賀郡）

合本壱貫文者、

右依衆儀之旨、所預申如件、

応永五年戊寅正月十六日

大輪坊阿闍梨宗幸（花押）

〇三九五　税所カ詮治証文　〇鹿島神宮文書

常陸国南郡符（府）中青屋平太太郎内壱宇・田畠四至境事

東限四郎三郎之久禰、南限細道於、西限舞主畠并蘭草田之

大縄与利田鰭於廻天八乙女屋敷之久禰并卯津木久禰□（此カ）境之内、嶺畠同、

平太太郎内畠也、北限平太太郎屋敷之後之久禰、

右、為後代証文、四至境状如件、

応永五年正月廿日　刑部少輔詮治（税所カ）（花押）

〇三九六　鶴岡八幡宮執行尚賢ヵ書下案写　〇「鶴岡事書日記」応永五年正月条

（武蔵国足立郡）佐々目書下案
律〔津〕料銭五文〔百脱ヵ〕進上畢、先々一貫文計取沙汰之時、不足由、申下之処、近年有名無実之段、言語道断之次第候、次立野銭延引之条、無勿体候、今月中仁可有取沙汰之状如件、

応永五年正月廿三日

佐々目政所殿

〇三九七　尼禅智寄進状写　〇「報恩寺年譜」一

（武蔵国入西郡）報恩寺
寄附
武蔵国入西郡越生郷是永名上野村并井上在家付内又三郎カ在家、東ハ内田入道方ヨリ彼南門入路ヲセ〔サ〕カウ、南ハ内田入道屋敷ヲサカウ、西ハ新クネヲサカウ、北ハ別墅沢ヲサカウ、コレヲ堂敷地シテ御堂立者也、同郡ノ内則次名箕輪田田弐反・畠一所、越生中務五郎光忠方ヨリ買取処也、然ヲ光忠売現〔券〕相副テ、永代令寄進間事、右志者、禅智・永名禅尼菩提ノタメナル間、彼所ニヲキテ違乱煩イタサム於子孫者、可為不孝者也、仍寄進状如件、

応永五年二月九日　尼禅智判

〇後補の送り仮名は省略した。

〇三九八　足利道義（義満）御教書　〇尊経閣文庫所蔵古文書纂

（遠江国）竜寿山永安寺領遠江国日吉本免内田畠在家・山河両新免内田地并野部郷内山香田畠在家等事、早任康暦二年二月十六日今河入道心省〔範国〕状、領掌不可有相違之状如件、

応永五年二月廿七日

（足利道義、義満）入道准三后前太政大臣（花押）

〇三九九　足利氏満御教書　〇香取大禰宜家文書

（下総国香取郡）香取社造替遷宮事、役人千葉介満胤乍捧押書、数十年無沙汰云々、可有殊沙汰之由、所被仰満胤也、可令存知其旨之状如件、

応永五年三月五日　（花押）(足利氏満)
大禰宜殿(大中臣憲房)

○四〇〇　大見家経譲状　○新潟県立歴史博物館所蔵大見水原氏文書

(張紙)「九、大見家経譲状」
譲与
越後国白河庄之内山浦四ヶ条并豊田庄之内西光寺牧目村地頭職事
養子童名初犬丸
右所領者、家経(大見)重代相伝地也、随而依無一子、任先祖民部(大見)太夫行定譲状仁、為水原二男初犬丸養子、代々文書手継之状相制(副)、譲所実正也、更不可有他妨、仍為後日状如件、
応永五年戊寅三月五日
前能登守家経(大見)（花押）

○四〇一　足利氏満御教書　○雲頂庵文書

古尾谷八郎四郎泰幸申、武蔵国足立郡中茎郷地頭職長井次郎左衛門尉跡事、闕所之由雖申之、為建長寺(相模国山内荘)大統庵領文書明鐘(鏡)之上者、泰幸訴訟所被棄置也、可存其旨之状如件、
応永五年三月十日　（花押）(足利氏満)

○四〇二　南蔵坊俊誉申状写　○「相州文書」鎌倉郡鶴岡坤

□印俊誉(南蔵坊)謹言上、推手聖天供長日御祈禱□
□(副)進
一巻　御下文
一巻　長寿寺殿(足利尊氏)御自筆御歌
一巻　御祈禱相続証文
□(右)、彼聖天者、慈覚(円仁)大師御入唐之時、御相伝云々、然後一条院御宇、依有不思儀奇瑞、号推手聖天縁起別在之、又延喜御号(宇)□□天神御始成于荒人神、傾鳳城擬失人民、于時叡山□(座)主法性房尊意応勅命、祈精彼聖天仁、忽止天神御□(怒)給、併彼天威力也、其外将門(平)・純友(藤原)已下朝敵討罰、向彼天仁□□(致精)誠之故也、縁起有別、然彼聖天自京都(山城国)御下向事者、青蓮院坊官(山城国京都)□□卿法印奉随身、犬懸谷(相模国鎌倉)仁下着云々、自彼法印方中納言

法印□〔仲〕観相伝云々、然浄知〔妙〕寺殿〔足利貞氏〕御代、南小路仁被立聖天堂、長日供養□被仰付訖、又毎月九日、於殿中仁奉成聖天供云々、被〔彼〕御恩者、賜安房国麻寺訖、然依有掠申仁、為麻寺代下野国足利庄赤見□〔郷〕内一所拝領訖、雖然彼所者、京都御成敗也、依之不応関東之□〔御〕沙汰、然間年貢遂予〔序〕年減少、於于今者有名無実也、本尊既関東護持天童也、何無供料御沙汰乎、就中長寿寺殿依□〔御〕信仰、有御立願事、依之百日毎暁御参詣、然毎日御歌一首御自筆被遊之、被納御殿仁訖、右備之、其後無何種〔程〕被召御代、子孫御繁昌、併彼聖天御力也、何無御崇敬乎、然者為赤見□〔郷〕代、預一所御計、為当御代之御敬信、重下預御教書、致長日御祈禱、為奉祈御息災、去年十二月、属小田伊賀守言上之処、既御沙汰可申之旨、被仰下訖、然間申〔為脱カ〕賜賦、恐々重言上如件、

応永五年三月　日　　名・花押等なし

○供僧相承院蔵。

○四〇三　「大般若経」巻四五五刊記　○神奈川県円覚寺蔵

〔巻末〕応永五年三月日化縁比丘法亀

〔巻中〕夏沙弥浄善〔町野〕

○四〇四　石川大寺道悦（光義）申状写　○内閣文庫所蔵「伊達略記」

石川〔大寺光義〕安芸入道々悦謹言上　是罪状の下書也、

奥州石川庄内金波村、譜代相伝当知行也、二階堂三河守一族小高三郎太郎貞光依掠申、令入部無謂同知行地吉村間、企自由合戦而掠条、不便次第也、就中彼小高三郎太郎不可有本分相続仁歟、其故小高又太郎光氏無一子上、譲与証状無之、以忽作儀相続段、無其隠者也、

詛証状

○石川郡須釜村大安寺由緒書。本文書、同書本文に応永五年卯月二日とある。

○四〇五　今川了俊(貞世)書下

○寛永寺古書即売会出品文書(昭和三四年一一月一四日)

伊達左近将監(範宗)給分地入江(駿河国)庄内三沢事、任伊達入道(景宗)恩賞地、所同将監預置、令不知行云々、太不可然、如元返付、可被執進請取之状如件、

応永五年四月十一日　沙弥(今川了俊、貞世)(花押)

目代殿

○四〇六　足利道義(義満)御教書案

○醍醐寺文書二〇函

安堵御判　鹿苑院殿(足利道義、義満)

密厳院(走湯山、伊豆国田方郡)別当職付寺院等事、任先例可令執務給之状如件、

応永五年潤四月四日　御判

三宝院(満済)大僧都御房

○四〇七　足利道義(義満)御教書案

○醍醐寺文書二〇函

伊豆山密厳院(走湯山、伊豆国田方郡)別当職付寺院等事、所補任三宝院(満済)大僧都也、相承証条分明上者、関東寺領等無相違之様、可有計御沙汰之状如件、

応永五年
潤四月八日　御判(足利道義、義満)

左兵衛督(足利氏満)殿

○四〇八　斯波道将(義将)施行状案

○醍醐寺文書二〇函

施行

伊豆山密厳院(走湯山、伊豆国田方郡)別当職付寺院等事、早任御書之旨、関東寺領等被沙汰付三宝院(満済)雑掌之様、可有申沙汰之由、所被仰下也、仍執達如件、

応永五年潤四月十日　沙弥(斯波道将、義将)在判

上杉中務少輔(禅助、朝宗)入道殿

○四〇九　千葉満胤奉書

○香取神宮文書

香取社(下総国香取郡)大行事職事

右、於公家・関東、以憲房(大中臣)被定上者、為当社造替、任先規可被致作料米之沙汰之由候也、仍執達如件、

応永五年潤四月廿日　平（千葉満胤）（花押）

葛西庄（下総国）地頭殿（上杉憲定）

○四一〇　千葉満胤奉書　○香取神宮文書

香取社（下総国香取郡）大行事職事

右、於公家・関東、以憲房（大中臣）被定上者、為当社造替、任先規可被致作料米沙汰之由候也、仍執達如件、

応永五年潤四月廿日　平（千葉満胤）（花押）

北条庄（下総国）内内山宮内少輔殿

○四一一　中条寒資置文　○大輪寺所蔵文書

大輪寺（越後国奥山荘）於寺家寺領、寒資（中条）親類内者等不可成競望、若背此旨者、可令罪科者也、仍為後日状如件、

応永五年壬卯月廿日

土佐守寒資

（花押）

○四一二　足利氏満書状　○結城錦一氏所蔵結城家文書

為田村庄（陸奥国）年貢、馬一疋鴾毛到来、目出候、謹言、

閏四月廿五日（応永五年）　（花押）（足利氏満）

結城三川七郎殿（小峰満政）

○四一三　絶海中津書状　○円覚寺文書

貴札喜拝見候了、

抑貴寺復全盛之時候由、承候、千万目出喜存候、門前塔頭所事、御所様（足利道義、義満）無御存知候、於向後者、自何方雖所望候、無寺家吹挙候者、不可有御許容之由、被仰定候、其子細可有御心得候、毎事期後便候、恐々謹言、

閏四月廿五日（応永五年）　中津（絶海）（花押）

円覚寺（相模国山内荘）都聞禅師

〇四一四　足利氏満御教書　〇三嶋大社文書

伊豆三島（田方郡）社領同国市原（同）在家事、神領依異他、所被棄置鎌倉（相模国）大仏寺訴訟也、可令存知其旨状如件、

応永五年閏四月廿八日　（足利氏満）（花押）

三島神主（盛直）殿

〇四一五　鶴岡八幡宮執行尚賢年貢請取状案写　〇「鶴岡事書日記」応永五年閏四月条

請取　鶴岡（相模国鎌倉）八幡宮領伊与国斎院勅旨田東方并恒弘名年貢事

合弐十貫文者、

右、為応永二乙亥・同三丙子両年分所請取如件、

応永五年閏四月廿八日

執行法印（智覚坊尚賢）

〇四一六　小早川仲義所領譲状　〇小早川文書

譲与　所領事

合

安芸国都宇庄　同国竹原庄
同国梨子羽郷（沼田本荘）南方　同国吉名村（沼田新荘）
同国三津村　同木谷村
同風早村　同国高屋保
同国兼武名（高屋保）　備前国裳懸庄
美作国打穴庄内上下村　相模国成田庄藤太作
阿波国助任郷（名東郡）　鎌倉（相模国）米町屋地
京都（山城国）四条油小路屋地

右所領等、相副代々御下文・譲状等、所譲与嫡男弘景（小早川）也、於公方御公事等者、守惣領催促、任先例無懈怠可令勤仕、

一、五郎（同）左衛門尉春景・同大郎三郎・同松寿丸号庶子、聊不可背弘景所命、皆家子而可催促所役者也、若於背此旨輩者、可没取知行分、

一、代々後家女子於別分等者、其一期之間者、任譲状不可違乱之儀候、一期後者、可為惣領弘景進退者也、但於守安・宗長・三丁門田・公作等者、雖為永代譲、至公私御公事等者、任先例可致催促也、

一、弘景若無男子者、舎弟長千代丸為養子、此旨可申付、於栗法師以下者、相構々可加扶持、次福寿丸・吉光法師者、雖為出家、如形可加扶持者也、
一、後家女子等別分事、自筆書置上者、一期之間者、不可有違乱煩、条々不違一塵、可致其沙汰、但如此雖譲与、仲義（小早川）存生之間、有不儀之子細者、可悔返之者也、仍為後日譲状如件、

応永五年五月十三日　　仲義（花押）

○紙継目裏に小早川仲義の花押がある。

○四一七　足利氏満御教書案写

○「鶴岡事書日記」応永五年六月条

御教書案文

祈雨事、近日殊可被致精誠之状如件、

応永五年五月廿五日　　御判（足利氏満）

鶴岡八幡宮供僧中（相模国鎌倉）　　奉行壱岐左京亮

○四一八　烟田重幹譲状案

○京都大学総合博物館所蔵烟田文書

（校正訖）同前

譲渡　所領等事

在常陸国鹿島郡徳宿郷内烟田・鳥栖・富田・大和田四ヶ村地頭職事四至堺等見手継証文、

右、彼村々者、重幹（烟田）譜代相伝之私領也、然間、任先祖相伝之譲状之旨、相副代々手継証文・御下知等、一円子息遠江（烟田）守幹胤仁限永代所譲与也、至子々孫々、不可有相違者也、於公家・関東之御公事者、任先例可致其沙汰也、仍為向後之亀鏡譲状如件、

応永五年六月一日　　刑部大輔重幹判

○紙継目に明石行実の裏花押がある。

○四一九　鶴岡八幡宮執行尚賢書下案写

○「鶴岡事書日記」応永五年六月条

当郷御代官人体、先日以佐都印（法脱カ）可差置之由候之間、存其旨之処、今者其人体候条、無勿体候、就郷内盗賊等事、朝夕

地下定怖畏候歟、百姓等又任雅意候、併是政所依無在郷候
也、不可然事候、以穏便之仁可被申付之状如件、
応永五年六月十一日　法印（智覚坊尚賢）在判
（武蔵国足立郡）佐々目郷政所殿

○四二〇　鶴岡八幡宮別当弘賢譲状写

○「相州文書」鎌倉郡鶴岡坤

（相模国鎌倉）鶴岡八幡宮別当職事
右職者、故大僧正（頼仲）依護持勤労、去建武年中令拝補訖、而弘賢去貞和四年五月四日、任故大僧正譲状之旨、去文和四年卯月十一日、被下安堵御教書畢、其後去永徳元年年六月五日、可為門葉相続職由、被□御教書訖、而過懸車之頽齢、而鳩杖暮年間、以当職所譲与宝幢院宮大僧都尊賢也、任彼譲状旨、可被申賜安堵也、仍譲状如件、
応永五年戊寅六月十四日　前大僧正弘賢
（花押影）

○供僧荘厳院所蔵。

○四二一　「大般若経」巻四五奥書

○栃木県宇都宮市　日枝神社蔵

大般若波羅密多経巻第四十五　宇
応永五年六月十九日　（下野国河内郡）新里山王　執筆霊夏

○四二二　鶴岡八幡宮執行尚賢書下案写

○「鶴岡事書日記」応永五年六月条

（上総国埴生郡）佐坪書下案
〔盆〕盃料事、一口分佐坪二駄・（同郡）一野一駄宛、来月十日以前可進上之由、百姓等固可被含申、若無沙汰候者、可被罪科之状如件、
応永五年六月廿五日　法印（智覚坊尚賢）
佐坪政所殿

○四二三　走湯山領関東知行地注文

○醍醐寺文書一八函

（端裏書）「自弘賢僧正方注進 此内土左国介良庄除之、当寺不知行故云々、応永五　六　廿五到来」
（伊豆国田方郡）走湯山領関東知行地注文

一、武州　吉田三ヶ村(秩父郡)・野中村
一、相州　柳下郷(足下郡)・櫛橋郷(大住郡)・小田原寺家方(早川荘)・金目庄
一、上州　淵名庄半分
一、豆州　丹那郷(田方郡)・田代郷(同)・大田家村(同)・青木村(同)・蛭島郷(同)・
白浜郷(同)・初島領家職(同郡)・熱海松輪在湯屋(同郡)・山木(同)
郷・山上地(同)・平井薬師堂(同)・馬宮庄領家職・仁科
庄内田畠松下田畠
一、駿州　富士村山寺・聖一色(有度郡)・伊賀留美(五十海郷、志太郡)
一、越州(越後国)　国分寺(頸城郡)
以上

○四二四　密厳院寺領注文※　○醍醐寺文書一八函

(端裏書)「右大将家(源頼朝)一巻御書内此外可尋之、」

密厳院寺領目録(走湯山、伊豆国田方郡)

伊豆
馬宮庄《マミヤノ》　治承四　十　十一　御寄進　右大将家
相模
金江郷《カナエノ》　同年十　十六　御寄進　同
同
南条内竹田十町　同年十一　一　同
柳下郷《ヤキシタノ》(足下郡)　同年十二　廿八　同
櫛橋郷《クシハシノ》(大住郡)
得延郷(余綾郡)
千葉郷(足下郡)
武蔵
吉田郷(秩父郡)
○越後
国分寺(頸城郡)　嘉禄三　二　十二　御下文
駿河
村山(富士郡)・聖一色《ヒシリノシキ》(有度郡)
土佐
介良庄
蛭島《ヒルカシマ》(伊豆国田方郡)
已上

○本文書、年未詳なるも前文書にかけて便宜ここに収める。

○四二五　足利氏満御教書　○喜連川文書

依所々怪異祈禱事、近日殊可令致精誠給之状如件、
応永五年六月廿七日　左兵衛督(足利氏満)（花押）

(相模国山内荘)円覚寺長老(華岳周潘カ)

○四二六　杉山社鰐口銘写　○「新編武蔵国風土記」八七

敬白　蔵王権現　武州下多東菅生大蔵

応永五六月日　　道円

○都筑郡七勝田村項。

○四二七　鶴岡八幡宮執行尚賢書下案写　○「鶴岡事書日記」応永五年七月条

就当年所務、可被尋聞食子細候、当郷百姓等十人交名在別紙、

今月十八日已前可被進召之状如件、

応永五年七月四日　　(智覚坊)尚賢　法印

(武蔵国足立郡)佐々目政所殿

○四二八　武蔵国佐々目郷百姓等交名案写　○「鶴岡事書日記」応永五年七月条

(武蔵国足立郡)佐々目百姓等可被進召交名事

右馬三郎入道浄阿弥・孫次郎入道性宝・五郎三郎入道本阿

弥・弥藤太郎入道宗円・五郎次郎入道・又三郎入道妙善・

三郎次郎・安藤四郎入道唯法・小三郎・彦四郎

已上十人

応永五年七月四日　　執行在裏判(智覚坊)尚賢

○四二九　鶴岡八幡宮執行尚賢書下案写　○「鶴岡事書日記」応永五年七月条

当郷代官、以器用仁可被差置之旨、去月被成書下之処、于

今無音之条、無謂次第候、今日(月カ)十八日已前可被申子細之状

如件、

応永五年七月四日　　(智覚坊)尚賢　法印

(武蔵国足立郡)佐々目政所殿

○四三〇　室町幕府奉行人連署奉書案　○東大寺文書

(端裏書)「遠州反銭免除奉書案文」

(大和国奈良)東大寺領遠江国蒲御厨鴨造営段銭事、可被停止催促之由候

也、仍執達如件、
応永五
七月五日　(中沢)氏綱在判
(飯尾為清)崇輝在判
飯尾左近将監殿

○四三一　鶴岡八幡宮執行尚賢書下案写　○「鶴岡事書日記」応永五年七月条

(相模国鎌倉)鶴岡八幡宮領上総国埴生郡一野村埴生沢之内一分在家事、(清茂)蕀右京亮多年押領云々、此条及度々雖申遣未証(承)引、無謂次第也、所詮対彼方致問答、尚以及異儀者、可被注進之状如件、
応永五年七月六日　(智覚坊)尚賢法印
(上総国埴生郡)佐坪政所殿

○四三二　鶴岡八幡宮執行尚賢書下案写　○「鶴岡事書日記」応永五年七月条

(上総国埴生郡)佐坪・(同)一野両村之内条々事
一、阿弥(陀脱カ)堂免(西光寺)三反半安堵料事
一、山守免年貢可被取進事
一、酌子屋敷無相違被承取候哉、可有注進事
一、早野数珠免、両年々貢可有取沙汰事
一、(頼秀)卿房跡、下彼所点札、年貢可被取進事
右、悉可被致其沙汰之状如件、
応永五年七月六日　法印尚賢(智覚坊)
佐坪政所殿

○四三三　足利道義(義満)カ御教書　○円覚寺文書

(相模国山内荘)円覚寺敷地内、向後新造塔頭所事、永所停止也、可被存知之状如件、
応永五年七月□□(十一カ)日　□
当寺　□

○四三四　「大般若経」巻二一〇奥書　○埼玉県深谷市岡部神社蔵

大般若波羅蜜多経巻第二百一十
応永五年七月廿五日、於武蔵榛沢□清水泉蔵寺、雖為悪
筆現世安泰後生善処、令法久住利益人天書写畢、祐賢
○『武蔵史料銘記集』による。

○四三五　斯波義重寄進状写　○守矢文書

一、奉寄進　諏方社（信濃国諏訪郡）
信濃国筑摩高平（出）村事
右件地者、為天下泰平、家門繁昌、所奉寄附当社也、仍奉
寄之状如件、
応永五年七月廿六日
正五位下行左衛門佐源朝臣義重（斯波）御判

○四三六　賢吽譲状　○円福寺文書

下総国大方郡今里郷談儀所事
年来依為師弟、栄尊権律師令譲与候、以此旨可有仏法興行、
仍為後証状如件、
応永五年戊寅八月五日　比丘賢吽（花押）
権律師祐弁（花押）

○四三七　笠間ヵ家朝知行充行状写　○「秋田藩家蔵文書」四八

（朱書）『前ニ同』（家朝姓氏未詳疑笠間氏歟書）
下
大野村内塚林壱宇一丁、きとう太郎内福田六郎下所実也、
応永五年八月十七日　（花押影）
○福田家盈所蔵文書。

○四三八　鶴岡八幡宮執行倫瑜書下案写　○「鶴岡事書日記」応永五年八月条

当郷百姓等、先日被召上之処、十人内五人者不企参上之条、
招罪科者也、所詮所残五人并其外百姓等任注文、来廿七日
以前可被召進之、更不可有緩怠之儀之状如件、
応永五年八月十九日
法印
大弐法印倫瑜（座心坊）執行判始也、

佐々目郷（武蔵国足立郡）政所殿

○四三九　武蔵国佐々目郷百姓等交名案写

○「鶴岡事書日記」応永五年八月条

佐々目郷（武蔵国足立郡）百姓等可被召進交名事

藤内次郎入道長阿弥　五郎三郎入道本阿弥

五郎次郎入道　弥三郎入道本香

平内太郎入道浄教　彦八入道

小三郎　伊勢房

安藤四郎入道唯法　彦四郎

以上十人

応永五年八月十九日　法印（座心坊倫瑜）在判　執行判始

○四四〇　某袖判安堵状

○三浦小一郎家文書

（花押）

大わらのなぬしまこ太郎入たうのあとの事、やうしすけ（養子）四郎しせん（自然）の事ありというとも、おやのことくニしさい（子細）なく、あんとしさい（安堵子細）あるへからす候、よんてくたんのことし、

おうゑい（応永）五ねん八月廿三日

○四四一　足利道義（義満）袖判御教書

○東京大学史料編纂所所蔵小笠原文書

（花押）（足利道義、義満）

信濃国住吉庄并春近事、所返付□（也カ）、早小笠原信濃守長秀如元可領□（掌カ）之状如件、

応永五年八月廿四日

○四四二　某宗能・富田聖初連署段銭請取状

○覚園寺所蔵戌神将胎内文書

（端裏書）「永安寺（相模国鎌倉）僧□造営□十一□」

□（納カ）永安寺僧□国反別銭□（事カ）

合壱貫□□（弐百カ）五文者、公田六町参反半、除在庁以下定、

□（右カ）為馬野郡（上総国）□□□□所納如件、

応永□（五カ）年八月廿八日　聖初（富田）（花押）

宗能（花押）

○四四三　鶴岡八幡宮執行倫瑜書下案写

○「鶴岡事書日記」応永五年八月条

当郷堰免壱段、青戸入道雖令耕作、年貢無沙汰云々、甚不可然、所詮来五日以前可遂参決之由、可被相触之状如件、

応永五年八月廿九日　法印（座心坊）倫瑜

（武蔵国足立郡）矢古宇公文殿

○四四四　鶴岡八幡宮執行倫瑜書下案写

○「鶴岡事書日記」応永五年八月条

（上総国埴生郡）埴生沢事、（鶴岡八幡宮、相模国鎌倉）当社領為一野（上総国埴生郡）之内処、蕀（清茂）右京亮方多（年カ）ニ付押領之条、無謂次第也、所詮以私承諾可被渡否、向彼方重可被問答也、猶以及異儀者、於公方可致訴訟也、彼返答之様、急速可被注進状如件、

応永五年八月廿九日　法印（座心坊倫瑜）

（同郡）佐坪政所殿

○四四五　鶴岡八幡宮執行倫瑜書下案写

○「鶴岡事書日記」応永五年八月条

今月十二日注進披見了、

一、（西光寺、上総国埴生郡）原阿弥陀堂免任料事、可被致沙汰之由、仰下之処、可蒙御免云々、更不得其意、所詮任料無其沙汰者、可被成公物也、

一、山守免年貢事、可被取沙汰之由、被仰下之処、私山守定置云々、無謂次第也、既自先政所時被成公物上者、今更不可其人体、任先落居之旨、急速可被取進之也、

一、珠数免事、去年今年不作之由被申条、不定至極也、無取沙汰者、可有殊糺明之状如件、

応永五年八月廿九日　法印（座心坊倫瑜）

（同郡）佐坪政所殿

○四四六　窪寺薬師堂鰐口銘

○新潟県中魚沼郡津波町　吉祥寺蔵

（銘帯右）上野国（群馬郡）府中窪寺薬（師）帰堂鰐口

（銘帯左）応永五年戊寅八月廿九日各施入朝弁見阿

○四四七　下総国葛西御厨田数注文写

○神宮文庫所蔵「鏑矢伊勢宮方記」下

下総国葛西御厨注文

一、猿俣　十六町三段三百分〔歩、下同ジ〕　公田二町九反大
一、小鮎　九町一反六十分　公田一町五反大
一、金町　十一町七段半　公田一町七反小
一、飯塚　五町四段小　公田九反
　已上四之郷田数四十二丁六反三百分
　（下総国香取郡）香取社宝殿造営役所
　　　　荒張二丁七反三百分
一、曲金　十八丁五段小　公田二丁九反半
一、長島　二十七町　公田四十〔丁カ〕七反
一、下小宿〔岩〕　廿三丁九反　公田三十〔丁カ〕六反
一、鹿骨　十一町九段　公田一町六反
一、二江　四十三丁五反大　公田七丁五反
　合六ケ郷田数百卅七丁九反六十分
一、島俣　七十〔丁カ〕五反　二ケ郷分
一、今井　卅二丁六反大　公田六町四反半
一、東一江　八十丁　公田九十〔丁カ〕八反
一、上小岩　十一丁反半　公田一丁六反
一、上篠崎　二十二丁六反大　二ケ村分
一、下篠崎　卅五丁二反六十分　公田四丁七反
一、寺島　八十丁　公田六丁
一、渋江　二十四丁　公田四丁
一、上木毛河　三十丁　公田六丁
一、下木毛河　二十一丁　公田一丁四反
一、松本　十六丁　公田九反小
一、東小松河　五十丁　公田六十〔丁カ〕八反
一、一色　四十丁　公田四丁五反
一、奥戸　廿七丁九反六十歩　公田一丁六反
一、小松　廿八丁一反半　西東公田二丁三反
一、西小松河　二十五丁　公田三丁三反
一、上平江　四十丁　公田四丁三反
一、隅田　十二丁　公田二丁一反半

一、堀切　十二丁　公田二丁一反半
一、立石　廿一丁　公田一丁三反
一、木庭袋　七十丁　公田八十五反内
六十五反〔丁カ〕堀内主戸〔青カ〕
合二丁半木庭袋
一、小村江　十五丁
一、亀津村　十丁　合公田四丁
一、上袋　十二丁　公田二丁半
一、亀無　三十六丁　公田四丁三反
一、蒲田　八十丁　公田六町
一、西一江　廿丁五反　公田一丁八反
一、中曾禰　四丁八反　公田三反大
一、下平江　六十五丁　公田四丁三反
已上三十八郷村加定、都合公田百三十二丁六十歩
応永五年八月日
内外宮日食米時、一反別二三百五十充取納畢、
一、以上惣田数千百三十六町五段歟、
又曲金内荒張二町七段三百分

○四四八　下総国葛西御厨入部注文写※

○神宮文庫所蔵「鏑矢伊勢宮方記」下

下総国葛西御厨入部之注文
一、猿俣　廿一町二段大　一、小鮎　十町六段大
一、金町　十二町四段半　一、飯塚　六町三段小
已上四ケ郷田数四十五町五段
一、曲金　廿一町四段半　一、荒張　二町七段
『△此間四寸ハカリアリ、不審也、左右一紙歟、』
合六ケ郷田数百四拾九段
一、島俣　七町五段　一、今井　卅九町半
一、東一江　八十九町八段　一、上小岩　十二町七段半
一、上篠崎　二十二町六段大　一、下篠崎　卅九町九段
一、寺島　八十六町　一、渋江　廿八町
一、上木毛河　卅六町　一、下木毛河　廿二町四段
一、松本　十六町九段　一、東小松河　五十六町八段

一、上平江　四十四町三段　一、隅田　十四町一段半
一、堀切　十四町一段半　一、立石　廿一町三段
一、木庭袋　七十八町五段　一、堀内　六町五段　青戸合三町半 下庭袋〔木〕
一、小村江　十五町　一、亀津村　十四町
一、上袋　十四町半　一、亀無　四十町三段
一、蒲田　八十六町　一、西一江　廿二町三段
一、中曾禰　五町一段大　一、下平江　六十九町三段
段別三百五十反納所也、
惣已上田数千二百卅六町五段歟、

○本文書以下二通、年未詳なれども前号文書にかけて便宜ここに収める。

○四四九　下総国葛西御厨田数注文写※

○神宮文庫所蔵「鏑矢伊勢宮方記」下

下総国葛西御厨注文
一、猿俣　廿一町二段大　一、小鮎　十町六段大
一、金町　十三町四段半　一、飯塚　六町三段小
已上四郷田数四十五町五段
（下総国香取郡）香取社宝殿造営役所
一、曲金　廿一町四段半　一、荒張　二町七段
一、下小岩　廿七町五段　一、長島　三十一町七段
一、二江　五十一町大　一、鹿骨　十三町五段
一、島俣　二ヶ郷分　七町五段　一、今井　卅九町半
合六ケ郷田数百四十七町九段
一、東一江　二ヶ郷分　八十九町八段　一、上小岩　十二町七段半
一、上篠崎　二十二町六段大　一、下篠崎　卅九町九段
一、寺島　八十六町　一、渋江　廿八町
一、上木毛河　卅六町　一、下木毛河　廿二町四段
一、松本　十六町九段ハ　一、東小松河　五十六町八段
一、一色　四十四町五段　一、奥戸　卅九町五段六十歩
一、小松　三十町三段半　一、西小松河　廿八町三段
一、上平江　四十四町三段　一、隅田　十四町一段半
一、堀切　十四町一段半　一、立石　廿一町三段

一、木庭袋　七十八町五段　堀内六丁五段青戸合二丁半木
庭袋
一、小村江　十五町　　一、亀無　　四十町三段
一、蒲田　　八十六町　一、西一江　廿二町三段
一、中曾禰　五町一段大　一、下平江　六十九町三段
　内外宮日食米之時、一段別ニ三百五十充取納畢、
一、以上惣田数千二百三十三町七段

○四五〇　「妙法蓮華経方便品」跋文　○静岡県沼津市　光長寺蔵

伊豆国(田方郡)三島大明神
奉納方便品　　　正覚覚了
　応永五年戊寅八月日　願主善凝
　　　金剛

○四五一　返田厳範寄進状　○香取要害家文書

奉寄進不動堂田一反小事
合在坪滝下波内
右、於件田者、雖為悪王子之御領、以仏物令安堵候之際、
為償彼料足、限永代所奉寄進也、連々加修理、可致興行也、
但於彼田者、王子為散供田也、殊者可奉祈天長地久・社家
繁昌、仍為後日状如件、
　応永五年戊寅九月五日
　　　和泉(返田)厳範（花押）

○四五二　香取大禰宜大中臣長房等連署吉事注文　○香取田所家文書

応永五年戊寅九月九日午日、恒例の御神事の日にて候、酉
剋計於　神前依奉成賀例の御神事、五色官弊(幣、下同ジ)おさしあけ、
四疋御馬お引立、のつと(詔刀)を申て後、御酒二こん(献)のあわひ
　神前の御弊たなの方より白蛇出来て、神主幸房(大中臣)の懐中ニ
入せ給て後、すまう(相撲)六番すき、勅使帰て後、御穀の御神事、
同おしての御神事の御酒すき候までに、神主の懐中ニ御座
候ほとに、長房(大中臣)まいりいたきとり申、神前ニまいり、御く

らに入申奉、神官并参詣貴賤不思議の思をいたし、是を奉
拝処也、関東の御吉事何事如之、仍為後証所奉記也、此条
偽申候者、
当社(香取社、下総国香取郡)大明神御罰お各々身上可罷蒙候、
仍所奉注如件、

案主
田所
録司代
行事禰宜
物申祝
権禰宜

大禰宜兼大宮司散位長房

○四五三　鶴岡八幡宮執行倫瑜書下案写

○「鶴岡事書日記」応永五年九月条

当村年貢事、当年殊延引之条、言語道断次第也、不日可運
上之旨、百姓等堅可被申含之、若猶催促無沙汰候者、可有
殊沙汰之状如件、

応永五年九月十日　法印(座心坊倫瑜)

佐坪(上総国埴生郡)政所殿

○四五四　鶴岡八幡宮執行倫瑜書下案写

○「鶴岡事書日記」応永五年九月条

当郷堰免七段内壱段青戸入道雖令耕作、於年貢者、年々無
沙汰之由、就彼訴申召決之処、無沙汰之状承伏候之上者、
召放下地、如元可被知行、至未進者堅可被加催促之状如件、

応永五年九月十日　法印(座心坊倫瑜)

矢古宇(武蔵国足立郡)公文殿

○四五五　鶴岡八幡宮執行倫瑜補任状案写

○「鶴岡事書日記」応永五年九月条

補任
上総国植(埴)生郡一野村霊山寺供僧職免田五段屋敷一宇事
肥後房(平川)祐玄

右、以卿阿闍梨頼秀跡、所令補任也、寺役等守先例可致其
沙汰之状如件、
応永五年九月十日　法印倫瑜（座心坊）

○四五六　武蔵国佐々目郷百姓交名案写

○「鶴岡事書日記」応永五年九月条

（武蔵国足立郡）佐々目郷百姓交名
藤内次郎入道長阿弥　五郎三郎入道本阿弥
美女木五郎次郎入道　大夫五郎入道性円
平内太郎入道浄教　彦八入道実玄
小三郎　伊勢房
アヤカワ戸七郎二郎入道唯法　水深彦四郎
以上十人
応永五年九月十日　法印（座心坊倫瑜）
〔衆〕府中へ注進百姓等交名

○四五七　蓮花坊禅瑜書下案写

○「鶴岡事書日記」応永五年九月条

一（上総国埴生郡）野村内霊山寺供僧職卿阿闍梨頼秀跡事、（平川）肥後房祐玄被補之
候、可被渡付下地於祐玄候、補任之案副之候、又当年々貢
事者、任書下之旨打点札、作人等申含之由、去月十二日注
進候了、同可被渡候之由衆議候也、当会所之間、如此申候、
恐々謹言、
応永五
〔九〕七月十一日　禅瑜（蓮花坊）
（同郡）佐坪政所殿

○四五八　武蔵国神奈河・品河両湊帆別銭納帳

○金沢文庫文書

帆別銭納帳
一、明徳三年分
（武蔵国久良岐郡）神奈河分　廿貫文十二貫文ハ寺家代官納、八貫文ハ道阿弥納之、
（同国荏原郡）品河分　廿六貫文十八貫文寺家代官納、八貫文道阿弥納之、
一、明徳四年分

神奈河分　五十三貫文八貫文道阿弥納之、四十五貫文井田殿、
品河分　六貫文三ヶ月分道阿弥納之、
已上五十九貫文
一、応永元年分
両津分　百三十二貫文
一、同二年分
両津分　廿五（六）（九）貫文　此内十一貫文ハ応永四年自瑞雲庵主弁之、三貫文、応永五年九月十一日、
一、同三年分
都合五七十三（九）貫三百文
都三百三十六貫三百文

○四五九　鶴岡八幡宮執行倫瑜書下案写

○「鶴岡事書日記」応永五年九月条

一、白鬚免田参段年貢事、当年分可有執沙汰之状如件、
応永五年九月十四日　法印（座心坊倫瑜）
（武蔵国足立郡）佐々目郷政所殿

○四六〇　武蔵国佐々目郷使節粮物注文案写

○「鶴岡事書日記」応永五年九月条

一、府（衆）中使節粮物二百文定　使節肥後房（平川）祐玄
廿五人并学頭　各六文
脇堂十人　各四文
応永五戊寅九十五

○四六一　鶴岡八幡宮執行倫瑜書下案写

○「鶴岡事書日記」応永五年九月条

当郷女子分十四番屋敷法花垣内分（珍誉）頓学坊久根竹長阿弥悉切取之由、有其聞、希代之所行也、併招罪科者歟、堅有糺明可致注進之状如件、
応永五年九月廿日　法印（座心坊倫瑜）
（武蔵国足立郡）佐々目郷政所殿

○四六二　「大般若経」巻四六一刊記

（巻中）秋沙弥浄善（町野）
（巻末）応永五戊寅九月日化縁比丘法亀

○神奈川県円覚寺蔵

○四六三　鶴岡八幡宮執行倫瑜カ書下案写

○「鶴岡事書日記」応永五年十月条

去月廿九日注進披見候了、
抑十八百姓等間事、奉書到来候者、早々府中〔衆、下同ジ〕へ可被具参之処、無其儀候条、不可然、所詮十五日已前可罷出之、若延引候者、府中使可入申候、其時分可為郷内之煩候、忩々可被具参、猶以緩怠之儀候者、可有殊沙汰之状如件、

応永五年十月八日

（武蔵国足立郡）佐々目郷政所殿

○四六四　案主吉房譲状

○香取案主家文書

（端裏書）「案主内の田之つほつけ（坪付）の状」
（注）住進

（下総国香取郡）佐原安主内の田之つほつけ（坪付）、おおはしの年神之松より始候て、いとほまちまて、川中之ほまち一、かわむかいのほまち一、しまめくりのほまち一、弥二郎の分（そうりやう（惣領）分）○かわよりこなたにほまち一、かわむかいニほまり四析〔枚カ〕、かわよりこなたに上下ニ四まい、つ、みさきニほまち一、いとほまち一、関口ニほまち一、せきつか之ほまち一、大はしのつ、みのはしり下之ほまち一、ひらたの大の田、川中之ほまち一、弥二郎の分と至〔致カ〕といゑとも、そうりやうニそむく事あらハ、そうりやうのはからいたるへく候、仍為後日之状如件、

応永五年十月十二日

案主吉房（花押）

香取佐原井土庭之住人

○四六五　案主吉房譲状案※

○香取案主家文書

（端裏書）「□主内の田の□状」
（下総国香取郡）佐原あんす（案主）内ほまち、おはしのすいののまへよりはしめて、

いとほまちの間の内、むかひのかわなかのしまめくれほまち一、弥二郎分、かわよりこなた二ほまち一、弥二郎分、そりやう分かわもかひ二ほまち四まい、かわよりこなた二上下二四まひ、さくみさきほまち井土ほまち、上下せきくちの二ほまち一、上二ほまち一、せんきさかほまち一、二升ほまち一、おはしつつみのはしりおりのほまち一、ひら田大の田弥二郎二、たところほまち、そりやう（う脱カ）（惣領カ）二そむくことあらは、（後欠）

○本文書、年未詳なるも、前号にかけて便宜ここに収める。

○四六六　鶴岡八幡宮執行倫瑜書下案写　○「鶴岡事書日記」応永五年十月条

当村斗代以下細々物等事、近年衆中所務之様、不同之由其聞候、此所根本被停止諸御公事、御佃等不云上中下之斗代、以御作之分、段別可為参斗代之由、百姓等捧連署之押書依申請、以別儀為其分之処、近比斗代等恣申乱之条、存外也、所詮任百姓等申請、押書状云、段別三斗代云、細々公事物為可（一カ）同之所務、十月中可致沙汰之由、可被申含候、各有及異儀百姓等者、交名可有注進之状如件、

応永五年十月十三日　法印（座心坊倫瑜）

佐坪（上総国埴生郡）政所殿

○四六七　鶴岡八幡宮執行倫瑜書下案写　○「鶴岡事書日記」応永五年十月条

当郷所務事、於御佃者可致半分沙汰、又所相残半分同四（内カ）分可可（一カ）致弁之由、百姓等致訴詔（訟）之間、当年計以寛宥之儀、所書（有カ）御免也、至所当者、任多年□以検見可定之、次於十人百姓等者、不応召之間、罪科至極也、仍任奉書之旨、府（衆）中へ可被召進之状如件、

応永五年十月十三日　法印（座心坊倫瑜）

佐々目（武蔵国足立郡）政所殿

○四六八　鶴岡八幡宮執行倫瑜書下案写　○「鶴岡事書日記」応永五年十月十五日条

当年納法事、可為三升五合法之旨、堅百姓等可被申含也、
次去月府〔衆〕中使者当郷入申粮物事、三十疋事、可為郷役之状
如件、

応永五年十月十五日　　法印（座心坊倫瑜）

（武蔵国足立郡）佐々目郷政所殿

○四六九　頼慶借銭状　○米良文書

申うくるりせに（利銭）の事

合参貫文者、（裏書）「此状覚真房より五百文にて
とり出申候、寛正二年七月廿日」

右件のようように、百文ニ五文つゝのりふん（利分）をあいそへ候
て、十ヶ月の中に（裏書）「此内二百文まいらせ候、」さた申へく候、但シ御しち（質）ニハ、かい（甲斐）の
国のたんな（檀那）を一ゑん（円）に入おき申候、若又、やくそく（約束）の月を
すき候ハヽ、永代とられ申へく候、其時一言の子細を申ま
しく候、又願文十まい入おき申候事実正也、依為後日状如
件、

応永伍年十月十五日
中畠三位頼慶（花押）

○四七〇　「大般若経」巻三五二奥書　○埼玉県深谷市岡部神社蔵

大般若波羅蜜多経巻第三百五十二
武蔵国榛沢郡於岡部郷聖天宮常住、日本第一雖悪筆末代仏
法為書写畢、　　金剛仏子
応永五年戊寅十月十六日午時計

○『武蔵史料銘記集』による。

○四七一　良尊譲状　○円密院文書

譲渡
常陸国信太庄下条佐倉郷内円密院坊敷等事
合田肆段
右彼寺田四反内坪者、苽共連田・腰巻田・横田・池下田、
彼文書、依至徳三年丙寅二月廿五日回禄、令粉〔紛、下同ジ〕失之処仁、相

副下条内御祈禱衆頭刑部僧都覚祐粉失状・権少僧都良尊譲状、令与右京房孝尊処也、仍任先例、可致御祈禱精誠之状如件、

応永五年戊寅十月廿七日　　権少僧都良尊（花押）

○四七二　良尊譲状　○円密院文書

□〔譲カ〕渡

常陸国信太庄下条佐倉内円密院坊敷等事

合田陸段 此内毘沙門堂免内二反 并屋敷一宇

右彼坊敷代々文書、依至徳三年丙寅二月廿五日回禄、令粉〔紛、下同ジ〕失之処に、相副下条内御祈禱衆頭刑部僧都覚祐粉失状・権少僧都良尊譲状、令与右京房孝尊処也、仍任先例、可致御祈禱精誠之状如件、

応永五年戊寅十月廿七日　　権少僧都良尊（花押）

○四七三　鶴岡八幡宮執行倫瑜補任状案写　○「鶴岡事書日記」応永五年十一月条

補任　佐々目郷（武蔵国足立郡）白鬚社神田参段事

仙波宮内丞頼家

右、以彼人所令補任也、社役等任先例可令勤仕之状如件、

応永五年十月廿九日　　法印倫瑜（座心坊）

○四七四　足利氏満書状※　○結城錦一氏所蔵結城家文書

鷹鳥・鮭・松茸到来、目出候也、謹言、

十月廿九日　　（花押）（足利氏満）

結城三川七郎殿（小峰満政）

○本文書以下二通、年未詳なるも、応永五年十一月四日の足利氏満没にかけて便宜ここに収める。

○四七五　足利氏満書状※　○東京大学文学部所蔵文書

樺崎寺（下野国足利荘）巻数一箱賜候了、懇誠至殊喜入候、恐々謹言、

十二月廿九日　　氏満（足利）（花押）

若宮別当僧正御房（鶴岡八幡宮、相模国鎌倉）（弘賢）

〇四七六　「大般若経」巻二八一奥書　〇埼玉県深谷市岡部神社蔵

大般若波羅蜜多経巻第二百八十一
武州榛沢郡岡部郷多胡殿庵書写畢、
応永五年戊寅霜月十日　大旦那了金　執筆良俊

〇『武蔵史料銘記集』による。

〇四七七　足利道義（義満）袖判御教書　〇上杉家文書

（端裏張紙）「鹿苑院（足利）義満公十八ノ内
（朱書）『応永五年十一月二十四日』」
（足利道義、義満）（花押）
丹波国（何鹿郡）八田郷内本郷事、所宛行上杉安房守憲定法師（法名長基）也者、守先例、可致沙汰之状如件、
応永五年十一月廿四日

〇四七八　鶴岡八幡宮執行倫瑜補任状案写　〇「鶴岡事書日記」応永五年十一月条

補任　上総国埴生郡佐坪村原阿弥陀堂号西光寺免田参段大・畠参段事
平田彦六実次
右、寺役等事、以器用之仁、任先例可被相計之状如件、
応永五年十一月廿八日　法印倫瑜（座心坊）

〇四七九　慈月坊覚算書下案写　〇「鶴岡事書日記」応永五年十一月条

渡状
白鬚免田参段、被補仙波宮内丞（頼家）候、当年々貢下地等、可被渡彼方候、会所之間申候、恐々謹言、
十一月　覚算（慈月坊）
（武蔵国足立郡）佐々目政所殿

〇四八〇　「大般若経」巻三一六奥書　〇埼玉県深谷市岡部神社蔵

大般若波羅蜜多経巻第三百一十六

武州榛沢郡岡部郷聖天御経也、
応永五年戊寅十一月日、信心大施主安部吉顕奉書写、等性

○『武蔵史料銘記集』による。末尾に「（奉施入大般若経一部道富）」とある。

○四八一　「大般若経」巻三五三奥書　○埼玉県深谷市岡部神社蔵

大般若波羅蜜多経巻第三百五十三
応永五年戊寅十二月二日、於武蔵国榛沢郡□
大般若末代仏法□　宿坊書写畢、

○『武蔵史料銘記集』による。

○四八二　室町幕府奉行人連署過所案写　○静嘉堂文庫所蔵「佐竹氏文書」

佐竹和泉入道（常尚、宣尚）使者、連々関東へ所上下〇（向）也、每度以此過書、関渡無煩可令勘過、於人馬員数者、以代官判行可勘過之由、所被仰下也、仍下知如件、

応永五年十二月十一日　左衛門尉清原　在判
左衛門尉源（中沢氏綱）　在判

○本文書以下三通、「安得虎子」五は増井正宗寺文書として収める。

○四八三　室町幕府奉行人連署過所案写　○静嘉堂文庫所蔵「佐竹氏文書」

佐竹和泉入道（常尚、宣尚）為使節関東へ所下向也、関渡無煩可令勘過、将又山中兵士宿送、任先例可致其沙汰候也、所被仰下也、仍下知如件、

応永五年十二月十一日　左衛門尉清原（花押影）在判
左衛門尉源（中沢氏綱）　在判

○四八四　片岡高重過所案写　○静嘉堂文庫所蔵「佐竹氏文書」

佐竹和泉入道（常尚、宣尚）代官以過書可有勘過候也、被仰出候、仍判形所進置候也、

応永五年十二月十二日　片岡六郎左衛門尉

諸関渡御奉行御中　　高重在判

○四八五　足利道義（義満）御教書写　○「竜華秘書」

日霽上人寺領

一所　摂津国仲村南北両町

一所　相模国奥三保内藤野両村

右、任本主妙香寄付、妙顕寺（山城国京都）領掌、不可有相違之状如件、

応永五年十二月十二日　入道准三宮太政大臣（足利道義、義満）（花押影）

○四八六　某法春寄進状　○法雲寺文書

寄進申

常陸国高岡（南野荘）法雲寺正受庵之所領事

伊賀彦三郎季平方より令相続所、上小沢村内本山作□一町、

永代寄進申所也、仍為後日証文状如件、

応永五年十二月十三日

沙弥法春（花押）

○四八七　畠山徳元（基国）奉書　○醍醐寺文書一函

（山城国京都）六条八幡宮竈神殿東西廻廊并小神社壇、同神宮寺等修理要脚事、以摂津・越後・伊与両三ヶ国段銭反別五疋所被付其足也、早可令存知之由所被仰下也、仍執達如件、

応永五年十二月十四日　沙弥（畠山徳元、基国）（花押）

当社々官等中

○四八八　鶴岡八幡宮執行倫瑜書下案写　○「鶴岡事書日記」応永五年十二月条

一野村（上総国埴生郡）文恵坊（重純）分百姓願法、以無理強訴上下地之上者、任法可被払在所候、更不可有緩怠之儀之状如件、

応永五年十二月十九日　法印（座心坊倫瑜）

佐坪（上総国埴生郡）政所殿（平田実次）

○四八九　鶴岡八幡宮執行倫瑜書下案写　○「鶴岡事書日記」応永五年十二月条

当郷百姓浄阿弥已下五人逃下之条、罪科難遁者也、所詮於

浄阿弥・宗円者、所被召上氷河宮免田也、至祭礼等者、先可被申付宮大夫也、於性法・妙善・三郎次郎者、為科料分拾貫文年内可被取進之状如件、

応永五年十二月廿一日　　法印(座心坊倫瑜)

佐々目郷(武蔵国足立郡)政所殿

○四九〇　足利満兼寄進状　○鶴岡八幡宮文書

寄進　鶴岡八幡宮寺(相模国鎌倉)

陸奥国石河庄内石河大寺安芸入道(道悦、光義)跡事

右、為天下安全・武運長久、所寄附之状如件、

応永五年十二月廿五日

左馬頭源朝臣(足利満兼)　(花押)

○四九一　上杉禅助(朝宗)施行状　○鎌倉国宝館所蔵神田孝平氏旧蔵文書

陸奥国石河庄内大寺安芸入道(道悦、光義)跡事、早莅彼所、任御寄進状之旨、可沙汰付下地於鶴岡八幡宮寺(相模国鎌倉)雑掌由、可被下知代官之状、依仰執達如件、

応永五年十二月廿五日　　沙弥(上杉禅助、朝宗)(花押)

左京大夫入道殿(斯波詮持)

○四九二　香取社録司代慶海寄進状案　○香取録司代家文書

あんもん(案文)

下総国香取郡内佐原村前原在家のまへのほりより、まへのよこミちをかきつて、千葉殿(満胤)御判の宗(旨)にまかせて、神宮寺(下総国香取郡)ゑ永代きしん(寄進)申候ところ也、子々孫々にいたるまてニ、此旨をまほつて、ゐらん(違乱)あるましく候、仍為後日きしんの状如件、

応永五年十二月廿七日　　大輔

香取社々人(同郡)　録司代慶海（花押）

○ほぼ同文の案文あり。

○四九三 「大般若経」巻四六三刊記　○神奈川県円覚寺蔵

（巻中）冬沙弥浄善（町野）
（巻末）応永五戊寅十二月日化縁比丘法亀

応永六年（西紀一三九九）

○四九四 下総国登戸村住人田冷借用状　○香取要害家文書

（端裏書）「十五日むしん（無尽）の用途本三百文　たなかし」

申請御むしんの用途の状の事

合本直銭参百文者、

右、件の御むしんの用途ハ、毎月十五日かきりある御せに子をかけ申、ふさた（無沙汰）なく、本子共ミしんけたい（未進懈怠）なく、さた申へく候、若ミしんけたいを申候事候ハヽ、しちけん□（にハ）□（あさな）てこいぬめらハ、生年十五才ニまかりなり候を、いれおきまいらせ候、なをもつて此上をなんしう（難渋）申候ハヽ、かのしちけんのめら□（八）を、永代御相伝をめされ申候わんに

□〔しんるい〕きやうてい（親類兄弟）、まして他人ニいたるまで□ら
いのきを申ましく候、なを〳〵も□いち・まち・ろ
とうをきらハす、ミあいにかう□〔しち〕をめされ申へく候、仍
為後日状如件、

応永六年己卯正月十五日

取主香取（下総国）内のふと（登戸）のむら住人　田冷（略押）

口入人同所住人　四郎神主（略押）

○四九五　「金剛秘密山王一心三観相伝」巻中　○滋賀県叡山文庫天海蔵

記

応永六年正月二十六日、相州鎌倉於無量寺相伝之、輪海

○本識語の前に応永二年二月十日付慶珍（六八号）、後に同十二年二月日付慶範の識語がある。

○四九六　某続吉譲状　○大善寺文書

進上申田の事

合田八段者、

右乃田壱所、甲斐国宇多田（山梨郡）の郷の内、ふわた四段ハ経田、
四段ハ三昧、彼の田を御年貢御公事物つく田、うしのとし（応永四年）
よりとらのとし（同五年）まで両年御未進に、合十五貫文の方に、永
代むけ進上申候所実正也、其ために代々のふにん（補任）・うりけ（売券）
ん本文書相副て進上仕候、もし浄宝六郎か於子孫莵角申物
候ハ、、ふけう（不孝）の仁たるへく候、仍為後日状如件、

応永六年卯とし二月七日　続吉（花押）

進上申候主　甲斐国栗原（同郡）住人　衛門六郎

○四九七　後小松天皇口宣案　○仙仁秀泰氏所蔵文書

上卿　権大納言（日野資教）

応永六年二月九日　宣旨

源（仙仁）朝泰

宜任駿河守

蔵人権左少弁藤原（葉室）定顕奉之

○四九八　畠山徳元（基国）施行状　○保井芳太郎氏所蔵文書

遠江国豊永御厨内小松郷領家職半済分事、雑掌訴状如此、早止被官人妨、一円可被沙汰付下地於雑掌、将又当所臨時課役以下可停止其煩之由、所被仰下也、仍執達如件、

応永六年二月九日　　沙弥（畠山徳元、基国）（花押）

今河右衛門佐（仲高、仲秋）入道殿

○四九九　日枝神社造営棟札　○山梨県甲府市日枝神社蔵

□□□□

奉造栄〔営〕延年衆応永六年二月十八日己卯大歳大檀那源丹波守長正（曾根カ）敬白

大工稲積庄（甲斐国）□□□郷末吉

○五〇〇　鶴岡八幡宮執行倫瑜補任状案写　○「鶴岡事書日記」応永六年二月条

補任　佐々目郷（武蔵国足立郡）白鬚社神田三段事

能登房隆円

右、以彼人所令補任也、社役等任先例可致其沙汰之状如件、

応永六年二月晦日　　法印倫瑜（座心坊）

○五〇一　鶴岡八幡宮執行倫瑜書下案写　○「鶴岡事書日記」応永六年二月条

佐々目（武蔵国足立郡）政所職事、就被申子細、閣所望仁、落居之処、古今〔于カ〕無音之条、無謂次第也、雖然、以寛宥之儀被成書下候、所詮来十日已前無参上者、可被付余人之状如件、

応永六年二月晦日　　法印（座心坊倫瑜）

上原殿

○五〇二　勝覚院幸湛旦那売券　○潮崎稜威主文書

永代売渡申旦那之事

合而廿貫文

右、件旦那者、依有用要〔マヽ〕、永渡申処実也、武州上足立一円、同金亀山（法光寺、武蔵国足立郡）一円、奇〔騎〕西（同国）・比幾〔企〕（同）之郡引候共、大円坊并門弟引旦那一円ニ、永代売渡申候、并たの連源坊引弥〔箕〕田（箕田、同国足立郡）一円、是者前本銭返ニ売申候へ共、只今永代ニ皆々渡申候、足立名字

をも何国より参候共、可有御知行候、若又、此旦那ニ違乱
煩申方候者、本主道遣可申候、仍如件、
応永六年三月十日　勝覚院 幸湛（花押）
廊之坊へ売申候、

○五〇三　足利道義（義満）御教書　○醍醐寺文書一函

当門跡領并醍醐（山城国宇治郡）以下方々管領寺社・座主別当職等所職・同
敷地所領等目録在別紙、事、任代々相承之旨、悉領掌不可有相違
之状如件、
応永六年三月廿二日　（足利道義、義満）（花押）
三宝院（満済）法印御房

○五〇四　醍醐寺方管領諸門跡所領目録　○醍醐寺文書一函

（端裏書）「□□（応カ）□永六（三　廿二カ）□□□」
（押紙）「鹿苑院殿（足利道義、義満）ヨリ御拝領物目録」
醍醐寺（山城国宇治郡）方管領所門跡等目録
応永六年三月

一、三宝院
院領尾張国安食庄・同国瀬部南郷・丹後国朝来村（志楽荘）・
同国鹿野庄・寺辺田
一、宝池院
院領筑後国高良庄
一、金剛輪院
院領伊勢国棚橋（度会郡）太神宮法楽寺并末寺等寺領
一、遍智院
院領越中国太海（石黒荘）・院林（同）両村・阿波国金丸庄・伊勢国
南黒田
一、安養院
院領筑前国楠橋庄・寺辺屋敷等
一、菩提寺律院
寺領宇治郡左馬寮并寺辺田
一、鳥羽（山城国）金剛心院
一、大智院曼荼羅寺（押紙）「小野万荼羅寺事」
方々所職

一、醍醐寺座主
寺領伊勢国曾禰庄・越前国牛原四ヶ郷丁・井野部・中央・庄林・近江国柏原庄供僧中・河内国五ヶ庄・山城国笠取庄・肥前国山鹿庄・近江国大野木庄
一、伝法院(紀伊国那賀郡)座主
寺領有別
一、左女牛若宮(山城国京都)別当職
社領土左(佐)国大野(吾川郡)・仲村(同)両郷・尾張国日置庄・筑前国武恒(若宮荘)・犬丸方(同)・摂津国山田庄・同国桑津庄・大和国田殿庄・美濃国森部郷(安八郡)
一、篠村八幡宮(丹波国篠村荘)別当職
社領丹波国篠村庄・同国佐伯庄地頭方・佐々岐・河口・黒岡(多紀郡)・光久・葛野新郷(氷上郡)・上総国梅左古
一、高倉天神(京都)別当職
社領近江国愛智郡香庄
一、仏名院(同)
院領摂津国野鞍庄并敷地等
一、清閑寺(同)法華堂別当職
一、清閑寺大勝院・同南池院
一、鎌倉(相模国鎌倉)二位家(北条政子)・右大臣家(同)(源実朝)両法花堂別当職
寺領讃岐国長尾・造太両庄・武蔵国高田郷(橘樹郡)
一、但馬国朝倉庄福元方
一、近江国河毛郷(田河荘)
已上
○本文書は、前号文書にみえる目録であろう。

○五〇五　「大般若経」巻四六五刊記

○神奈川県円覚寺蔵

(巻中)卯春沙弥浄善(町野)
(巻末)応永六己卯三月日化縁比丘法亀

○五〇六　荒居世富押書案写

○「鶴岡事書日記」応永六年四月条

佐々目郷(武蔵国足立郡)政所職事、令拝領之候、入部之後十五日以前、任料等先忩々半分、且拾五貫文可進上仕之候、若一日も延引

候者、可被補他人候、仍押書之状如件、
応永六年四月三日　　沙弥世富（荒居）在判
進上　執行法印（座心坊倫瑜）御房　御坊中

○五〇七　鶴岡八幡宮執行倫瑜挙状案写　○「鶴岡事書日記」応永六年四月条

執行挙状
佐々目郷（武蔵国足立郡）公文職事、荒居入道（世富）進押書之候之間、任料出来之程者、正文是預置候、案文を可渡候、先被成補任候者、可然存候、恐々謹言、
卯月三日　　倫瑜（座心坊）判
外方衆会所

○五〇八　鶴岡八幡宮執行倫瑜補任状案写　○「鶴岡事書日記」応永六年四月条

補任　鶴岡八幡宮（相模国鎌倉）領武蔵国足立郡佐々目郷公文職事
七郎時広
荒居入道世富
右、以彼人所補任也、三（云カ）郷務、云当参奉公、任先例可致其沙汰之状如件、
応永六年四月四日　　法印倫瑜（座心坊）

○五〇九　足利道義（義満）御内書案　○醍醐寺文書二〇函

鹿苑院殿（足利道義、義満）
伊豆山（走湯山、伊豆国田方郡）密厳院別当職付寺院等・同関東寺領等事、去年令申候訖、然而不事行云々、不日被沙汰付三宝院（満済）法印雑掌候之様、計沙汰候者、可為本意之状如件、
応永六
四月九日　　御判
左馬頭殿（足利満兼）

○五一〇　畠山徳元（基国）施行状　○醍醐寺文書二六函

鎌倉両法花堂（鎌倉二位家法華堂・右大臣家法華堂、相模国）領但馬国朝倉庄福元方事、任去月廿三日安堵、可被沙汰付三宝院（満済）門跡雑掌之由、所被仰下也、仍執達如件、
応永六年四月十三日　　沙弥（畠山徳元、基国）（花押）

山名右衛門佐（常熙、時熙）入道殿

○五一一　畠山徳元（基国）施行状　○醍醐寺文書二六函

（懸紙上書）
「細河右京大夫殿（満元）　沙弥徳元（畠山基国）」

鎌倉両法花堂（鎌倉二位家法華堂、右大臣家法華堂、相模国）領讃岐国長尾・造太両庄事、任去月廿三日安堵、可被沙汰付三宝院（満済）門跡雑掌之由、所被仰下也、仍執達如件、

応永六年四月十三日　沙弥（花押）

細河右京大夫殿

○五一二　千葉満胤寄進状写　○千葉県立中央図書館所蔵「船橋文書」

天照大神寄進状

右下総国葛飾郡六郷之四至

東眼（限）覆宮塚　南限海

西限洗河并沓懸　北限石抜路

平（千葉）満胤私領国也、依由緒有大神宮ゑ奉渡、任恒例天下泰平・国土豊饒可有御祈念、仍子々孫々不可有相違寄進状如件、

（応永六）□治元年己卯四月十六日　平満胤（花押影）

○本文書、検討の要あり。

○五一三　鶴岡八幡宮執行倫瑜補任状案写　○「鶴岡事書日記」応永六年四月条

補任

鶴岡八幡宮領武蔵国足立郡佐々目郷公文職事

中祥監寺

右、以彼人所補任也、守先例可被致其沙汰之状如件、

応永六年四月廿日　法印（座心坊）倫瑜在判

○五一四　慈道寄進状　○下屋文書

きしん（寄進）申候、

急谷当・川原田わかさ作、年貢三百文、やしき亥分浄主地の内

合五百、めんの所也、
右、きしん(寄進)状如件、
応永六年卯月廿日
慈道（花押）
さつま殿
敬白

○五一五　足利満兼諷誦文案　○高野山文書又続宝簡集四一

請諷誦事
三宝衆僧御布施
右、祖父(足利基氏)尊霊、一来一去、只刹那之間也、三十三廻、亦須叟〔臾〕之夢也、毎聞未生之別、弥抱不仕之悲、泣修追賁、奉祈正覚、或行曼荼羅供、或写法花妙典、莫謂徴善、出自深誠、廼鳴九乳之清音、奉驚両部之冥聴、善願成就、功徳証明、仍諷誦所修如件、敬白、
応永六年四月日　弟子従五位下守前左馬頭源朝臣(足利満兼)敬白
(奥裏書)
「応永十三年丙戌八月十八日、於宝幢院、以一心院花智坊全道崇上人秀本書写了、
権大僧都宥信
秀長(東坊城)京〔草〕」

○五一六　足利満兼諷誦願文　○高野山文書又続宝簡集一〇二雑々

夫曹休之拝祖父也、濺涙於画像之前、虞詡之弁公卿也、感言於化生之後、毎憶旧事、弥催新哀者乎、伏惟、瑞泉寺(足利基氏)左武衛尊儀、生而精霊、乃稟中和之性、長而敦敏、特旧右武之威、先在上都、英雄富貴之名早聞、後鎮東国、士馬強盛之勢遠揚、教六歩兮教七歩兮、克行戦陣之法、叙四品也叙三品也、毎蒙越階之恩、御衆在寛、使人由恵、然間貞治六稔之夏、閻浮一往之期、生則栄僅是二十八載、逝則慕不知幾千万人、弟子宅先考之離憂、周期未闋、値大父之遠忌、楚痛旁深、善根可植之時也、覚蘂可賁之日也、肆就一心院之浄刹、開両部界梵場、色衆并肩、誦唱唄讃之音韻、老師揮舌、演舌理智之功能、奉一日新写頓写妙法蓮華経一部八巻、開結心阿等経各一巻、奉摺写理趣般若経三巻、擎三十三回

之追福、抽一称一揚之懇誠、于時荷葉浮池、似散青銭於法事之砌、楊花糝逕、如鋪白氈於梵会之場、自然荘厳、微妙善事者乎、然則尊霊、雄剣者昔所佩也、悉払煩悩之魔軍、烏瑟者今所装也、即現端厳之仏体、凡厥曼陁巨益功徳無量、
敬白、

（後欠）

○本文書、前号にかけて便宜ここに収める。

○五一七　大宮権現社遷宮棟札銘

○静岡県伊豆市大宮神社蔵

（表）
所得福徳無量無辺
奉遷宮大宮権現（伊豆国田方郡）
（裏）
応永六己卯四日〔ママ〕
庄主道芳
都管存明

○五一八　足利道義（義満）袖判御教書

○東京大学史料編纂所所蔵小笠原文書

（足利道義、義満）
（花押）

信濃国春近領下地事、一円所宛行也、〔早カ〕□小笠原信濃守長秀
可令領掌之状如件、

応永六年五月十日

○五一九　香取神領検田取帳　○香取大禰宜家文書

注進　（下総国香取郡）香取御神領検田取帳事

大禰宜帳ハ建長、録司代帳ハ弘安、田所帳ハ文保、案主帳ハ弘安、合彼四帳、応永六年ニ社家・地頭・公人寄合、為後証所注置也、敢勿疑矣、

一坪司神拝田五反内二反　二反　五藤三郎　目代　大祝
二坪吉次私二反　手
三坪金丸二反内一反小　大　神ソハタカ祝　藤太太郎
四坪吉清私一反小　検校
五坪利助二反　同人
六坪司一反小□　有吉
七坪吉千代私二反内大　一反小　六次　検非違使
八坪有吉私大□
九坪吉千代私一反小　八人女名　藤太太郎
十ヽ（坪、下同ジ）夜中神司大　□
十一ヽ大八人女名　藤太太郎
十二ヽ良二反内一反　一反　□□郎入道　法願
十三ヽ良一反　六郎太郎
十四ヽ良三反　検校
十五ヽ司大夜中神　エノキヨ　平太郎入道
十六ヽ司二反　ソハタカノ神　大祝
十七ヽ吉清私二反大　藤四郎
十八ヽ吉千代私五反内一反金丸御手
十九ヽ司大夜中神
廿ヽ細工分田五反内司三反　金丸二反内一反　御手　土器
廿一ヽ司次良丸二反大　一ツホタ　小平太作
廿二ヽ吉千代私三反大内大ハ神　手

応永六年五月

廿三〻良四反　藤平次入道
廿五〻真吉私五反内一反 三反 一反　大祝 六郎太郎 牛若子
廿七〻行事禰宜私三反　手
廿九〻田所三郎私七反 ヌマ　五藤左衛門尉
卅一〻清里御名吉清四反
卅三〻金丸一反小　弥三郎入道
卅五〻吉千代私一反小内大 大　六郎二郎 大六四郎
卅七〻吉千代私三反 溝田　手

二里

一坪実命私一反大　大ハカハイノケ 藤平次入道
三坪六反内御灯油田五反 一反　藤平次入道 安久
五〻重枝手一町内二反 八反　神擬祝 丁古地頭分
七〻行事禰宜私二反小 下イナケ　手
九〻二反内一反 一反　マホリヲノ神 田所
十一〻金丸三反大内一反 二反　大民部房 神加賀房

廿四々吉次私一反小　阿僧祇
廿六〻御名六反　同人
廿八〻行事禰宜私二反　同人
卅〻今吉御名吉清三反
卅二〻行事禰宜私三反 千田　手
卅四〻金丸二反小　丹次郎入道
卅六〻吉千代私二反サカタ　妙願
二坪寺別□□反小□
四〻良一町　丁古殿
六〻利助八反
八〻清里私吉安一反小　六郎二郎
十〻金丸一反小　法忍
十二〻行事禰宜私二反半　手

十三〻吉安私幹綱二反大内 大ハ神　手
十五〻金丸二反内一反 一反　酒司 女子
十七〻金丸二反内一反 一反　行事禰宜 次郎太郎
十九〻金丸分田二反　民部房
廿一〻安久二反小エコタ　又五郎入道
廿三〻師松三反　いや三郎入道
廿五〻清里私一反　三郎次郎
廿七〻有吉私二反　手
廿九〻金丸八反内六反 二反　中四郎 丁古殿
卅一〻金丸三反　手
卅三〻重枝御名二反小　丁古殿
卅五〻空追御名三反大　山田 大神主

三里

一坪金丸一町五反　手

十四〻金丸三反小　左入道
十六〻清里私二反　大神主
十八〻清里私三反内□ 二反　□民部房 ソハタカノ灯油
廿〻司調用田三反一反 二反　加賀房 検校
廿二〻利助祭料田一反小　民部房
廿四〻吉千代私五反　五郎三郎 五郎四郎
廿六〻有吉私二反小　手
廿八〻金丸二反　藤四郎
卅〻寂女作祭料田二反大　いや三郎入道
卅二〻重枝□□〔御名カ〕二反　田所
卅四〻良二反□　御手
卅六〻金丸三反小　左入道

二坪安久三反内一反神　手

三〻安久御名八反　手
五〻真延私五反　丁古殿
七〻安久二反　平六入道
九〻中四郎私一反　擬祝
十一〻安久四反内二反二反　新平六 平三郎
十三〻寺実命四反　手
十五〻安久一反小　いや四郎
十七〻安久三反内一反二反　孫次郎 キ祝
十九〻司一反　新三郎入道
廿一〻金丸三反　中三郎入道
廿三〻金丸三反内一反二反　平六 新藤
廿五〻今吉四反　吉宗
廿七〻司合力大　丹次郎入道
廿九〻司合力大　別当六
卅一〻吉清私二反　後家尼
卅二〔ママ〕〻安久三反　検校四郎 赤馬
卅五〻師松御名三反　四郎三郎作

四〻合力二反　法忍房
六〻中四郎私三反カタシホ　手
八〻安久御名二反　いや三郎入道
十〻金丸五反　手
十二〻司半　平六
十四〻司大　四郎三郎
十六〻師松四反内一反　金丸 擬祝
十八〻安久三反一反　手 物申五郎
廿〻中四郎私三反　権守
廿二〻金丸八反　手
廿四〻利助三反　手 三郎次郎
廿六〻真吉合力経田二反
廿八〻吉宗私大
卅〻吉清私三反田中内　六次
卅二〻中四郎私三反　権守
卅四〻金丸二反　手
卅六〻金丸二反　検校四郎

卅七〻御名二反　次郎太郎
四里
一坪真吉御名四反　手
三〻吉清三反内司二反大神田一反
五〻司半　検校
七〻金丸三反　ヲイノ八郎太郎
九〻司乙金大　神主殿
十一〻金丸二反　いや次郎
十三〻犬丸二反　後家
十五〻良二反吉千代　神
十七〻惣神々田大サヽハラ　出羽房
十九〻司寺三反　関戸入道
廿一〻金丸一反小　手
廿三〻金丸一反半　手
廿五〻寺一反大正月ノ御コワモノ　成道尼
廿七〻上分大　同人
廿九〻今吉二反　手

二坪金丸大　平次郎
四〻今吉御名二反　四郎次郎
六〻金丸三反　手
八〻吉千代私五反カイタ内三反二反　大祝田所
十〻司大　御手
十二〻吉千代私二反内一反神
十四〻良吉次大
十六〻五藤禰宜作吉宗一反ホソタ
十八〻良二反神　関戸入道
廿〻犬丸三反　行事禰宜
廿二〻金丸一反大　長次郎神夫
廿四〻金丸一反小　弥平太作手
廿六〻司一反小　長次郎神夫
廿八〻安久二反小トマキ　手
卅〻司大　御手

卅一〻金丸二反　手
卅三〻上分大　関戸入道
卅五〻安久一反小　同人
卅七〻実命私三反　藤平次入道
五里
一坪上分大　荒次郎 源次郎作
三〻良大　別当三郎
五〻金丸四反荒二郎　手
七〻一反小　御手
九〻乙金二反又乙金二反大　三郎太郎
十一〻七郎私二反小　大禰宜四郎
十三〻乙金三反　神主殿
十五〔〻脱〕有木三反　手
十七〻岩同大　検杖
十九〻寺四反内二反 二反　寺手 関田入道
廿一〻安久二反　手
廿三〻吉清私一反　同人

卅二〻上分四反内大八　関戸入道
卅四〻吉清松一反小　豊前房
卅六〻安久大　源次郎作
二坪上分三反　同人
四〻上分大　同人
六〻金丸二反　同人
八〻七郎作御手三反
十〻御名三反　岩見公
十二〻犬丸三反　手
十四〻上分四反　堀口神主
十六〻合力二反　検杖四郎
十八〻安久三反大内一反御名　福田作
廿〻安久二反　油井 検杖
廿二〻司一反　四郎太郎入道
廿四〻実命一反大　藤平次入道

廿五〻合力大　同人
廿七〻安久寺三反　後家
廿九〻安久二反　手
卅一〻安久一反小　同人
卅三〻良四反　手
卅五〻金丸大　同人
六里
一坪真吉一反小内 小ハ御名　中五郎
三坪節戸四反　同人
五〻実命三反　兵部
七〻重枝手大
九〻良清私御名三反　手
十一〻良大　新平作
十三〻良大　権守入道 六郎入道殿
十五〻吉清私御名二反小
十七〻真吉私御名二反大内 一反ハ御名
十九〻実命私一反半

廿六〻寺実命大　四郎太郎
廿八〻有木五反内二反ハ大神田
卅〻安久一反小　手
卅二〻安久六反　手
卅四〻良四反　六郎三郎入道
卅六〻良一反大　三郎作 手
二坪金丸一反大　中五郎
四〻師松四反　手
六〻藤次郎私大
八〻師松手二反
十〻良一反小　中五郎
十二〔〻脱〕良小　平六
十四〻良大　四郎三郎
十六〻吉清私小　六郎次郎
十八〻御名三反　関田殿
廿〔〻脱〕師松三反　権守三郎

廿一〻師松二反半　平六入道　廿二〔〻脱〕実命私大　彦四郎
廿三〻吉清私二反　三郎太郎　廿四〔〻脱〕安久二反　六郎二郎
廿五〻藤四郎私一反　平太番匠　廿六〻実命三反小内一反小吉清
廿七〻金丸三反　立三郎入道　廿八〻司小　四郎三郎
廿九〻司一反小　大井土平六入道　卅〻司御名五反　藤四郎
卅一〻司大　御ハライ　権守入道　卅二〔〻脱〕司神二反　御ハライ
卅三〻司御名半　立三郎　卅四〻御名一反小　中五郎
卅五〻司半　藤次郎　卅六〻司大　平六

七里

一坪実命私二反　藤三三郎　二坪実命一反　藤平次
三坪安久三反　手　四〻司一反吉清神
五〻御名一反小　大輔房　六〻御名一反半　文次郎入道
佐原〔下総国香取郡〕
一坪師松五反　丁古殿　四郎神主　二坪司二反半　佐原禰宜
三坪司二反　四郎三郎　四〻安久一反大　新三郎
五〻金丸三反　関〔田カ〕□殿　六〻重枝御名二反小　平次郎
七〻良二反　新次郎　八〻司一反　平次郎

九〻安久大　いや太郎
十一〻司小早田　四郎太郎
十三〻岩同二反　六郎四郎
十五〻御名一反井料　録司代
十七〔〻脱〕司三反　大輔房
十九〻良二反大　次郎太郎
廿一〻司一反　平次郎
廿三〻司三反　文三郎祝
廿五〻合力一反半　源太祝
廿七〻合力二反　四郎太郎
廿九〻司二反　いや次郎
卅一〻司吉宗私一反　四郎太郎
卅三〻金丸二反　平太郎
卅五〻金丸二反　ケンチャウ六郎太郎神

二里

一坪吉宗一反内小ハ御名
三〻御名二反　検校

十〻御名三反　三郎太郎入道
十二〻御名岩同二反　大輔房
十四〻安久御名二反　大輔房
十六〻安久三反　同人
十八〔〻脱〕司三反　検校
廿〻司二反内一反神　大輔房
廿二〔〻脱〕司二反　源太祝
廿四〻合力一反半　権太
廿六〻金丸一反　カラス検校
廿八〻岩同二反　大輔房
卅〻司一反　大輔房
卅二〻金丸二反内　一反ハ井料大輔房
卅四〻金丸一反　三郎太郎
卅六〻金丸三反　中四郎

二〻御名二反内　一反ハ井料大輔房
四〻御名一反　ケンチャウ四郎太郎

五〻御名三反　四郎太郎
七〻御名二反　大輔房
九〻司一反小　いや二郎
十一〻司三反　又次郎
十三〻合力一反半　検校太郎
十五〻司二反　中太作
十七〻岩同二反　同人
十九〻司二反　権三郎
廿一〻御名四反　藤九郎入道
廿三〻司二反　若狭房
廿五〻安久二反　権三郎
廿七〻師松二反小　三郎太郎
廿九〻安久吉清三反
卅一〻司二反　大輔房
卅三〻御名二反　七郎三郎
卅五〻司三反　中三郎
三里

六〻御名五反内二反三反　若狭大輔房
八〻御名二反　にしとう
十〻司三反小　四郎太郎
十二〔〻脱〕司一反　同人
十四〻金丸三反　又次郎《ヲイノ》
十六〻金丸二反　又次郎《サワラ》
十八〻金丸二反　同人
廿〻合力三反　又次郎
廿二〻御名六反　藤九郎
廿四〻安久一反小　藤四郎
廿六〻吉千代私二反　藤四郎
廿八〻安久二反小　安平次作
卅〻安久吉清一反　同人
卅二〻吉千代私二反小　大輔房
卅四〻司三反　三郎太郎入道《ナスヒ》
卅六〻司二反　同人

一坪司経田三反　別当
三〻司岩同大　若狭
五〻司一反　彦治郎
七〻司小　源太祝
九〻司経田三反　越後房
十一〻司合力大　弥太郎
十三〻司小　中三郎
十五〻司小　大輔房
十七〻司大　大輔房
十九〻司二反小　中三郎
廿一〻司小　円智作七郎太郎
廿三〻司小福田作　又次郎
廿五〻良大　七郎三郎
廿七〻司合力一反大　弥太郎
廿九〻乙金御名二反小　八郎太郎
卅一〻司合力一反小　又次郎
卅三〔〻脱〕司半　中太

二坪司三反　同人
四〻司大　同人
六〻師松七反　手
八〻有木三反大内合力一反
十〻司経田大　平次郎
十二〔〻脱〕司小　若狭
十四〔〻脱〕司一反　福田作平三
十六〻司小　若狭
十八〻司半　平次郎
廿〻司大　五郎四郎
廿二〻御名三反半　権太
廿四〻合力大　若狭
廿六〻寺実命七反三百歩　三百歩ハ源太祝　手
廿八〻安久御名一反大　手
卅〻師松四反　平太三郎
卅二〔〻脱〕合力小　いや太郎
卅四〻司半　大輔房

卅五〻合力六反半　別当
　四里
一坪合力一反半　別当作
三〻合力小　七郎太郎
五〻司大吉宗　平次郎
七〻司一反吉宗　平八
九〻金丸半　中太
十一〻司寺大　大和房
十三〻司二反小内二反小　越後若狭
十五〻司一反同神　藤作入道作
(同郡)新部
一坪良中五良私二反小
三〻良三反　大和房
五〻寺一反小コシキタ　大和房
七〻寺二反　六郎太郎
九〻寺一反小　唯智房
十一〻一反小内大八合力大八寺

卅六〻司合力大　若狭
二坪司合力小　若狭
四〻司一反小　次郎太郎
六〻司吉宗一反小　次郎太郎
八〻金丸二反内　一反八合力法明房
十〻寺二反　三郎五郎
十二〻金丸二反神　中祝
十四〻司二反神　検杖
二坪御名三反　手
四〻寺二反　別当六
六〻寺一反小　大和房
八〻寺二反小　唯智房
十〻寺御名二反小　大輔房
十二〻寺一反小　手

神一反検校次
十三〻大内小八寺小八合力　越後房
十五〻寺一反小　平八
十七〻司末千代二反
十九〻良一反小　五郎太郎神
廿一〻御名四反　若狭
廿三〻良四反　禰宜四郎
廿五〻為里御名三反　平四郎入道
廿七〻良二反　同人
廿九〻司一反　同人
卅一〻司一反半　大神主
卅三〻司二反半　祝五郎
卅五〻司三反半　又三郎祝
卅七〔〻脱〕司二反半
二里
一坪司半矢田部作　弥太郎
三〻司一反中野作　源平太
五〻司半　大井土三郎太郎

十四〻合力寺一反内半半　合力寺
十六〔〻脱〕寺四反　同人
十八〻司経田一反　大和房
廿〻司一反惣神々　同人
廿二〻録司代私二反小　藤四郎
廿四〻御名三反　同人
廿六〻金丸一反小　同人
廿八〻司一反小　周防房
卅〔〻脱〕良三反　同人
卅二〻司大　平五郎
卅四〻司小　いや七
卅六〔〻脱〕司三反半　検校平四郎
二坪司二反　五郎太郎神主
四〻司三反神　平所
六〻司二反　大夫次郎

七ゝ合力一反　検杖太郎
九ゝ司一反小　権祝
十一ゝ司一反 八郎王子神　四郎太郎
十三ゝ利助二反　権三郎
十五ゝ良二反小　検校入道
十七ゝ良三反　小長手
十九ゝ司一反小　田冷私丹次郎
廿一ゝ司三反大　三郎太郎
廿三ゝ司一反小　平六
廿五ゝ司一反六十歩　大井土 次郎太郎
廿七ゝ司大　平所作
廿九ゝ司一反小神　酒司
卅一ゝ司半神　中平神
卅三ゝ司一反 惣神々　荒野祝同人
卅五ゝ司一反小 トシタテ　田冷

三里

一坪司小　丹次郎

八ゝ司一反六十歩　新平
十ゝ司一反小　丹次郎
十二ゝ司一反小同神　孫次郎
十四ゝ司半　大井土藤四郎
十六ゝ良三反 四郎神主　大神主
十八ゝ司小　大工作四郎太郎
廿ゝ金丸一反小 大ハ神　長次郎
廿二ゝ司金丸二反小 カネノ修理料　大神主
廿四ゝ司一反小神拝田　酒司
廿六ゝ司小　中野作平太郎
廿八ゝ司二反　大夫次郎
卅ゝ司一反半　中祝
卅二ゝ司一反 八郎王子神　塙四郎作
卅四ゝ司一反小　四郎太郎 新三郎
卅六ゝ司一反小 カサノカツテ　神子別当
二ゝ司小　雑判官代

三〻司一反小　六郎太郎神
五〻金丸一丁三反　手
七〻良四反小内小ハ吉直　御手
九〻司一反　浄円房
十一〻司二反　祝四郎
十三〻司一反　中次郎
十五〻司一反　三郎祝
十七〻司小吉宗　いや三郎
十九〻司二反小　吉宗四郎神
廿一〻為里三反小　七郎太郎
廿三〻司大　判官代
廿五〻良二反　藤四郎
廿七〻助直二反小　検校
廿九〻利助一反　大神主
(同郡)苅馬
一坪合力一反小　手
三坪合力二反大　平太郎

四〻司小　新三郎
六〔〻脱〕吉直二反 一反小吉直 大御名　手
八〻司半　いや七
十〻司二反小　次郎太郎
十二〻司二反　長作平六
十四〻司二反　平太郎
十六〻利助二反　三郎祝
十八〻司大吉宗　次郎太郎
廿〻乙金二反　関田入道
廿二〻司三反　同人
廿四〻良二反小　長
廿六〻良二反大　太郎房作
廿八〻良五反　大神主
卅〻吉千代私二反　同人
二坪合力二反　三郎太郎作
四〻寺大　別当六作

五〻寺二反　別当
六〻寺二反半　同人
七〻合力手三反
八〻灯油田三反　弥三郎
九〻良二反　又次郎
十〻寺五反　手
十一〻安久三反　蓮実坊
十二〻寺一反　篠本作
十三〻安久一反半　法明房
十四〻安久三反内　小八神　平太郎
十五〻安久二反半　松山《ヤマ》命婦
十六〻今吉一反小　平太郎
十七〻為里御名一反小　四郎三郎
十八〻合力四反　手
十九〻寺御名一反小　次郎太郎
廿〻寺二反　三郎太郎
廿一〻司一反半　手
廿二〻司二反　手
廿三〻司三反半　八郎王子神　手
廿四〻良二反小　四郎三郎入道
廿五〻良二反　平太郎
廿六〻良三反半　馬場殿神　追野殿
廿七〻良三反大　副祝
廿八〻金丸二反　田冷中四郎
廿九〻富長御名三反半
卅〻良大　たなかし
卅一〔〻脱〕富長《永》私一反小　手
卅二〻富長《永》私二反半　仲作手
卅三〔〻脱〕富永私一反半　ツヽミ六十歩　案主
卅四〻富永私三反　文三郎祝
卅五〻富永御名三反　三郎太郎

（同郡）鍬山

一坪金丸七反　手
三坪助直二反小　権次郎祝
五〻上分三反半　平三郎
七〻金丸一反　勢次郎
九〻犬丸一反小　小次郎
十一〻安久一反大　権次郎祝
十三〻犬丸一反大　手
十五〻金丸三反　平三太郎
四月五日神
十七〻上分四反　おけはた
十九〻甲丸二反小　いや四郎
廿一〻司三反　手
廿三〔〻脱〕利助二反大　手
廿五〻金丸一反小　別当三郎
廿七〻甲丸私一反小　愛鶴
廿九〻司吉宗一反小　左入道
卅一〔〻脱〕良二反　検非違使
卅三〻甲丸一反　平太次郎

二坪利助五反　手
四〻利助私二反　手
六〻犬丸大　源三郎
八〻司一反小　手
十〻金丸三反　藤次郎
十二〻金丸一反小　手
十四〻良一反小　中三郎
十六〻上分二反大　権次郎祝
十八〻司一反小　手
廿〻司二反　手
廿二〻吉千代経田二反　法忍房
廿四〻犬丸一反大　小藤神夫作
廿六〻利助一反半　手
廿八〻甲丸私三反　手
卅〻利助三反半　手
卅二〻吉千代私二反　法忍房
卅四〻利助一反小　平太次郎

卅五ゝ利助二反小　六郎祝
二里
一坪二藤祝私一反半　中三郎
三ゝ成吉私二反　五藤四郎
五ゝ吉千代私七反
七ゝ中平神私二反小　手
九ゝ金丸二反　手
十一ゝ二反内こもしきの分一反 一反　五郎四郎神夫 こものおさ
十三ゝ金丸一反半　弥中太
十五ゝ金丸三反　神藤神夫
十七ゝ金丸二反　若狭
十九ゝ金丸二反小　中太
廿一ゝ良利助一反　手
廿三ゝ司小　手
廿五ゝ永吉二反小 イワイシリ　権次郎祝
(同郡)上相根
一坪今吉五反　権三郎

卅六ゝ真吉五藤次神夫一反小
二ゝ今吉四反小　中平神
四ゝ良二反　十郎
六ゝ犬丸四反　五藤四郎
八ゝ成吉私三反
十ゝ分田二反　小長手
十二ゝ犬丸二反　手
十四ゝ金丸一反小　手
十六〔ゝ脱〕金丸二反　平次郎
十八ゝ利助二反　手
廿ゝ金丸一反　藤次郎
廿二〔ゝ脱〕犬丸二反小　手
廿四ゝ良二反小　今ハ五郎祝 六郎祝
廿六ゝ犬丸一反　中次郎
二坪司大　同人

三坪今吉二反小　二仲太
五〻司一反小　平太
七〻司小石丸二反　同人
九〻司二反大（今宮神）　同人
十一〻司大　平四郎
十三〻司二反（返田神）　中次郎入道
十五〻司三反　平四郎入道
十七〻御名四反　平次郎
十九〻司御名一反半　同人
廿一〻司方丸一反半　中次郎入道
廿三〔〻脱〕司一反大　辻弥三郎
廿五〔〻脱〕司一反　辻弥三郎
廿七〻司一反半　中次郎入道
廿九〻司御名三反小　又五郎
卅一〻司大　平三太郎
卅三〻小石丸一反大　紀平次郎
卅五〻司半　三郎次郎

四〻司小石丸一反小　弥二郎
六〻司小石丸一反大　同人
八〻司二反　六郎二郎
十〻司半　いや四郎
十二〻司小石丸三反　中四郎入道
十四〻司御名一反半　又五郎
十六〻司小石丸二反大　三郎太郎
十八〻司一反小　同人
廿〻司二反小　孫次郎
廿二〻司三反　六郎太郎入道
廿四〻安久六反　大夫三郎入道
廿六〻小石丸二反　弥五郎
廿八〻司小石丸三反　紀平四郎
卅〔〻脱〕司小石丸四反　手
卅二〔〻脱〕司御名五反　手
卅四〻録司代私二反小　又五郎
卅六〻司御名二反　いや四郎

二里
一坪司御名三反　浄願房
三坪司一反大　六五又太郎
五〻司御名一反半　いや四郎
七〻司小石丸三反　藤三郎
九〻司一反　六郎二郎
十一〻司二反　孫次郎
十三〻司小石丸大　前歳
（同郡）大相根
なからみしり
一坪小石丸七反　手
三〻司小　中次郎入道
五〻司小　辻いや三郎
七〻司小石丸三反　前歳
九〻司小　平太太郎
十一〻司一反　いや三郎
十三〻司小石丸三反　前歳
十五〻司一反大　六五又太郎

二坪司小石丸四反大　山中平次太郎
四〻司二反小　又五郎
六〻司小石丸七反　手
八〻司小石丸二反　十郎入道
十〻司一反　同人
十二〻司小石丸三反　平次郎
二坪司小石丸一反　同人
四〻司小石丸二反　手
六〻司大　辻弥三郎
八〻司半　辻いや三郎
十〻司四反　中次郎入道
十二〻司小石丸二反　黒田四郎入道
十四〻司小石丸二反　丹次郎入道
十六〻司一反大　同人

十七〻司二反　民部
十九〻司小　六郎次郎
廿一〻司小石丸吉次二反小　中五郎
廿三〻司小石丸四反　三郎太郎入道
廿五〔〻脱〕司小石丸三反　手
廿七〻司次郎丸六反内　三反　山中
　三反　平五郎
廿九〻司一反大　山中
卅一〻司二反　山中次郎
卅三〻司小石丸一反　浄観房
卅五〻司一反小　丹次郎

二里

一坪司一反　三郎太郎
三坪司小石丸小　平次太郎
五〻司一反　いや三郎
七〻司一反　大夫五郎入道
九〻司二反　大夫五郎入道
十一〻司小石丸一反六十歩　黒田入道

十八〻司小石丸二反　弥五郎
廿〻司小石丸一反　又五郎
廿二〻司一反小　大夫五郎入道
廿四〻司一反　大夫五郎入道
廿六〔〻脱〕司一反小　いや四郎
廿八〻司一反半　黒田四郎入道
卅〻司小石丸一一反大　実楽
卅二〻司三反　六五又太郎
卅四〻司一反小　丹次郎入道
卅六〻司一反　三郎太郎入道

二坪司二反　孫太郎
四〻司二反　四郎太郎
六〻司一反　五郎四郎入道
八〻司一反　次郎太郎入道
十〻司半　黒田入道
十二〻司小石丸三反　同人

十三〻〔天宮神〕司三反　同人
十五〻司二反　同人
十七〻司二反小　黒田三郎
十九〻司小石丸二反小　彦太郎
廿一〻酒司私二反　実楽
廿三〻司小石丸二反　彦太郎
廿五〻司一反小　中次郎入道
廿七〻司一反小　同人
廿九〻実楽私二反小　三郎太郎入道
卅一〻司実楽二反大　民部
卅三〻安久実楽三反　越後阿
卅五〔〻脱〕司一反半　六五又太郎

三里

一坪司三反大　御手
三〻司一反　丹次郎入道
五〻金丸二反　丹次郎入道
七〻金丸二反　中次郎入道

十四〻司一反小　同人
十六〻司一反小　彦太郎入道
十八〻司二反　いや太郎入道
廿〻司小石丸二反　三郎太郎
廿二〔〻脱〕司寺小　実楽
廿四〻金丸二反小　いや四郎
廿六〻司小石丸一反半　三郎太郎入道
廿八〻実楽私三反小　三郎太郎入道
卅〻司小石丸一反半　又次郎
卅二〻金丸二反　三郎太郎
卅四〻司小　中次郎入道
卅六〻司大吉次私　中三郎入道

二坪司大　六郎二郎
四〻金丸三反　六郎二郎
六〻司小石丸大　丹次郎入道
八〻金丸一反半　又次郎

九〻金丸二反　いや三郎
十一〻司小石丸二反　山中
十三〻司一反小　平三三郎入道
十五〻司三反八人女　黒田四郎入道
十七〻司二反　平五郎
十九〻司一反　彦太郎
廿一〻司大　三郎太郎
(同郡)返田
一坪司三反内一反半　弥平太
　　　　　　一反半　新平三
三〻司小　源平太
五〻司二反神　中六
七〻司一反神　中六
九〻金丸分田三反　次郎神
十一〻金丸三反ニツシヤウタ　田冷
十三〻司大神　中五郎
十五〻小石丸一反半　平四郎入道
十七〻司大　七郎次郎

十〻金丸二反　丹二郎
十二〻司一反　いや三郎
十四〻金丸一反　いや三郎
十六〻司一反小　彦太郎
十八〻司二反　山名平二郎
廿〻司大　いや太郎入道
廿二〻司小　いや三郎
二坪金丸一反　中六
四〻金丸大　いや三郎
六〻司一反小　いや三郎
八〻金丸一反小若宮神　六郎二郎
十〻司一反　祝四郎
十二〻為里御名二反半神　田次郎
十四〻司半　七郎次郎
十六〻司小石丸一反半　四郎入道
十八〻司二反　蓮道弥三郎

十九〻御名一反小　三郎祝　廿〻司分田三反　たなかし
廿一〻司小石丸三反　いや三郎　廿二〻大細工分田神一丁三反　大細工
廿三〻司二反　辻いや三郎　廿四〻御名二反　黒田三郎
廿五〻金丸三反　同人　廿六〻司二反半　又五郎
廿七〻金丸四反小　シホカヘ次郎神　廿八〻司方丸二反　いや六作
廿九〻金丸二反小　手　卅〻次郎神分田四反　次郎神主
卅一〻今吉御名一反大　神平次郎　卅二〻利助三反二月一日祭料田　次郎神
卅三〻助直方丸二反小　手　卅四〔〻脱〕司方丸一反半　四郎入道
卅五〻金丸方丸三反　源三郎入道　卅六〻合力三反　手

二里

一坪犬丸二反さうほく田　小長手　二〻金丸三反　検校三郎入道
三〻吉直方丸三反　さはら　四〻吉直三反　同人
五〻吉直三反　又太郎　六〻富永二反大　返田神主
七〻吉安二反祭料

此外可有注漏候、追可注進候、

右、偽後証、社家・地頭・公人同心、更不存私、応永六年注置処也、若此条偽申候者、
当社大明神御罰お各々身上可罷蒙候、仍取定如件、

応永六年己卯五月　日

案主（花押）

田所（花押）

録司代（花押）

宮介代紀右近三郎左衛門尉（花押）

大禰宜兼大宮司散位（大中臣）長房（花押）

〇五二〇　香取神畠検注取帳　〇香取大禰宜家文書

注進　（下総国香取郡）香取御神畠検注取帳事

大禰宜帳ハ永仁、録司代帳ハ文保、田所帳ハ建武、案主帳ハ正慶、合彼四帳応永六年ニ社家・地頭・公人寄合、為後証注置処也、

合

一坪吉千代私五反内　豊前房 五郎四郎 次郎三郎 女子二人

二坪吉千代私二反　同人

三坪行事禰宜私二反小　手

四坪吉安私二反　静覚法橋

五坪寺大　六郎次郎

六ゝ（坪、下同ジ）利助御名一反　民部大夫

七ゝ甲丸御名四反内二反 二反　次郎太郎 民部大夫

八ゝ甲丸御名一反内半 半　六郎次郎 大六四郎入道

九ゝ甲丸御名二反内一反 一反　別当 藤三郎入道

十ゝ目代私五反　手

十一ゝ司脇鷹神三反　ふくわう殿

十二ゝ吉安私二反内一反 一反　次郎太郎 民部大夫

十三ゝ行事禰宜私一反小　家内　手

十四ゝ同人私二反　手

十五ゝ吉安私三反　家内　手

十六ゝ脇鷹神一反　家内　五藤左衛門

十七〻司神二反　家内　大祝
十八〻犬丸大　十郎殿
十九〻司二反　孫太郎
廿〻金丸大　同人
廿一〻吉安私二反小　孫太郎
廿二〻司一反大寺（同郡）丁古地蔵堂免　平太四郎入道
廿三〻司寺一反（同）大応寺　同人
廿四〻金丸一反小　同人
廿五〻金丸四反やまとのやしき　わういぬ殿
廿六〻司三反カイタ（返田）ノ田ノハタ　行事禰宜
廿七〻寺サヽハラノ寺 大応寺　一反内　ひやうへ入道 又六
廿八〻寺吉私三反　松山　五藤左衛門
廿九〻脇鷹神三反内　三川殿 さへもん三郎入道
卅〻同脇鷹神三反　西藤四郎
卅一〻御名二反　検校
卅二〻脇鷹神一反小　民部房 塙歟
卅三〻司二反　ふくわう殿

卅四〻司二反　彦三郎 ホツコメ
卅五〻上分三反　中四郎
卅六〻上分二反小　加賀房
卅七〻司二反　藤次三郎

二里

一坪御名二反　藤次三郎
二坪良二反トタサク　彦三郎
三坪御名一反小　民部次郎太郎
四〻司一反神　孫次郎マシキ
五〻司三反内一反 二反　六郎二郎 大六入道
六〻司三反　法願房
七〻司一反内　平四郎 しもつけ房

（同郡）吉原

一坪御名三反　わういぬ殿
二坪御名二反大内大ハ神　同人
三坪御名三反　十郎入道
四〻御名一反　同人

五〻司寺大　同人
六〻吉安私二反　同人
七〻司三反　検非違使いや三郎入道
八〻一反　同人
九〻甲丸五反　けんひいし
十〻甲丸一反小　六郎祝
十一〻吉千代私五反　同人
十二〻利助大　同人
十三〻吉安私二反　彦三郎
十四〻御名一反半　八郎次郎作
十五〻御名一反半　三郎次郎 宮前
十六〻司大　二郎太郎
十七〻御名三反　六郎祝
十八〻司一反　物忌
十九〻今吉小　六郎祝
廿〻今吉六十歩　六次作
廿一〻今吉一反小　六郎祝

廿二〻今吉半　手
廿三〻今吉一反　手
廿四〻今吉二反半　中次郎作
廿五〻司三反内一反半 一反半　彦三郎 物忌
廿六〻司大　六郎祝
廿七〻司二反　小三郎
廿八〻司一反　権次郎入道 けん丈
廿九〻御名三反　丁古殿
卅〻司二反　彦三郎
卅一〻御名二反　同人
卅二〻司二反　同人
卅三〻利助一反小　同人 いや三郎入道
卅四〻金丸二反　けんひいし
卅五〻利助一反小　同人
卅六〻良一反　同人
二里
一坪甲丸三反　又四郎

二坪甲丸二反　次郎太郎
三坪甲丸二反　家内　けんひいし
四〻御名大　同人
五〻御名三反　彦四郎殿
六〻甲丸一反大　坪なしと申
七〻良一反　二郎太郎
八〻御名私三反　六郎祝
九〻良二反　同人
十〻御名二反大　けんちやう
十一〻御名一丁　ふくわう殿
十二〻御名三反　権禰宜
十三〻御名一反　利助　同人
十四〻御名二反　又五郎入道
十五〻御名一反小　小中太作
十六〻御名一反　権禰宜
十七〻良一反　権禰宜四郎
（同郡）大畠村

一坪上分四反　御ハライ　権次郎祝
二坪金丸二反　右馬允入道
三坪司一反　同人
四〻御名二反　五郎検杖
五〻良大　同人
六〻金丸三反　文三郎祝
七〻金丸二反　いや三郎
。八〻在坪金丸一反　五郎検杖
八〻司上分二反　法連作いひさ、
九〻吉氏私七反内五反 二反　神子別当 たなかし平次郎作
十〻御名大　神子別当
十一〻司小内六十歩 六十歩　神子別当 たなかし平次郎作
十二〻金《カネ》丸三反　たなかし平次郎作
十三〻司大　同人
十四〻金丸一反　たなかし平二郎作
十五〻金丸一反　同人
十六〻司神二反　たなかし

十七〻司神三反　七郎殿
十八〻金丸一反　神子別当
十九〻金丸三反　大長手
廿〻節戸大　同人
廿一〻節戸大　三郎太郎作
廿二〻上分三反　四郎神主
廿三〻四郎神私五反　同人
廿四〻良二反　案主
廿五〻金丸三反神　同人
廿六〻御名三反　同人
廿七〻中長手私三反内二反小 大　小長手 判官代
廿八〻司神四反五月五日御菜田　小長手　判官代
廿九〻良一反大内ツホアリ司小次郎太郎入道　小長手 判官代 五郎三郎入道 四郎三郎 次郎太郎入道
卅〻司半 次郎太郎入道
卅一〻司一反五月五□〔日カ〕アフラメン　小長手
卅二〻司一反　次郎太郎入道
卅三〻金丸二反内一反 一反　いや五郎 判官代

卅四〻司一反　判官代
司大　六郎二郎
卅五〻録司代私一反小
卅六〻御名三反　土器
二里
一坪良一反小内大 大　六郎神 つはら三郎入道
二坪司小　平太太郎大夫
三〻司一反　同人
四〻司神二反　同人
五〻司二反内一反 一反　平太太郎大夫 神四郎
六〻司一反小　平太郎
七〻司神二反　五郎二郎入道
八〻司三反　唯願作
九〻御名三反　権祝
十〻御名二反　神二郎
十一〻金丸三反内小 二反大　権祝 彦さへもん
十二〻司小　同人

十三〔〻脱〕金丸五反内二反 小井土神
　　　　　　　　　　三反 中祝
十四〻御名大　中祝
十五〻七郎私三反　大和四郎さへもん殿
十六〻金丸六反内二反神 又五郎 三反大神主
　　　　　　　　一反 いや太郎
十七〻金丸二反内一反 いや太郎
　　　　　　　　一反 平所
十八〻金丸大　藤四郎後家
十九〻司上分二反内一反 平所
　　　　　　　　　一反 四郎太郎
廿〻司上分一反小　四郎大夫
廿一〻御名大　平所
廿二〻司二反　四郎太郎
廿三〻司二反　かち三郎太郎入道
廿四〻司二反小内一反 文八作 小 文三郎祝
　　　　　　　　二反 尼御前手
廿五〻司一反　小太郎入道
廿六〻司半　同人
廿七〻司三反日御子神　文三郎祝
廿八〻御名二反　式部房
廿九〻良大　同人

卅〻金丸大　同人
卅一〻司一反　平次郎
卅二〻司三反　唯心房
卅三〻司二反　同人
卅四〻金丸四反　三郎祝
卅五〻金丸二反　同人
卅六〻金丸二反　蔽〔弊〕所
三里
一坪司一反半　七郎太郎入道
二坪司三反　かめわう
三〻司二反　七郎太郎入道
四〻良二反　大神主
五〻御名二反内一反神　又四郎
六〻五郎丸六反　彦四郎《アウネ》殿
七〻御名二反　細工作
八〻良四反　中平神
九〻御名三反　禰宜四郎太郎

十〻御名四反　彦四郎
十一〻御名五反　さこんの次郎
十二〻御名長内三反　ひやく二郎
十三〻吉安私一反小　むかへのきし　同人
司大　同人
十四〻御名二反　ひやく二郎
十五〻御名小　四郎神
十六〻司一反大　同人
十七〻司三反小内一反大 一反大　七郎二郎入道 民部房
十八〻御名一反半　四郎神
十九〻中平神私一丁内三反 七反　四郎神 中平神
廿〻司三反内一反 二反　孫太郎ツ、ミ 彦三郎殿
廿一〻司一反内小 大　孫太郎 内紀二郎
廿二〻司一反　同人
廿三〻御名三反　彦三郎
司一反内半　孫太郎　半　かめわう
廿四〻司五反周防房跡　源二郎
廿五〻司四反内二反半 一反半　禰宜五郎祝 七郎二郎
廿六〻司二反小内一反六十歩 一反六十歩　大夫房 御手

廿七〻合力一反　五郎二郎
廿八〻司大　是心房
廿九〻司一反　禰宜五郎祝
卅〻禰宜四郎私三反内一反半 一反半　四郎二郎 飯竹又二郎
卅一〻司四反内三反 一反　大夫房 はなわ祝
卅二〻司大　大夫房家内
司一反　かう四郎入道
卅三〻司一反　同人
卅四〻司二反内半神　いや五郎
卅五〻司三反大　孫太郎ツ、ミ
卅六〻五郎丸五反内三反 二反　大夫房 はなわはうり

四里

一坪司一反小内　又二郎 二郎太郎
二坪司一反小内小 一反　いや太郎入道 かめわう太郎
三坪司一反大内大 半　二郎太郎 いや太郎入道　半　いや三郎入道
四〻御名二反　大夫二郎
五〻司御名二反　三郎二郎
六〻御名二反　四郎神

七〻御名大　禰宜五郎祝
八〻御名三反内大　いや四郎　一反六十歩　一反六十歩　平四郎入道
九〻司大　五郎三郎
十〻司一反六司代私
十一〻司二反　四郎五郎
十二〻司一反　かう四郎入道
十三〻司一反　四郎五郎
十四〻司二反　同人
十五〻御名二反　同人
十六〻御名二反　彦さへもん入道
十七〻御名二反　同人
十八〻御名二反　同人
十九〻御名二反　同人
廿〻御名二反　同人
廿一〻司一反　同人
廿二〻司二反　四郎五郎
廿三〻御名二反　平次五郎

廿四〻司一反　八郎次郎
廿五〻司二反　中平神
(同郡)新部
一坪金丸四反　乗連坊　式部房
二坪司二反　いや三郎
司小七郎太郎入道
三坪良五郎丸三反内一反半　一反半　弥平太　いや三郎
四〻録司代私三反　七郎太郎入道
司小　新三郎
五坪司三反　乗連房
六坪金丸二反　権介
七〻司一反　飯竹又二郎
八〻司小　三郎太郎
九〻司二反　内記兵衛二郎
十〻司小　同人
十一〻御名二反　同人
十二〻御名三反　同人
十三〻金丸二反　平五二郎入道
十四〻御名三反　平次太郎

十五〻金丸二反　平五二郎入道
十六〻司二反　ねき四郎作
十七〻司大　平五二郎入道
十八〻御名小　同人
（同郡）津宮《ホツカハ》
一坪御名五反　平太さへもん入道
二〻司御名二反　同人
三〻司御名二反　同人
四〻御名二反ツノミヤヨコスカ　検校五郎
五〻御名二反　き祝
六〻司三反内二反 五郎二郎 一反 かう四郎
七〻良三反　かう四郎
八〻良二反　同人
九〻良二反　正月入道
十〻御名三反　孫四郎
十一〻良二反　きはうり
十二〻御名二反　同人

十三〻御名三反　同人
十四〻良三反　四郎太郎
十五〻司二反　きはうり
十六〻御名三反　孫四郎
十七〻御名二反　あち内
十八〻司小　五郎二郎
十九〻良小　同人
廿〻御名二反　彦二郎
廿一〻良一反　同人
廿二〻司一反　岩井口飯竹又二郎
廿三〻司二反　三郎太郎
廿四〻司一反半　小二郎
廿五〻司一反　性厳房
廿六〻司大　同人
廿七〻安久三反　同人
廿八〻安久一反　三郎太郎
廿九〻司一反小　同人

卅〻司二反神　御手
卅一〻司大　同人
卅二〻良二反　平次五郎入道
卅三〻御名二反　同人
卅四〻御名二反　新三郎
卅五〻良大　同人
卅六〻司小　同人

二里

一坪司一反　孫四郎
二〻良二反大　平太さへもん入道
三〻司大　同人
四〻司大　同人
五〻安久三反内二反小大　民部アサリ 新三郎入道アト
六〻司小　新三郎入道
七〻司大　平次五郎入道
八〻金丸二反　四郎三郎 わたくし
九〻金丸二反　四郎太郎

十〻司一反小　八郎四郎
十一〻寺薬師堂三反　はなハ平次五郎入道
十二〻司大　同人
十三〻司一反　四郎三郎
十四〻実命二反古新堂サクシリ　平三太郎入道
十五〻実命二反　民部アサリ
十六〻寺大　新三郎入道
十七〻実命三反　手
十八〻寺大　新三郎入道
十九〻司大　同人
廿〻安久三反　民部阿サリ
廿一〻実命二反　同人
廿二〻○検非違使私三反内一反半一反半　けんひいし いひさゝの又二郎
廿三〻検非違使私二反　手
廿四〻藤四郎私一反　式部阿サリ
廿五〻安久三反　けんひいし
廿六〻検非違使私二反　手

廿七〻司大　同人
廿八〻実命二反　小二郎
廿九〻実命五反　四郎太郎
卅〻司一反　同人
卅一〻実命一反　平太さへもん入道
卅二〻司一反　四郎三郎
卅三〻安久二反赤馬　三郎太郎
卅四〻司二反　平次四郎

三里

一坪実命四反　平次四郎
二〻司大　平次三郎入道
三〻司一反　民部阿サリ
四〻司一反　平次四郎
司小　平次三郎入道

佐原村(同郡)

一坪司二反　彦太郎入道
二〻司二反　同人
三〻司二反　彦太郎入道

四〻司二反　次郎三郎入道
五〻司大　五郎大夫
六〻御名大ヒサ門堂免　二郎三郎入道
七〻司三反　同人
八〻司二反　彦太郎入道
九〻司二反　平次太郎
十〻司三反　さたし
十一〻御名二反　平次郎入道
十二〻御名二反　又四郎
十三〻御名一反小　平次太郎
十四〻御名二反内一反 一反　いや次郎 平次太郎
十五〻御名一反　六郎太郎
司大　さこんの次郎
十六〻司一反　さこんの次郎
十七〻司二反　六司代
十八〻御名大　同人
十九〻司三反　次郎太郎
廿〻司三反　六郎三郎入道

廿一〻司一反　平太郎
廿二〻司二反　同人
廿三〻司大内小小　平太郎次郎太郎
廿四〻岩同一反小　円明房
廿五〻岩同一反小　平太郎
廿六〻司一反大　同人
廿七〻司大神　六司代
廿八〻司二反　平太郎
廿九〻司二反　家内　平太郎
卅〻司小　又五郎かに
卅一〻岩同大司一反大内　大八　ねき　六司代
卅二〻御名二反　同人
卅三〻司二反　同人
卅四〻合力四反　佐原禰宜
卅五〻司小　佐原禰宜
二里
一坪司四反内二反二反　いや二郎案主　井土二八

二〻司一反　孫六
三〻合力二反　案主
四〻御名二反　民部房
五〻御名二反　手平太二郎タウシ
六〻司一反　又五郎
七〻御名二反　民部房
八〻御名二反　平次太郎
九〻御名二反　教道房
十〻御名二反　六司代
十一〻司二反　平太郎
十二〻御名三反　又太郎
十三〻司一反内半八御名半八司　又太郎けんへい四郎
十四〻司小　彦四郎
十五〻御名大　別当三郎
十六〻司三反　案主
十七〻司四反　同人
十八〻司四反　佐原禰宜

十九〻司三反　七郎五郎　案主
廿〻御名四反　司一反　いや太郎入道　同人孫四郎
廿一〻司一反　同人
廿二〻司二反　法仏作
廿三〻司二反　雑二郎作　けんちやう作
廿四〻司二反　同人
廿五〻司二反　中ねき
廿六〻司一反　ミあミ
(同郡)返田村
一坪司一反大　孫三郎　久方
二〻司御名二反　同人
三〻司三反内　二反 平三次郎　一反 孫三郎
四〻司一反　平三次郎
五〻司一反　次郎三郎
六〻司一反内　半八 孫二郎　半八 三郎五郎入道
七〻御名方丸一反　司　いや四郎　手

八〻司神二反一反半　藤次郎
九〻司神二反〻〻〻　同人
十〻方丸二反　西願
十一〻方丸二反　同人
十二〻方丸二反　小平太入道
十三〻司小　手
十四〻御名一反大　同人
十五〻方丸一反　手
十六〻方丸一反大　西願
十七〻司一反サクカシラ　平次郎
十八〻方丸大　いや三郎
十九〻司二反　いや三郎
廿〻司二反内　一反 六郎太郎入道　一反 七郎三郎入道
廿一〻御名二反　七郎三郎入道
廿二〻司大　同人
廿三〻司二反大内　七郎三郎入道　いや三郎
廿四〻方丸大　西願跡

廿五〻司二反　七郎三郎入道
廿六〻御名四反　浄教房あふね（相根）のうち
　返田新畠
司一反　カマカヘ　酒司
新一反　いや太郎　同　孫次郎
司　孫三郎　新司　いや太郎
司半　いや三郎　御名一反　小長手
司一反　六郎太郎　新御名　中四郎
新御名　小平太入道　御名　二郎太郎
新司　孫二郎　司　いや三郎入道
司一反　番匠作　新司　源三郎作
　（同郡）追野村
一坪六郎私三反　二〻良二反　新平入道作
三〻司大　同人　四〻良一反　彦太郎
五〻良一反大　平太郎　六〻御名四反　同人
七〻安久五反（五）　新藤三尼　八〻安久二反　手
九〻安久二反　中四郎　十〻安久御名二反　検校四郎

十一〻御名三反　油井検杖五郎　十二〻御名一反半　同人
十三〻御名一反　同人　十四〻良二反　福田殿
十五〻司大　新藤三尼　十六〻司半　彦太郎
　（同郡）宮本
一坪有木一反小　小次郎　二〻司小　同人
三〻司半　四郎太跡　四〻司大　花ヲリハタケ　性明房
五〻司半　浄道尼《アマ》　六〻司小　蓮門房
七〻司一反　同人　八〻司一反　新藤次神夫
九〻司一反　得善　十〻司三反　中太郎
十一〻司一反小　新藤次神夫　十二〻司一反小同人せい宮
十三〻司一反　長次郎神夫　十四〻司一反半　中三郎跡
十五〻一反小　きくわう殿　十六〻司二反　長太郎入道
十七〻司一反　小藤次神夫跡　十八〻司一反小　新藤神夫
十九〻司一反小　せい二郎作　いや平兵衛　廿〻司小　いや五郎
廿一〻司一反小　宮次郎跡　長次郎神夫　廿二〻司一反半　正判官代
廿三〻司大　同人　廿四〻犬丸一反小　牛若子
廿五〻犬丸二反　両家敷　廿六〻犬丸大　源二郎

廿七〻金丸二反小　別当作平次太郎　　廿八〻金丸三反　別当三郎
廿九〻金丸二反　同人　　卅〻犬丸三反　次郎太郎
卅一〻犬丸二反　いや源太　　卅二〻節戸二反　平次郎
卅三〔〻脱〕節戸二反　四郎次判官代　　卅四〻御名二反半四郎大夫（大井上）
卅五〻犬丸四反　伊与房　　卅六〻犬丸一反　源太

二里

一坪司一反　源太　　二〻司小　同人
三〻司一反　小平次　　四〻犬丸一反　同人
五〻犬丸四反　平次五郎　　六〻金丸一反小　物忌四郎太郎
七〻犬丸三反　平三郎　　八〻犬丸二反　同人
九〻利助五反　手　　十〻司二反　源大夫入道
十一〻司二反　同人　　十二〻司半　案主次作
十三〻司半　小藤次神夫　　十四〻司小　せい三
十五〻司四升　孫七郎　　十六〻司小　孫太郎
十七〻司二反　彦四郎　　十八〻司一反　同人
十九〻司三反　彦七郎　　廿〻司一反　孫太郎
此外可有注漏候、追可注進候、

右、為後証、社家・地頭・公人同心、更不存私、応永六年
注置処也、若此条偽申候者、
当社大明神御罰お各々身上可罷蒙候、仍取定如件、
応永六年己卯五月　日
案　主（花押）
田　所（花押）
（慶海）録司代（花押）
宮介代紀右近三郎左衛門尉（花押）
大禰宜兼大宮司散位（大中臣）長房（花押）

○五二一　春慶塗木筥墨書銘　○栃木県日光市二荒山神社蔵

（蓋表）敬白奉施入（下野国都賀郡）中禅寺権現御宝前
（箱左側）応永第六林鐘（六月）一日施主金剛仏子貞禅敬書
（箱右側）日本紀三巻　并麗気十八巻納
次神系図一巻

○五二二　若宮社鰐口銘　○静岡県下田市八幡神社蔵

□（施ヵ）下田村（伊豆国賀茂郡）若宮鰐口一ケ　平良盛　敬
奉
入　応永六己卯林鐘（六月）一日　大願主　白

○五二三　畠山徳元（基国）施行状案　○醍醐寺文書二〇函

施行
伊豆山（走湯山、伊豆国田方郡）密厳院別当職付寺院等・同関東寺領等事、所被進御書
也、被沙汰付三宝院法印（満済）雑掌候之様、厳密可有申沙汰之由、
所被仰下也、仍執達如件、
応永六年六月六日　沙弥（畠山徳元、基国）在判
上杉中務少輔（禅助、朝宗）入道殿

○五二四　畠山徳元（基国）施行状　○尊経閣文庫所蔵古文書纂

竜寿山（遠江国）永安寺領遠江国日吉本免内田畠在家・山河両新免内
田地并野部郷内山香田畠在家等事、早任去年二月廿七日安
堵、可被沙汰付之由、所被仰下也、仍執達如件、
応永六年六月九日　沙弥（畠山徳元、基国）（花押）
今河右衛門佐（仲高、仲秋）入道殿

○五二五　畠山徳元（基国）施行状　○美吉文書

摂津掃部頭能秀所領駿河国益頭庄与富永五郎左衛門尉資良
所領小沼郷（駿河国益頭郡）堺相論事、請文披見畢、如所執進代官法清請文
起請詞載之、者、限古道至浜通益頭内云々、次今相論湊口亦依為
益頭内先年互無異論之由、同載請文畢、此上者不日可被沙
汰付能秀代之由、所被仰下也、仍執達如件、
応永六年六月十三日　沙弥（畠山徳元、基国）（花押）
今河上総（法高、泰範）入道殿

○五二六　帆別銭下行状　○金沢文庫文書

帆別銭下行帳
応永三年三月　始之、
廿貫文　榑二千五百文　三月

廿三貫百文　榑三千支　四月廿三日
二貫六百文　橋ケタノ料足平馬へ遣之、
四百八十文　鍬三口　カノ河（神奈）ヨリ四月□日
五貫七百文　鍬三十八口　五月廿日
（武蔵国久良岐郡）
百十五文　アサヲ　カノ河ヨリ
　　已上応永三年
八貫文　榑千支　応永五年七月五日
七貫五百文　五六　五十丁　同日
五貫文　戸板二百七十五枚　同日
七貫文　五六　応永六年六月廿一日

○五二七　鶴岡八幡宮執行倫瑜書下案写　○「鶴岡事書日記」応永六年六月条

盆料事、一口分佐坪（上総国埴生郡）二駄・一野（同）一駄宛、来月十日以前可進上候也、次夏麦銭事、先立五月廿日已前可致沙汰之由、落居之処、于今延引不思議次第也、於向後者、約束月両日者、（過脱カ）以一倍可致沙汰之由、堅百姓等可被申含之状如件、

応永六年六月廿三日　法印（座心坊倫瑜）在判
佐坪政所殿（岩名手光阿）

○五二八　足利満兼書状　○長楽寺所蔵金光寺文書

（封上書）「到来応永六九十五日
鎌倉殿（足利満兼）御返事　」
（封上書）「遊行上人（尊観）　満兼（足利）」
去年悲歎事、（応永五年、足利氏満没）難述言語次第候、就之如此承候之条、難申尽候、恐惶敬白、
六月廿四日　満兼（花押）
遊行上人

○五二九　宍戸希宗（基宗）売券写　○一木文書

依有要用売渡所事
合直銭参拾五貫文
右件所者、完（宍）戸庄（常陸国）内山尾郷内手越村事、永代を限売渡申所正実也、いかなる子共親類中ニ茂、此所ニ違乱煩等致ハ、

身の不孝たるへし、其旨公方ぇ申、可者（ママ）罪科候、仍為後日
証文如件、
応永六年己卯六月廿四日
沙弥希宗（宍戸基宗）（花押影）
完（宍）戸一木殿（基里）

〇「続常陸遺文」二所収一木文書は、同月二十五日付とする。

〇五三〇　某寄進状写　〇山梨県立図書館所蔵「寺記」二三

奉寄進　柏尾山大善寺（甲斐国山梨子郡）
右在所甲斐国宇多田郷（同郡）之内、経田四段、三昧四段、限永代
奉寄進者也、不可有子々孫々違乱候、仍寄進状如件、
応永六年六月廿七日　誰人共不知　判

〇五三一　足利満兼御教書案　〇内閣文庫所蔵大乗院文書　寺門事条々聞書

奉天命討暴乱、将令鎮国安民、最前馳参而致忠節者、可抽
賞之状如件、
応永六年七月廿（十カ）五日　源朝臣（足利満兼）　判
南都衆徒御中（興福寺、大和国奈良）
表書云、南都衆徒御中　満兼（足利）

〇五三二　鶴岡八幡宮執行倫瑜補任状案写　〇「鶴岡事書日記」応永六年七月条

当村白山神宮寺免田等伊豆阿闍梨定信跡事
無之（主脱カ）間、被成公物了、当年々貢、急速可被取進之状如件、
応永六年七月廿五日　法印（倫瑜）在判
佐坪政所殿（上総国埴生郡）（岩名手光阿）

○五三三　下総国津宮・佐原両村司早田検注取帳

○香取録司代家文書

（端裏書）
「津宮（下総国香取郡）・佐原（同）両村司早田検注取帳」

注進元応二年庚申七月廿三（五カ）日香取司早田名寄の事

津宮

二升　平二五郎　　四升　四郎田中三郎　　一斗一升　中三郎入道
三斗八升　内山余三入道殿　　八升　孫二郎　　二升　行念房
九升　き祝　　一斗一升　藤二五郎入道　　四升　検非違使
□升　性厳房　　一斗七升　藤三郎　　五升　平太左衛門
□斗九升　能入道　　一斗二升　弥太郎　　一斗八升　平三大郎入道

佐原

二升　四郎大郎　　一斗九升　ねき　　一升　次郎大郎
□斗八升　六郎三郎　　四升　三郎四郎　　一斗八升　平大郎
五升　源太祝　　六升　民部房しのハら　　一升　弥大郎
□升　刑部房　　二升　四郎三郎　　四升　検校
二升　左近入道　　以上籾弐百石四斗五升者、両村之分、

先之年号元応二年庚申、応永六年七月己卯廿八日書写畢、

案　主（花押）

応　永　六　年　七　月

田　所（花押）
録司代〔慶海〕（花押）

○五三四　香取社九月祭机帳写　○香取分飯司家文書

（端裏書）「毎年九月御祭机帳」
注進　永仁六年戊戌九月十日午日御祭机帳事
　合在聴〔庁〕前机
金丸　三立一前社家勤、吉直名　二立一前　行一坊勤、
二立一前　利助手、二立一前　安久手、
二立一前　副祝名法蓮房勤、六郎殿ヲリワタ　新平三名二立一前ヲリワタ別当大郎入道
中禰宜名　二立一前藤三郎入道勤、金王名　二立一前
五郎四郎入道勤、ヲリワタ　録司代名　小机六前　弥次郎勤、ツハラ
田冷名　小机六前　平次郎勤、タナカシ　助道名　小机五前　小野
三位勤、永吉名　小机三前　平三大郎勤、ツナハラ　津宮検非違使
小机三前、甲丸検非違使　小机三前、為里名長　ヒチヤ
小机三前
延成名ミやかさき入道殿小机六前、ヲリワタノ　弥三郎入道勤
分飯司名　小机五前　多田さた人　平太入道勤
仁藤祝○名〔祝〕　小机三前真藤名六郎祝小机三前、ミの、女子ノ御方五郎六郎机六前、
倉目代　小机三前ヲリワタニ二人ノ勤、
御袖田冷　大瓶一、瓶子三、津宮平三入道勤、大瓶一、瓶
子四、
行事禰宜　大瓶一、瓶子四、副祝名　大瓶一、瓶子四
　法蓮房勤、
永仁六年ノ帳ヲ応永六年己卯七月日、書写畢、
　田所藤井義観（花押）

○五三五　鶴岡八幡宮執行倫瑜書下案写　○「鶴岡事書日記」応永六年八月条

当郷女子分頓学坊〔珍誉〕分屋敷号法花垣内事、云分田張〔帳〕、云当知行、
無相違之処、異乱之由有其聞、何様篇候哉、事実者、不

可然次第也、所詮来十五日已前可被明申之状如件、

応永六年八月五日　法印（座心坊倫瑜）在判

佐々目郷（武蔵国足立郡）政所殿（中祥）

○五三六　鶴岡八幡宮執行倫瑜書下案写　○「鶴岡事書日記」応永六年八月条

去月廿七日注進披見了、
仍就社家（弘賢）御沙汰令申之処、以府中（衆）注進可申之旨、管領（上杉禅助、朝宗）御意
候也、急速可執進、努々不可有緩怠之儀之状如件、

応永六年八月十一日　法印（座心坊倫瑜）在判

佐々目（武蔵国足立郡）政所殿（中祥）

○五三七　賢吽寄進状　○円福寺文書

寄進
下総国大方郡今里郷円福寺灌頂道具目録在別事
右、賢吽開山於当寺為真言道場、仍灌頂道具悉以令寄進畢、
自今已後諸弟子等、以当寺為本寺而、仏事等可令勤行者也、
於件道具等者、尽未来際為当寺之常住物而、更不可有他之
綺、若於異乱之弟子分者、永可為勘気之仁也、仍寄進状如
件、

応永六年己卯八月廿一日　賢吽（花押）

○五三八　賢吽寄進道具目録　○円福寺文書

下総国大方郡円福寺寄進道具目録
八種道具　両界曼荼羅二鋪
四摂幡四流　柱幡八流　庭幡十六流
壁代三方　縵一帖　柄香呂一　如意一
天蓋一　白蓋一　赤蓋一　磬台一
戎体箱　居箱　香呂箱　五瓶六　羯磨四　輪一
台十　打敷三　水引三　敷曼荼羅二枚
草座一　縄一　散花覆　八祖　十二天
玉幡二流　高座　高机三前

応永六年己卯八月廿一日　賢吽（花押）

（異筆）「追加　皆水精念珠　切閼伽　万字火舎」

○五三九　足利満貞書下　○『和の史思文閣古資料目録』二四三号

陸奥国石川庄内沢井郷、同国依上保内鮎河上中両郷、同国高野北郷内大多和・深渡戸・沼沢参ヶ村以下事、為料所々被預置也、於有限御年貢者、可致其沙汰之状如件、

応永六年八月廿八日　(足利満貞)(花押)

結城(小峰満政)参河七郎殿

○五四〇　足利満兼書状　○醍醐寺文書二六函

三宝院(醍醐寺、山城国宇治郡)(満済)雑掌申、伊豆国走湯山(田方郡)別当職付寺院并寺領以下事、任被仰下之旨、令致沙汰之処、若宮社(鶴岡八幡宮、相模国鎌倉)務僧正(弘賢)坊代如支申者、当職拝任之後、已及卅余年、知行無相違候、以何篇可被改動哉之由、捧文書歎申候之間、無左右難遵行之由、可令申沙汰候、謹言、

応永六年九月五日　満兼(足利)(花押)

右衛門佐入道殿(畠山徳元、基国)

○五四一　正福寺新熊野社鰐口銘　○栃木県那須郡那須町 正福寺所蔵

敬白新熊野鰐口　下野国那須上庄伊王野丹渡度

本願　栄尊

大旦那熊久保八郎　大工彦太郎　応永六年巳卯九月九日

○五四二　上杉長基(憲定)書下　○三嶋大社文書

伊豆国(田方郡)三島宮中犯過人事、於謀叛人者、不憚在所、可有其沙汰、至殺害人并盗賊以下者、任旧規相触社家、可召渡其身於守護所之由、所令下知代官也、可被存其旨之状如件、

応永六年九月十三日　沙弥(上杉長基、憲定)(花押)

三島宮伊豆守(盛平)殿

○五四三　富田聖初外宮神宝料足請取状案　○金沢文庫文書

納

外宮(伊勢国度会郡)神宝料足之事

合三貫百卅八文者、分田十五町六段三百三十歩分、此外十石八幡田在之、

右、為天羽郡(上総国)佐貫郷南方沙汰、所納之状如件、

応永六年九月十八日

富田 聖初 在判

○五四四　畠山徳元(基国)施行状　○宝鏡寺文書

遠江国柴村(浅羽荘)・東手山香内宇奈村・石野郷・貫名郷内平六名・浅羽庄地頭職等事、早任御書之旨、可被沙汰付御料所御代官之由、所被仰下也、仍執達如件、

応永六年九月十八日　沙弥(畠山徳元、基国)（花押）

今河伊予入道殿(了俊、貞世)

○五四五　畠山徳元(基国)施行状　○宝鏡寺文書

遠江国西手山香内裏鹿村・豊永御厨内々野郷・小松郷・祝田郷等事、早任御教書之旨、可被沙汰付御料所御代官之由、所被仰下也、仍執達如件、

応永六年九月十八日　沙弥(畠山徳元、基国)（花押）

今河右衛門佐入道殿(仲高、仲秋)

○五四六　今川了俊(貞世)遵行状　○滋賀県立琵琶湖博物館所蔵大谷雅彦氏旧蔵文書

東寺(山城国京都)領遠江国原田庄内細谷郷領家職事、任当知行之旨、可被沙汰付下地於寺家代、更不可有其煩之状如件、

応永六年九月十八日　沙弥(今川了俊、貞世)（花押）

周防安芸入道殿

○五四七　大使某役夫工米請取状案　○金沢文庫文書

納造外宮(伊勢国度会郡)料勘落方役夫工米事

合伍貫文者、　直納

右、上総国天羽郡佐貫郷南方金沢(称名寺、武蔵国六浦荘)領弁、且所納如件、

応永六年九月廿六日　大使在判

○五四八　今川法高(泰範)書下　○駿河伊達文書

駿河国入江庄内委文欅田方事

右、為本知行分内之間、所宛行之状如件、

応永六年九月廿六日

沙弥（今川法高、泰範）（花押）

伊達左近（範宗）将監殿

○五四九　今川家奉行人連署奉書　○駿河伊達文書

（端裏書）「委（文）□櫟田□（方）御施□（行）」

伊達左近将監範宗申入江庄（駿河国）之内委文櫟田方事、今月廿六日任御判之旨、可被沙汰付下地於範宗代之由所候也、、仍執達如件、

応永六年九月廿六日

泰光（花押）

法宗（花押）

御目代殿

○五五〇　上杉禅助（朝宗）奉書写　○「新編武蔵国風土記」二〇八

鳩井美濃三郎入道浄景申、武蔵国埼（崎）西郡栢間郷内政所・石程島・沼尻三ヶ村事、可有其御沙汰、不日可常使之状、依仰執達如件、

応永六年九月廿九日沙弥（上杉禅助、朝宗）

○埼玉郡一〇栢間村項。本文書、「新編武蔵国風土記」の本文にある。「華押アリ」とする。

○五五一　香取神畠検注取帳　○香取案主家文書

注進　（下総国香取郡）香取御神畠検注取帳事

大禰宜帳ハ永仁、録司代帳ハ文保、田所帳ハ建武、（案）安主帳ハ正慶、合彼四帳、応永六年ニ社家・地頭・公人寄合、為後

証注置処也、

合一坪吉千代私五反内　豊前房五郎四郎 次郎三郎女子二人　　二坪吉千代私二反　同人

三坪行事禰宜私二反小　手　　四坪吉安私二反　静覚法橋

五坪寺大　六郎次郎　　六坪利助御名一反　民部大夫

七坪甲丸御名四反内二反 二反　次郎太郎 □　　□　□

九坪甲丸御名二反内一反 一反　□□ 藤三郎入道　　十（坪、下同ジ）ゝ目代私二□（反カ）□　□

十一ゝ司脇鷹神三反　ふくわう殿　　十二ゝ吉安私二反内一反 一反　次郎太郎 民部大夫

十三ゝ行事禰宜私一反小　家内手　　十四ゝ　同人私二反

十五ゝ吉安私三反　家内　手　　十六ゝ脇鷹神一反家内　五藤 左衛門

十七ゝ司神二反　家内　大祝　　十八ゝ犬丸大　十郎殿

十九ゝ司二反　孫大郎　　廿ゝ　金丸大　同人

廿一ゝ吉安私二反小（同郡）大応寺　孫大郎　　廿二ゝ司一反大寺（同郡）丁古地蔵堂免　平太四郎入道

廿三ゝ司寺一反　同人　　廿四ゝ金丸一反小　同人

応永六年九月

廿五〻金丸四反　やもとのやしき　わういぬ殿
廿七〻寺サ、ハラノ寺 大応寺 一反内　ひやうへ入道　又六
廿九〻脇鷹神三反内　三川殿　左衛門三郎入道
卅一〻御名二反　検校
卅三〻司二反　ふくわう殿 塙歟
卅五〻上分三反　中四郎
卅七〻司二反　藤次三郎

二里

一坪御名二反　藤次三郎
三坪御名一反小　民部次郎大郎
五〻司三反内 一反 二反　六郎二郎　大六入道
七〻司一反内　平四郎　しもつけ房

（同郡）吉原

一坪御名三反　わういぬ殿
三坪御名三反　十郎入道
五〻司寺大　同人
七〻司三反　検非違使いや三郎入道

廿六〻司三反　カイコメノ田ノハタ　行事禰宜
廿八〻寺吉私三反　松山 五藤左衛門
卅〻同脇鷹神三反　西藤四郎
卅二〻脇鷹神一反小　民部房 ホツコメ
卅四〻司二反　彦三郎
卅六〻上分二反小　加賀房

二坪良二反□　□
四〻司一反神　孫次郎マシキ
六〻司三反　法願房
二坪御名二反大内大八神　同人
四〻御名一反　同人
六〻吉安私二反　同人
八〻一反　同人

九〻甲丸五反　けんひいし
十一〻吉千代私五反　同人
十三〻吉安私二反　彦三郎
十五〻御名一反半　三郎次郎
十七〻御名三反　六郎祝
十九〻今吉小　六郎祝
廿一〻今吉一反小　六郎祝
廿三〻今吉一反　手
廿五〻司三反内一反 一反　半彦三郎 半物忌
廿七〻司二反　小三郎
廿九〻御名三反　けんま 丁古殿
卅一〻御名二反　同人
卅三〻利助一反小　同人
卅五〻利助一反小　同人

二里

一坪甲丸三反　又四郎
三坪甲丸二反　家内　けんひいし

十〻甲丸一反小　六郎祝
十二〻利助大　同人
十四〻御名一反半　八郎次郎作
十六〻司大　宮前 二郎大郎
十八〻司一反　物忌
廿〻今吉六十歩　六次作
廿二〻今吉□　□
廿四〻今吉二反半□　□
廿六〻司大　六郎祝
廿八〻司一反　権次郎入道
卅〻司二反　彦三郎
卅二〻司二反　同人
卅四〻金丸二反　いや三郎入道 けんひいし
卅六〻良一反　同人
二坪甲丸二反　次郎大郎
四〻御名大　同人

五〻御名三反　彦四郎殿
七〻良一反　二郎大郎
九〻良二反　同人
十一〻御名一丁　ふくわう殿
十三〻御名一反　利助　同人
十五〻御名一反小　小四太作
（同郡）大畠村　サハラ
一坪上分四反　権次郎祝
三坪司一反　同人
五〻良大　同人
七〻金丸二反　いや三郎
八〻司上分二反　法連作いひさこ
十〻御名大　神子別当
十二〻金丸三反　たなかし平次郎作
十四〻金丸一反　田冷平二郎作
十六〻司神二反　田冷
十八〻金丸一反　神子別当

六〻甲丸一反大坪なしと申
八〻御名私三反　六郎祝
十〻御名二反大　けんちやう
十二〻御名三反　権禰宜
十四〻御名二反　又五郎入道
十六〻良一反　権禰宜四郎
二坪金丸二反　右馬允入道
四〻御名二反　五郎検杖
六〻金丸三反　文三郎祝
八〻不一坪金丸一反　五郎検杖
九〻吉氏私七反内五反二反　神子別当　田冷平次郎作
十一〻司小内六十歩六十歩　神子別当　たなかし平次郎作
十三〻司大　同人
十五〻　金丸一反　同人
十七〻司神三反　七郎殿
十九〻金丸三反　大長手

廿〻節戸大　同人
廿二〻上分三反　四郎神主
廿四〻良二反　案主
廿六〻御名三反　同人
廿八〻司神四反五月五日御菜田　小長手判官代
卅〻司半ツホアリ司　小次郎大郎入道 次郎大郎入道
卅二〻司一反　次郎大郎入道
卅四〻司一反　判官代
卅五〻録司代私一反小

二里

一坪良一反小内大 大　六郎神 御くら三郎入道
三坪司一反　同人
五〻司二反内一反 一反　平太大郎大夫 神□郎
七〻司神二反　五郎二郎入道
九〻御名三反　権祝
十一〻金丸三反内小 二反大　権祝 彦さへもん
十三〻金丸五反内二反 三反　小井土神 中祝

応永六年九月

廿一〻節戸大　三郎大郎作
廿三〻四郎神私五反　同人
廿五〻金丸三反神　同人
廿七〻中長手私三反内二反小 大　小長手 判官代
廿九〻良一反大内小　長手判官代五郎三郎
卅一〻司一反　小長□
卅三〻金丸二反内一反 一反　いや五郎 判官代
司大　六郎二郎
卅六御名三反　土器
二坪司小　平太大郎大夫
四〻司神二反　同人
六〻司一反小　平大郎
八〻司三反　唯願作
十〻御名二反　神二郎
十二〻司小　同人
十四〻御名大　中祝

十五ゝ七郎私三反　大和四郎さへもん
十七ゝ金丸二反内一反 一反　いや大郎 平所
十九ゝ司上分二反内一反 一反　平所 四郎大郎
廿一ゝ御名大　平所
廿三ゝ司二反　かち三郎大郎入道
廿五ゝ司一反小 日御子神　大郎入道
廿七ゝ司三反　文三郎祝
廿九ゝ良大　同人
卅一ゝ司一反　平次郎
卅三ゝ司二反　同人
卅五ゝ金丸二反　同人

三里

一坪司一反半　七郎大郎入道
四ゝ良三反　大神主《アウネ》
六ゝ五郎丸六反　彦四郎殿
八ゝ良四反　中平神
十ゝ御名四反　彦四郎

十六ゝ金丸六反内二反 一反　神又五郎 いや大郎　三反大神主
十八ゝ金丸大　藤四郎後家
廿ゝ司上分一反小　四郎大夫
廿二ゝ司二反　四郎大郎
廿四ゝ二反小内一反□　□尼御前三郎
廿六ゝ司半　同人
廿八ゝ御名二反　式部房
卅ゝ金丸大　同人
卅二ゝ司三反　唯心房
卅四〔ゝ脱〕金丸四反　三郎祝
卅六ゝ金丸二反　蔽〔弊〕所
二坪司三反　かめわう
五ゝ御名二反内一反神　又四郎
七ゝ御名二反　細工作
九ゝ御名三反　禰宜四郎大郎
十一ゝ御名五反　さこん二郎

十二〻御名長内三反　ひやうへ二郎
十四〻御名二反　ひやうへ二郎
十六〻司一反大　同人
十八〻御名一反半　四郎神
廿〻司三反内一反／二反　孫大郎ツ、ミ／彦三郎殿
廿二〻司一反　同人
司一反内　半孫大郎　半かめわう
廿四々司五反　周防房跡源二郎
廿六〻司二反小内一反六十歩／一反六十歩　大夫房／御手
廿八〻司大　是心房
卅〻禰宜四郎禰〔祝カ〕三反内一反半／一反半　四郎二郎／飯竹又二郎
卅二〻司一反／司大　かう四郎入道／大夫房家内
卅四〻司二反内半神　いや五郎
卅六〻五郎丸五反内三反／二反　大夫房／はなわ祝
四里
一坪司一反小内　又二郎／二郎大郎
三坪司一反大内大／半　二郎大郎／いや大郎入道　半弥三郎入道

十三〻吉安私一反小司大　むかへのさし／同人
十五〻御名小　四郎神
十七〻司三反小内一反大　七郎二郎
十九〻中平神私一丁内〔　〕七反　〔　〕中平□□
廿一〻司一反内小／大　孫大郎／内記二郎
廿三〻御名三反　彦三郎
廿五〻司四反内二反半／一反半　禰宜五郎祝／七郎二郎
廿七〻司合力一反　五郎二郎
廿九〻司一反　禰宜五郎祝
卅一〻司四反内三反／一反　大夫房／はなわ祝
卅三〻司一反　同人
卅五〻司三反大　孫大郎ツ、ミ
二坪司一反小内小／一反　いや大郎入道／かめわう大郎
四〻御名二反　大夫二郎

五〻司御名二反　三郎二郎
七〻御名大　禰宜五郎祝
九〻司大　五郎三郎
十一〻司二反　四郎五郎
十三〻司一反　四郎五郎
十五〻御名二反　同人
十七〻御名二反　同人
十九〻御名二反　同人
廿一〻司一反　同人
廿三〻御名二反　平次五郎
廿五〻司二反　中平神
(同郡)相根
一坪司　小石丸　五反
三〻司智成房 小石丸同人一反小　二反
五〻司平三大郎　三反
七〻司別当大郎作 彦二郎　二反
九〻司同人同人　二反 二反

六〻御名二反　四郎神
八〻御名三反内大 一反六十歩　いや四郎 平四郎入道 一反六十歩
十〻司一反　六司代私
十二〻司一反　か四郎入道
十四〻司二反　同人
十六〻御名二反　彦さへもん入道
十八〻御名二反　同人
廿〻御名二反　同人
廿二〻司二反　四郎五郎
廿四〻司一反　八郎次郎
二〻司権三郎　五反
四〻六五大郎作 智性房三反
六〻司中次郎入道　二反小
八〻司同人弥五郎 カチ　二反
十〔〻脱〕小石丸新僧房作 又大郎 二反又大郎

〔十一ゝ、十二ゝ脱カ〕
十三ゝ司同人又大郎　一反小
十五ゝ御名六郎大郎　二反
十七ゝ司二平三入道　一反
十九ゝ司同人　小
廿一ゝ司同人司同人小　二反
廿五ゝ司中二郎入道　二反
廿七ゝ司同人　三反
廿九ゝ司丹二郎　一反
卅一ゝ司弥五郎ヌマタ　一反大
卅三ゝ小石丸大夫五郎弥五郎作
卅六ゝ司　検藤次　小
二里
一坪教円房御名　一反
三ゝ御名記平次大郎千さい御前　五反
五ゝ司聞善　大
七ゝ小石丸教明房　半
九ゝ司酒司私教明房　二反

十四ゝ司同人
十六ゝ司長平作中次郎入道二反小
十八ゝ司教明房作
廿ゝ司左弥五郎下野三郎　三反
廿四ゝ御名同人　一反小
廿六ゝ司二反　同人
廿八ゝ司同人六五入道　二反
卅ゝ司あら二郎　一反小
卅二ゝ御名中平作弥三郎二反
卅四ゝ小石丸　四反内きて平四郎大
二ゝ司権三郎中平太作　三反弥三郎
四ゝ小石丸行証房作六五又大郎　二反
六ゝ小石丸権三郎作　中平太安□半
八ゝ小石丸平太ムカイノヤトコロ　二反
十ゝ司同人

応永六年九月

十一ゝ司平次大郎　二《ウシ》反
十三ゝ司同人　一反小
十五ゝ司黒太四郎　一反大
十七ゝ同人　小石丸平四郎　二反小
(同郡)新部
一坪金丸四反　乗連坊
けう房
三坪司小七郎大郎入道一反半　弥平太
良五郎丸三反内　一反半　いや三郎
司小新三郎
五坪司三反　乗連房
七ゝ司一反　飯竹又二郎
八ゝ司小　三郎大郎
十ゝ司小　同人
十二ゝ御名三反　同人
十四ゝ御名三反　平次大郎
十六ゝ司二反　ねき四郎作
十八ゝ御名小　同人
(同郡)津宮

十二ゝ小石丸　教明房　一反
十四ゝ司小石丸平四郎　一反小
十六ゝ小石丸黒太四郎　二反
二坪司二反　いや三郎
四ゝ録司代私三反　七郎大郎入道
六坪金丸二反　権介
八ゝ司小　三郎大郎
九ゝ司二反　内記兵衛二郎
十一ゝ御名二反　同人
十三ゝ金丸二反　平五二郎□
十五ゝ金丸二反　平□(五カ)□
十七ゝ司大　平五二郎入道

一坪《ホツカハ》　御名五反　平太さへもん入道
三ゝ司御名二反　同人
五ゝ御名二反　き祝
七ゝ良三反　かう四郎
九ゝ良二反　正月入道
十一ゝ良二反　きはうり
十三ゝ御名三反　同人
十五ゝ司二反　きはうり
十七ゝ御名二反　あち内
十九ゝ良小　同人
廿一ゝ良一反　同人
廿三ゝ司二反　三郎大郎
廿五ゝ司一反　性厳房
廿七ゝ安久三反　同人
廿九ゝ司一反小　同人
卅一ゝ司大　同人

二ゝ司御名二反　同人
四ゝ御名二反　検校五郎《ツノミヤヨコスカ》
六ゝ司三反内二反一反　五郎二郎かう四郎
八ゝ良二反　同人
十ゝ御名三反　孫四郎
十二ゝ御名二反　同人
十四ゝ良三反　四郎大郎
十六ゝ御名三反　孫四郎
十八ゝ司小　五郎二郎
廿ゝ御名二反　彦二郎
廿二ゝ司一反　岩井口飯竹又二郎
廿四ゝ司一反半　小二郎
廿六ゝ司大　同人
廿八ゝ安久一反　三郎大郎
卅ゝ司二反神　御手
卅二ゝ良二反　平次五郎入道

卌三〻御名二反　同人
卌五〻良大　同人
二里
一坪司一反　孫四郎
三〻司大　同人
五〻安久三反内二反小 大　民部アサリ 新三郎入道跡
七〻司大　平次五郎入道
九〻金丸二反　四郎大郎　わたハし
十一〻寺薬師堂三反　はなハ 平次五郎入道
十三〻司一反　四郎三郎
十五〻実命二反　民部アサリ
十七〻実命三反　手
十九〻司大　同人
廿一〻実命二反　同人
廿三〻検非違使私二反　手
廿五〻安久三反　けんひいし
廿七〻司大　同人

卌四〻御名二反　新三郎
卌六〻司小　同人
二坪良二反大　平太さへもん入道
四〻司大　同人
六〻司小　新三郎入道
八〻金丸二反　四郎三郎
十〻司一反小　八郎四郎
十二〻司大　同人
十四〻実命二反古新堂サクシリ　平三大郎入道
十六〻寺大　新三郎入道
十八〻寺大　新三郎入□〔道カ〕
廿〻安久　民□□□〔部阿カ〕
廿二〻検非違使私三反内一反半 一反半　けんひいし い、さこの 又二郎
廿四〻藤四郎私一反　式部阿サリ
廿六〻検非違使私二反　手
廿八〻実命二反　小二郎

廿九〻実命五反	四郎大郎	卅〻司一反	同人
卅一〻実命一反	平太さへもん	卅二〻司一反	四郎三郎
卅三〻安久二反	赤馬 三郎大郎	卅四〻司二反	平次四郎
三里			
一坪実命四反	平次四郎	二〻司大	平次三郎入道
三〻司一反	〔部脱〕民アサリ	四〻司	平次四郎
司小	平次三郎入道		
(同郡)佐原村			
一坪司二反	彦大郎入道	二〻司二反	同人
三〻司二反	彦大郎入道	四〻司二反	次郎三郎入道
五〻司大	五郎大夫	六〻御名大 ヒサ門堂免	二郎さへ□□
七〻司三反	同人	八〻司二反	彦大郎□
九〻司二反	平次大郎	十〻司三反	さたし
十一〻御名二反	平次郎入道	十二〻御名二反	又四郎
十三〻御名一反小	平次大郎	十四〻御名二反内一反 一反	いや二郎 平二郎
十五〻御名一反	六郎大郎	十六〻司一反 司大	さこん二郎 さこん二郎
十七〻司二反	六司代	十八〻御名大	同人

十九〻司三反　次郎大郎
廿〻司三反　六郎三郎入道
廿一〻司一反　平大郎
廿二〻司二反　同人
廿三〻司大内小 小　平大郎 次郎大郎
廿四〻岩同一反小　円明房
廿五〻岩同一反小　平大郎
廿六〻司一反大　同人
廿七〻司大神　六司代
廿八〻司二反　平大郎
廿九〔〻脱〕司二反　家内　平大郎
卅〻司小 司一反大ノ内大ハねき　又五郎　かに
卅一〻岩同大　六司代
卅二〻御名二反　同人
卅三〻司二反　同人
卅四〻合力四反　佐原禰宜
卅五〻司小　佐原禰宜

二里

一坪司四反内 二反 いや二郎 井土二八 二反 案主
二〻司一反　孫□□〔二カ〕
三〻合力二反　案主
四〻御名二反　民部房
五〻御名二反　手平太二郎
六〻司一反　又五郎 タウシ
七〻御名二反　民部房
八〻御名二反　平次大郎
九〻御名二反　教道房
十〻御名二反　六司代
十一〻司二反　平大郎
十二〻御名三反　又大郎
十三〻司七反内半ハ御名 半ハ司　又大郎 けんへい四郎
十四〻司小　彦四郎

十五〻御名大　別当三郎
十七〻司四反　同人
十九〻司三反　七郎五郎 案主
廿一〻司一反　同人
廿三〻司二反　雑二郎作 けんちやう作
廿五〻司二反　中ねき

（同郡）返田村

一坪司一反大　孫三郎久方
三〻司三反内二反 一反　平三次郎 孫三郎
五〻司一反　次郎三郎
七〻御名方丸一反　手
九〻司神二反　同人
十一〻方丸二反　同人
十三〻司小　手
十五〻方丸一反　手
十七〻司一反サクカシラ　平次郎
十八〻方丸大　いや三郎

十六〻司三反　案主
十八〻司四反　佐原禰宜
廿〻御名四反　いや大郎入道
司一反孫四郎
廿二〻司二反　法仏作
廿四〻司二反　同人
廿六〻司一反　ミあミ
二〻司御名二反　同人
四〻司一反　平三次郎
六〻司一反内半 半八□　□ 三郎五□
司いや四郎
八〻司一反半　藤次郎
十〻方丸二反　西願
十二〻方丸二反小　平太入道
十四〻御名一反大　同人
十六〻方丸一反大　西願
十九〻司二反　いや三郎

廿〻司二反内一反 一反　六郎大郎入道 七郎三郎入道
廿二〻司大　同人
廿四〻方丸大　西願跡
廿六〻御名四反　清教房相根ノ内

返田新畠

司一反カマカヘ　酒司
司　孫次郎
新司　いや大郎
御名一反　小長手
新御名　中四郎
御名　二郎大郎
司　いや三郎入道
新司　源三郎作

（同郡）追野村

一坪六郎私　三反
三〻司大　同人
五〻良一反大　平大郎

廿一〻御名二反　七郎三郎入道
廿三〻司二反大内　七郎三郎入道 いや三郎
廿五〻司二反　七郎三郎入道
新一反　いや大郎
司　孫三郎
司半　いや三郎
司一反　六郎大郎
新御名　小平太入道
新司　孫二郎
司一反　番匠作
二〻良二反　新平入道作
四〻良一反　彦大郎
六〻御名四反　同人

七〻安久五反　新藤三尼
九〻安久二反　中四郎
十一〻御名三反　油井検杖五郎
十三〻御名一反　同人
十五〻司大　新藤三尼
（同郡）宮本
一坪有木一反小　小次郎
三〻司半　四郎太跡
五〻司半　浄道尼
七〻司一反　同人
九〻司一反　得善
十一〻司一反小　新藤次神夫
十三〻司一反　長次六郎神夫
十五〻一反小　きくわう殿
十七〻司一反　小藤次神夫跡
十九〻司一反小　せい二郎作 いや平兵衛
廿一〻司一反小　宮次郎跡 長二郎神夫

八〻安久二反　手
十〻安久御名二反　検校四郎
十二〻御名一反半　同人
十四〻良二反　福田殿
十六〻司半　彦大郎
二〻司小　同人
四〻司大花□□　性□〔明カ〕
六〻司小　蓮門房
八〻司一反　新藤次神夫
十〻司三反　中大郎
十二〻司一反小　同人せい宮
十四〻司一反半　中三郎跡
十六〻司二反　長大郎入道
十八〻司一反小　新藤神夫
廿〻司小　いや五郎
廿二〻司一反半　正判官代

廿三〻司大　同人
廿五〻犬丸二反　両家敷
廿七〻金丸二反小　別当作 平次大郎
廿九〻金丸二反　同人
卅一〻犬丸二反　いや源太
卅三〔〻脱〕節尼二反　四郎次判官代
卅五〻犬丸四反　伊与房

二里

一坪司一反　源太
三〻司一反小　平次
五〻犬丸四反　平次五郎
七〻犬丸三反　平三郎
九〻利助五反　手
十一〻司二反　同人
十三〻司半　小藤次神夫
十五〻司四升　孫七郎
十七〻司二反　彦四郎

廿四〻犬丸一反小　牛若子
廿六〻犬丸大　源二郎
廿八〻金丸三反　別当三郎
卅〻犬丸三反　次郎大郎
卅二〻節戸二反　平次郎
卅四〻御名二反半　大井□四郎大郎
卅六〻犬丸一反　源太
二〻司小　同人
四〻犬丸一反　同人
六〻金丸一反小　物忌四郎大郎
八〻犬丸二反　同人
十〻司二反　源大夫入道
十二〻司半　案主次作
十四〻司小　せい三
十六〻司小　孫大郎
十八〻司一反　同人

十九〻司三反　彦七郎　廿〻司一反　孫大郎
右、為後証、社家・地頭・公人同心、更不存私、応永六年注置処也、若此条偽申候者、
当社太明神御罰於各々身上可罷蒙候、仍□□〔取定カ〕如件、
□□六年□卯□

応永六年卯九月　　田所（花押）
録司代〔慶海〕（花押）
宮介紀右近三郎左衛門尉
大禰宜兼大宮司散位〔大中臣〕長房

○本帳、五一九号とほぼ同文なるも、相根村を載せるほか、日付等に異同がある。

○五五二　香取社領検田取帳写※　○香取案主家文書

注進　〔下総国香取郡〕香取御神領検田取帳事
大禰宜帳ハ建長、録司代帳ハ弘安、田所帳ハ文保、安〔案〕主帳ハ弘安、合彼四帳、応永六年ニ社家・地頭・公人寄合、為後証、
所注置也、敢勿疑矣、
一坪司神拝田五反内二反 二反　五藤三郎 目代　二坪吉次私二反　手
三坪金丸二反内一反小 大　神　ソハタカ 祝藤大郎　四坪吉清私一反小　検校
五坪利助二反　同人　六坪司一反小□□

七坪吉千代私二反内大一反小　六次 検非違使
九坪吉千代私一反小　八人女名 藤太郎
十一〻〔坪、下同ジ〕大八人女名　藤太二郎
十三〻良一反　六郎大郎
十五〻司大　夜中神　エノキ田 平大郎入道
十七〻吉清私二反大　藤四郎
十九〻司大　夜中神
廿一〻司次良丸二反大一 小ツホタ　平太作
廿五〻真吉私五反内一反 三反 一反　大祝 六郎大郎 牛若子
廿七〻行事禰宜私三反　手
廿九〻田所三郎私七反ヌマ　五藤左衛門尉
卅一〻清里御名吉清四反
卅三〻金丸一反小　弥三郎入道
卅五〻吉千代私一反小内大大　六郎二郎 大六四郎
卅七〻吉千代私三反講田　手
二里

八坪有吉私□
十坪夜中神司大マシキ□〔次〕□
十二〻良二反内一反 一反　藤太三郎入道 法願
十四〻良三反　検校
十六〻司二反ソハタカノ 神　大祝
十八〻吉千代私五反内一反 御手　金丸
廿丶細工分田五反内司三反 金丸二反　御手□〔土器〕
廿四〻□次私一反小　〔阿曾祇〕□
廿六〻御名六反　同人
廿八〻行事禰宜私二反　同人
卅〻今吉御名吉清三反
卅二〔〻脱〕行事禰宜私三反千田　手
卅四〻金丸二反小　丹次□〔郎入道〕
卅六〻吉千代私□

一坪実命私一反大　ホツカハノイケ 藤平次入道
三坪六反内 御灯油田 一反安久 五反　藤平次入道
五ゝ重枝手一町内 二反 八反　神擬祝 丁古地頭分
七ゝ行事禰宜私二反小 下イナケ　手
九ゝ二反内 一反 一反　マホリヲノ神 田所
十一坪金丸三反大内 一反大 二反 神　民部房 加賀房
十三ゝ吉安私幹綱二反大　内大八神　手
十五ゝ金丸二反内 一反 一反　酒司 女子
十七ゝ金丸二反内 一反 一反　行事禰宜 次郎大郎
十九ゝ金丸分田二反　民部房
廿一ゝ安久二反小 エコタ　又五郎入道
廿三ゝ師松三反　弥三郎入道
廿五ゝ清里私一反　三郎次郎
廿七ゝ有吉私二反　手
廿九ゝ金丸八反内 六反 二反　中四郎 丁古
卅一ゝ金丸三反　手
卅三ゝ重枝御名二反小　丁古殿

二坪寺別当一反小
四ゝ良一町　丁古殿
六ゝ利助八反
八ゝ清里私吉安 私一反小　六郎二郎
十ゝ金丸一反小　法忍
十二ゝ行事禰宜私二反半　手
十四ゝ金丸三反小　左入道
十六ゝ清里私二反大 神主
十八ゝ清里私三反 一反 二反　祭料田 内民部房 ソハタカノ灯油
廿ゝ司調用田三反 一反 二反　加賀房 検校
廿二ゝ利助祭料田一反小　民部房
廿四ゝ吉千代私五反□□〔一反カ〕□ □
廿六ゝ有吉私二反
廿八ゝ金丸二反　藤四郎
卅ゝ寂女作祭料田二反大　弥三郎入道
卅二ゝ重枝御名二反　田所
卅四ゝ良三反半　御手

卅五〻空追御名三反大山田　大神主

三里

一坪金丸一町五反　手
三〻安久御名八反　手
五〻真延私五反　丁古殿
七〻安久二反　平六入道
九〻中四郎私一反　擬祝
十一〻安久四反内二反 二反　新平六 平三郎
十三〻寺実命四反　手
十五〻安久一反小　弥四郎
十七〻安久三反内一反 二反　孫次郎 キ祝
十九〻司一反　新三郎入道
廿一〻金丸三反　中三郎入道
廿三〻金丸三反内一反 二反　平六 新藤
〔廿〕卅五〻今吉四反　吉宗
廿七〻司合力大　丹次郎入道
廿九〻司合力大　別当六

卅六〻金丸三反小　左入道

二坪安久三反内　一反神　手
四〻合力二反　法忍房
六〻中四郎私三反カタシホ　手
八〻安久御名二反　弥三郎入道
十〻金丸五反　手
十二〻司半　平六
十四〻司大　四郎三郎
十六〻師松四反内　一反金丸　擬祝
十八〻安久三反一反　物申□
廿〻中四郎私三反　権守
廿二〻金丸八反　手
廿四〻利助三反　手
廿六〻真吉合力経田二反　三郎次郎
廿八〻吉宗私大
卅〻吉清私三反田中内　六次

卅一〻吉清私二反　後家尼
卅三〻安久三反　検校四郎
卅五〻師松御名三反　赤馬四郎三郎作
卅七〻御名二反　次大郎

四里

一坪真吉御名四反　手
三〻吉清三反内司二反大神田一反
五〻司半　検校
七〻金丸三反　八郎大郎《ヲイノ》
九〻司乙金大　神主殿
十一〻金丸二反　弥次郎
十三〻犬丸二反　後家
十五〻良二反吉千代神
十七〻惣神々田大　出羽房
十九〻司寺サ、ハラ三反　関戸入道
廿一〻金丸一反小　手
廿三〻金丸一反半　手

応永六年九月

卅二〻中四郎私三反　権守
卅四〻金丸二反　手
卅六〻金丸二反　検校四郎
二坪金丸大　平次郎
四〻今吉御名二反　四郎次郎
六〻金丸三反　手
八〻吉千代私五反内三反二反　大祝□□
十〻司大　御手
十二〻吉千代私二反内一反神
十四〻良吉次大
十六〻五藤禰宜作吉宗一反《ホソタ》
十八〻良二反神　関戸入道
廿〻犬丸三反　行事禰宜
廿二〻金丸一反大　長次郎神夫
廿四〻金丸一反小弥平太作　手

廿五〻寺一反大　成道尼
廿七〻上分大正月ノ御コワモノ　同人
廿九〻今吉二反　手
卅一〻金丸二反　手
卅三〻上分大　関戸入道
卅五〻安久一反小　同人
卅七〻実命私三反　藤平次入道

五里

一坪上分大　荒二郎 源次郎作
三〻良大　別当三郎
五坪金丸四反　荒二郎手
七〻一反小　御手
九〻乙金二反　三郎大郎
十一〻又乙金二反大 七郎私二反小　大禰宜四郎
十三〻乙金三反　神主殿
十五〻有木三反　手
十七〻岩同大　検杖

廿六〔〻脱〕司一反小　長次郎神夫
廿八〻安久二反小トマキ　手
卅〻司大　御手
卅二〻上分四反内　大八関戸入道
卅四〻吉清松一反小　豊前房
卅六〻安久大　源二郎作
二坪上分三反　同人
四〻上分大　同人
六〻金丸二反　同人
八〻七郎作御手　三反
十〻御名三反　岩見公
十二〻犬丸三反　手
十四〻上分四反　堀口神主
十六〻合力二反　検杖四郎
十八〻安久三反大内一反御名　福田作

十九〻寺四反内二反二反　寺手関田入道
廿一〻安久二反　手
廿三〻吉清私一反　同人
廿五〻合力大　同人
廿七〻安久寺三反　後家
廿九〻安久二反　手
卅一〻安久一反小　同人
卅三〻良四反　手
卅五〻金丸大　同人

六里

一坪真吉一反小内小ハ御名　中五郎
三坪節戸四反　同人
五〻実命三反　兵部
七〻重枝手大
九〻良清私御名三反　手
十一〻良大　新戸平作
十三〻良大　権守入道

廿〻安久二反　検杖油井
廿二〻司一反　四郎大郎入道
廿四〻実命一反大　藤平次入道
廿六〻寺実命大　四郎大郎
廿八〻有木五反内　二反ハ大神田
卅〻安久一反小　手
卅二〻安久六反　手
卅四〻良四反　六郎三郎入道
卅六〻良一反大　三ノ作手
二坪金丸一反大　中五郎
四〻師松四反　手
六〻藤次郎私大
八〻師松手二反
十〻良一反小　中五郎
十二〻良小　平六
十四〻良大　四郎三郎

十五〻吉清私御名二反小　六郎入道殿
十七〻真吉私御名二反大内一反ハ御名
十九〻実命私一反半
廿一〻師松二反半　平六入道
廿三〻吉清私二反　三郎大郎
廿五〻藤四郎私一反　平太番匠
廿七〻金丸三反　立三郎入道
廿九〻司一反小　大井土平六入道
卅一〻司大御ハライ　権守入道
卅三〻司御名半　立三郎
卅五〻司半　藤次郎

七里

一坪実命私二反　藤三三郎
三〻安久三反　手
五〻御名一反小　大輔房

（同郡）佐原

一坪師松五反　四郎神主丁古殿

十六〻吉清私小　六郎次郎
十八〻御名三反　関田殿
廿〔〻脱〕師松三反　権守三郎
廿二〻実命私大　彦四郎
廿四〻安久二反　六郎二郎
廿六〻実命三反小内一反ハ□□
廿八〻司小　四郎三郎
卅〻司御名五反　藤四郎
卅二〻司神二反御ハライ
卅四〻御名一反小　中五郎
卅六〻司大　平六
二坪実命一反　藤平次
四〻司一反　吉清神
六〻御名一反半　文次郎入道
二坪司二反半　佐原禰宜

三坪司二反　四郎三郎
五〻金丸三反　関田殿録司代
七〻良二反　新次郎
九〻安久大　録司弥大郎
十一〻司小早田　四郎大郎
十三〻岩同二反　六郎二郎
十五〻御名一反井料　録司代
十七〻司三反　大輔房
十九〻良二反大　次郎大郎
廿一〻司一反　平次郎
廿三〻司三反　文三郎祝
廿五〻合力一反半　源太祝
廿七〻合力二反　四郎大郎
廿九〻司二反　弥次郎
卅一〻司吉宗私一反　四郎大郎
卅三〻金丸二反　平太郎
卅五〻金丸二反　ケンチヤウ六郎大郎神

四〻安久一反大　新三郎
六〻重枝御名二反小　平次郎
八〻司一反　平次郎
十〻御名三反　三郎大郎入道
十二〻御名岩同二反　大輔房
十四〻安久御名二反　大輔房
十六〻安久三反　同人
十八〔〻脱〕司三反　検杖
廿〻司二反内一反神　大輔房
廿二〔〻脱〕司二反　源太祝
廿四〻合力一反半　権太
廿六〔〻脱〕金丸一反　検杖カラス
廿八〻岩同二反　大輔房
卅〻司一反　大輔房
卅二〻金丸二反内一反ハ井料　大輔房
卅四〻金丸一反　三郎大郎
卅六〻金丸三反　中四郎

二里

一坪吉宗一反内小ハ御名
三〻御名二反　検杖
五〻御名三反　四郎大郎
七〻御名二反　大輔房
九〻司一反小　弥二郎
十一〻司三反　又次郎
十三〻合力一反半　検校太郎
十五〻司二反　中太作
十七〻岩同二反　同人
十九〻司二反　権三郎
廿一〻御名四反　藤九郎入道
廿三〻司二反　若狭房
廿五〻安久二反　権三郎
廿七〻師松二反小　三郎太郎
廿九〻安久吉清三反
卅一〻司二反　大輔房

二〻御名二反内一反ハ井料　大輔房
四〻御名一反　四郎大郎ケンチヤウ
六〻御名五反内二反三反　若□□〔狭房カ〕大輔房
八〻御名二反　にしとう
十〻司三反小　四郎大郎
十二〔〻脱〕司一反　同人
十四〻金丸三反　又次郎ヲイノ
十六〻金丸二反　又次郎サハラ
十八〻金丸二反　同人
廿〻合力三反　又次郎
廿二〔〻脱〕御名六反　藤九郎
廿四〻安久一反小　藤四郎
廿六〻吉千代私二反　藤四郎
廿八〻安久二反小　安平次作
卅〻安久吉清一反　同人
卅二〻吉千代私二反小　大輔房

卅三〻御名二反　七郎三郎
卅五〻司三反　中三郎
三里
一坪司経田三反　別当
三坪司岩同大　若狭
五〻司一反　彦次郎
七〻司小　源太祝
九〻司経田三反　越後房
十一〻司合力大　弥太郎
十三〻司小　中三郎
十五〻司小　大輔房
十七〻司大　大輔房
十九〻司二反小　中三郎
廿一〻司小　円智作七郎太郎
廿三〻司小　福田作又次郎
廿五〻良大　七郎三郎
廿七〻司合力一反大　弥太郎

卅四〻司三反　ナスヒ　三郎入とう　三郎
卅六〻司二反　同人
二坪司三反　同人
四〻司大　同人
六〻師松七反　手
八〻有木三反大内合力一反
十〻司経田大　平次郎
十二〔〻脱〕司小　若狭
十四〔〻脱〕司一反　福田作平三
十六〻司小　若狭
十八〻司半　平次郎
廿〻司大　五郎四郎
廿二〻御名三反半　権太
廿四〻合力大　若狭
廿六〔〻脱〕寺実命七反三百歩　三百歩　源太祝　手
廿八〻安久御名一反大　手

廿九ゝ乙金御名二反小　八郎太郎
卅一ゝ司合力一反小　又次郎
卅三ゝ司半　中太
卅五ゝ合力六反半　別当

四里

一坪合力一反半　別当作
三ゝ合力小　七郎太郎
五ゝ司吉宗　平次郎
七ゝ司一反　吉宗平八
九ゝ金丸　半　中大
十一ゝ司寺大　大和房
十三ゝ司二反小内二反小　越後房若狭
十五ゝ司一反同神　藤作入道作

(同郡)新部

一坪良中五良私二反小
三坪良三反　大和房
五ゝ寺一反小　大和房

卅ゝ師松四反　平太三郎
卅〔ゝ脱〕二合力小　弥太郎
卅四ゝ司半　大輔房
卅六ゝ司合力大　若狭

二坪司合力小　若狭
四ゝ司一反小　次郎大郎
六ゝ司吉宗一反小　次郎大郎
八ゝ金丸二反一反八合力　法明房□
十ゝ寺二反　三郎五郎
十二ゝ金丸二反神　中祝
十四ゝ司二反神　検校

二坪御名三反　手
四ゝ寺二反　別当六
六ゝ寺一反小　大和房

七〻寺二反　六郎大郎《コシキタ》
九〻寺一反小　唯智房
十一〻一反小内大八合力 大八寺
十三〻大内神一反検校次 小八寺　越後房
十五〻寺一反小 小八合力　平八
十七〻司末千代二反
十九〻良一反小　五郎大郎神
廿一〻御名四反　若狭
廿三〻良四反　禰宜四郎
廿五〻為里御名三反　平四郎入道
廿七〻良二反　同人
廿九〻司一反　同人
卅一〻司一反半　大神主
卅三〻司二反半　祝五郎
卅五〻司三反半　又三郎祝
卅七〻司二反半

八〻寺二反小　唯智房
十〻寺御名二反小　大輔房
十二〻寺一反小　手
十四〻合力寺一反内半合力 半寺
十六〻寺四反　同人
十八〻司経田一反　大和房
廿〻司一反惣神主　同人
廿二〻録司代私二反小　藤四郎
廿四〻御名三反　同人
廿六〻金丸一反小　同人
廿八〻司一反小　周防房
卅〔〻脱〕良三反　同人
卅二〻司大　平五郎
卅四〻司小　弥七
卅六〔〻脱〕司三反半　検校平四郎

二里

一坪司半　矢田部作弥太郎
三ゝ司一反　中野作源平太
五ゝ司半　大井土三郎大郎
七ゝ合力一反　検杖大郎
九ゝ司一反小　権祝
十一ゝ司一反　八郎王子神　四郎大郎
十三ゝ利助二反　権三郎
十五ゝ良二反小　検校入道
十七ゝ良三反　小長手
十九ゝ司一反小田冷私　丹次郎
廿一ゝ司三反大　三郎大郎
廿三ゝ司一反小　平六
廿五ゝ司一反六十歩　大井土次郎大郎
廿七ゝ司大　平所作
廿九ゝ司一反小神　酒司
卅一ゝ司半神　中平神

二坪司二反　五郎大郎神主
四ゝ司三反神　平〔幣カ〕所
六ゝ司二反　大夫次郎
八ゝ司一反六十歩　新平
十ゝ司一反小　丹次郎
十二ゝ司一反小同神　孫次郎
十四ゝ司半　大井土藤四郎
十六ゝ良三反四郎神主　大神主
十八ゝ司小大工作　四郎大郎
廿ゝ金丸一反小大ハ神　長次郎
廿二ゝ司　カネノ修理料　金丸二反小　大神主
廿四ゝ司一反小神拝田　酒司
廿六ゝ司小中野作　平太郎
廿八ゝ司二反　大夫次郎
卅ゝ司一反半　中祝
卅二ゝ司一反　八郎王子神　塙四郎作四郎大郎

卅三〻司　惣神々　荒野祝同人
卅五〻司一反小トシタテ田冷
三里
一坪司小　丹次郎
三〻司　一反小　六郎大郎神
五〻金丸一丁三反
七〻良四反小内小吉直　御手
九〻司一反　浄円房
十一〻司二反　祝四郎
十三〻司一反　中次郎
十五〻司一反　三郎祝
十七〻司小吉宗　弥三郎
十九〻司二反小吉宗　四郎神
廿一〻為里三反小　七郎大郎
廿三〻司大　犬判官代
廿五〻良二反　藤四郎
廿七〻助直二反小　検校

卅四〻司一反小　新三郎
卅六〻司一反小カサノカツテ　神子別当
二〻司小　雑判官代
四〻司小　新三郎
六〔〻脱〕吉直二反内　一反小　吉直
八〻司半　弥七
十〻司二反小　次大郎
十二〻司二反　長作平六
十四〻司二反　平太郎
十六〻利助二反　三郎祝
十八〻司大吉宗　次郎大郎
廿〻乙金二反　関田入道
廿二〔〻脱〕司三反　同人
廿四〻良二反小　長
廿六〻良二反大　大郎房作
廿八〻良五反　大神主

廿九〻利助一反　大神主

（同郡）苅馬

一坪合力一反小　手
三坪合力二反大　平太郎
五〻寺二反　別当
七〻合力手　三反
九〻良二反　又次郎
十一〻安久三反　蓮実坊
十三〻安久一反半　法明房
十五〻安久二反半　松山命婦
十七〻為里御名一反小　四郎三郎
十九〻寺御名一反小　次郎大郎
廿一〻司一反半　手
廿三〻司三反半　手
廿五〻良二反　八郎王子　平太郎
廿七〻良三反大　副祝
廿九〻富長御名三反半

卅〻吉千代私二反　同人

二坪合力二反　三郎大郎作
四〻寺大　別当六作
六〻寺二反半　同人
八〻灯油田三反　弥二郎
十〻寺五反　手
十二〻寺一反　篠本作
十四〻安久三反内小八神　平大郎
十六〻今吉一反小　平大郎
十八〻合力四反　手
廿〻寺二反　三郎大郎
廿二〻司二反　手
廿四〻良二反小　四郎三郎入道
廿六〻良三反半　馬場殿神　追野殿
廿八〻金丸二反田冷　中四郎
卅〻良大　たなかし

卅一〔〻脱〕富永私一反小　手
卅二〻富永私二反半　二仲作手
卅三〔〻脱〕富永私ツヽミ六十歩一反半案主
卅四〻富永私三反　文三郎祝
卅五〻富永御名三反　三郎大郎

（同郡）鍬山

一坪金丸七反　手
二坪利助五反　手
三坪助直二反小　権次郎祝
四〻利助私二反　手
五〻上分三反半　平三郎
六〻犬丸大　源三郎
七〻金丸一反　勢次郎
八〻司一反小　手
九〻犬丸一反小　小次郎
十〻金丸三反　藤次郎
十一〻安久一反大　権次郎祝
十二〻金丸一反小　手
十三〻犬丸一反大　手
十四〻良一反小　中三郎
十五〻金丸三反　平三郎大郎
十六〻上分二反大　権次郎祝
十七〻上分四反四月五日神　桶縁
十八〻司一反小　手
十九〻甲丸二反小　弥四郎
廿〻司二反　手
廿一〻司三反　手
廿二〻吉千代経田二反　法忍房
廿三〔〻脱〕利助二反大　手
廿四〻犬丸一反大　小藤神夫作
廿五〻金丸一反小　別当三郎
廿六〻利助一反半　手

廿七〻甲丸私一反小　愛鶴
廿九〻司吉宗一反小　左入道
卅一〻良二反　検非違使
卅三〻甲丸一反　平大次郎
卅五〻利助二反小　六郎祝

二里

一坪二藤祝私一反半　中三郎
三〻成吉私二反　五藤四郎
五〻吉千代私七反
七〻中平神私二反小　手
九〻金丸二反　手
十一〻二反内（こもさの）一反　五郎四郎神夫
一反　こもりおさ
十三〔〻脱〕金丸一反半　弥中太
十五〻金丸三反　神藤神夫
十七〻金丸二反　若狭
十九〻金丸二反小　中太
廿一〻良利助一反　手

廿八〻甲丸私三反　手
卅〻利助三反半　手
卅二〻吉千代私二反　法忍房
卅四〻利助一反小　平太次□〔郎カ〕
卅六〻真吉五藤次神夫一反小

二〻今吉四反小　中平神
四〻良二反　十郎
六〻犬丸四反　五藤四郎
八〻成吉私三反
十〻分田二反　小長手
十二〻犬丸二反　手
十四〻金丸一反小　手
十六〔〻脱〕金丸二反　平次郎
十八〻利助二反　手
廿〻金丸一反　藤次郎
廿二〔〻脱〕犬丸二反小　手

廿三〻司小　手
廿五〻永吉《イワイシリ》二反小　権次郎祝
（同郡）上相根
一坪今吉五反　権三郎
三坪今吉二反小　二仲太
五〻司一反小　平太
七〻司小石丸二反　同人
九〻司二反大今宮神　同人
十一〻司大　平四郎
十三〻司二反返田神　中次郎入道
十五〻司三反　平四郎入道
十七〻御名四反　平次郎
十九〻司御名一反半　同人
廿一〻司方丸一反半　中次郎入道
廿三〻司一反大　辻弥三郎
廿五〻司一反　辻弥三郎
廿七〻司一反半　中次郎入道

廿四〻良二反小　今ハ五郎祝 六郎祝
廿六〻犬丸一反　中次郎
二坪司大　同人
四〔〻脱〕司小石丸一反小　弥二郎
六〻司小石丸一反大　同人
八〻司二反　六郎二郎
十〻司半　弥四郎
十二〻司小石丸三反　中四郎入道
十四〻司御名一反半　又五郎
十六〻司小石丸二反大　三郎大郎
十八〻司一反小　同人
廿〻司二反小　孫次郎
廿二〻司三反　六郎大郎入道
廿四〻安久六反　大夫三郎入道
廿六〻小石丸二反　弥五郎
廿八〻司小石丸三反　紀平四郎

廿九〻司御名三反小　又五郎
卅一〻司大　平三大郎
卅三〻小石丸一反大　紀平次郎
卅五〻司半　三郎次郎
二里
一坪司御名三反　浄願房
三坪司一反大　六五又大郎
五〻司御名一反半　弥四郎
七〻司小石丸三反（三月舞田）　手　藤三郎
九〻司一反　六郎二郎
十一〻司二反　孫次郎
十三〻司小石丸大　前歳
（同郡）大相根
なかしみしり
一坪　小石丸七反　手
三〻司小　中次郎入道
五〻司小　辻弥三郎
七〻司小石丸三反　前歳

卅〻司小石丸四反　手
卅二〔〻脱〕司御名五反　手
卅四〻録司代私二反小　又五郎
卅六〔〻脱〕司御名二反　弥四郎
二坪司小石丸四反大
四〻司二反小　又五郎（山中平次大郎）
六〻司小石丸七反　手
八〻司小石丸二反　十郎入道
十〻司一反　同人
十二〻司小石丸三反　平次郎
二坪司小石丸一反　同人
四〻司小石丸二反　手
六〻司大　辻弥三郎
八〻司半　辻弥三郎

九〻司小　平太大郎
十一〻司一反　弥三郎
十三〻司小石丸三反　前歳
十五〻司一反大　六五又大郎
十七〻司二反　民部
十九〻司小　六郎次郎
廿一〻司小石丸吉次二反小　中五郎
廿三〻司小石丸四反　三郎大郎入道
廿五〔〻脱〕司小石丸三反　手
廿七〻司次郎丸六反内三反 三反　山中 平五郎
廿九〻司一反大　山中
卅一〻司二反　山中次郎
卅三〻司小石丸一反　浄観房
卅五〻司一反小　丹次郎

二里

一坪司一反　三郎大郎
三坪司小石丸小　平次大郎

十〻司四反　中次郎入道
十二〻司小石丸二反　黒田四郎入道
十四〻司小石丸二反　丹次郎入道
十六〻司一反大　同人
十八〻司小石丸二反　弥五郎
廿〻司小石丸一反　又五郎
廿二〻司一反小　大夫五郎入道
廿四〻司一反　大夫五郎入道
廿六〔〻脱〕司一反小　弥四郎
廿八〻司一反半　黒田四郎入道
卅〻司小石丸一反大　実楽
卅二〻司三反　六五又大郎
卅四〻司一反小　丹次郎入道
卅六〻司一反　三郎大郎入道

二坪司二反　孫大郎□□
四〻司二反　四大郎□□

五〻司一反　弥三郎
七〻司一反　大夫五郎入道
九〻司二反　大夫五郎入道
十一〻司小石丸一反六十歩　黒田入道
十三〻司天神宮三反　同人
十五〻司　二反　同人
十七〻司　二反小　黒田三郎
十九〻司小石丸二反小　彦大郎
廿一〻酒司私二反　実楽
廿三〻司小石丸二反　彦大郎
廿五〻司一反小　中次郎入道
廿七〻司一反小　同人
廿九〻実楽私二反　三郎大郎入道
卅一〻司実楽二反大　民部
卅三〻安久実楽三反　越後阿さり
卅五〔〻脱〕司一反半　六五又大郎

六〻司一反　五郎四郎入道
八〻司一反　次大郎入道
十〻司半　黒田入道
十二〻司小石丸三反　同人
十四〻司一反小　同人
十六〻司一反小　彦大郎入道
十八〻司二反　弥大郎入道
廿〻司小石丸二反　三郎大郎
廿二〻司寺小　実楽
廿四〻金丸二反小　弥四郎
廿六〻司小石丸一反半　三郎大郎入道
廿八〻実楽私三反小　三郎大郎入道
卅〻司小石丸一反半　又次郎
卅二〻金丸二反　三郎大郎
卅四〻司小　中次郎入道
卅六〻司大　吉次私□

三里

一坪司三反大　御手
三〻司一反　丹次郎入道
五〻金丸二反　丹次郎入道
七〻金丸二反　中次郎入道
九〻金丸二反　弥三郎
十一〻司小石丸二反　山中
十三〔〻脱〕司一反小　平三郎入道
十五〻司三反八〇女人　黒田四郎入道
十七〻司二反　平五郎
十九〻司一反　彦大郎
廿一〻司大　三郎大郎

（同郡）返田

一坪司三反内一反半一反半　弥平太新平三
三〻司小　源平太
五〻司二反神　中六
七〻司一反神　中六

二坪司大　六郎二郎
四〻金丸三反　六郎二郎
六〻司小石丸大　丹次郎入道
八〻金丸一反半　又次郎
十〻金丸二反　丹二郎
十二〻司一反　弥三郎
十四〻金丸一反　弥三郎
十六〻司一反小　彦大郎
十八〻司二反　山名平二郎
廿〻司大　弥大郎入道
廿二〻司小　弥三郎

二坪金丸一反　中六
□□〔丸ヵ〕□大　□
六〔〻ヵ〕□　一反小　□
八〻金丸一反小　六郎二郎

九〻金丸分田三反　次郎神
十一〻金丸三反《ニツシヤウタ》　田冷
十三〻司大神　中五郎
十五〻小石丸一反半　平四郎入道
十七〻司大　七郎次郎
十九〻御名一反小　三郎祝
廿一〻司小石丸三反　弥三郎
廿三〻司二反　辻弥三郎
廿五〻金丸三反　同人
廿七〻金丸四反　シホカヤ次郎神
廿九〻金丸二反小　手
卅一〻今吉御名一反大　神平次郎
卅三〔〻脱〕助直方丸二反小　手
卅五〻丸方丸三反　源□□

二里

〔一〕□坪犬丸二反さうほく田　小長手
三〻吉直方丸三反さハら

十〻司一反若宮神　祝四郎
十二〻為里御名神　二反半　田次郎
十四〔〻脱〕司半　七郎次郎
十六〔〻脱〕司小石丸一反半　平四郎入道
十八〻司二反　蓮道房弥三郎
廿〻司分田三反　たなかし
廿二〻大細工分神田一丁三反大□
廿四〻御名二反　黒田三郎
廿六〻司二反半　又五郎
廿八〻司方丸二反　弥六作
卅〻次郎神分田四反二月一日祭料田　次郎
卅二〻利助三反　次郎□□
〔卅四〻カ〕□□司方丸一反□　□
二、金丸三反　検校三□〔郎カ〕□□
四、吉直三反　同人

五〻吉直三反　又大郎　六〻富永二反大　返田神主
七〻吉安二反祭料
此外、可有注漏候、追可注進候、
右、為後証、社家・地頭・公人同心、更不存私、応永六年注置処也、若此之条偽申候者、
（後欠）

〇本帳以下二点、年未詳なるも、前号文書にかけて便宜ここに収める。

〇五五三　香取社領検田取帳写断簡※　〇香取録司代家文書

（前欠）
七〻〔坪、下同ジ〕御名二反　大輔房　八〻御名二反　にしとう
九〻司一反小　弥二郎　十〻司三反小　四郎太郎
十一〻司三反　又次郎　十二〔〻脱〕司一反十二司一反　同人
十三〻合力一反半　検校太郎　十四〻金丸三反　又次郎ヲイノ
十五〻司二反　中太作　十六〻金丸二反　又次郎サワラ
十七〻岩同二反　同人　十八〻金丸二反　同人
十九〔〻脱〕司二反　権三郎　廿〻合力三反　又次郎
廿一〔〻脱〕御▨（司）二反

○五五四　上総国南佐貫郷内称名寺分田年不員数注文　○金沢文庫文書

応永六年九月　日

□南佐貫郷(上総国天羽郡)内寺家分田年不員数
□段　定不　梶取名
□段　同　岩戸名
□歩　同　黒部名
□歩　三郎丞名
□　太郎丞名今藤次太郎
□　同名　今能阿ミ
□　□分

○五五五　足利満兼御教書　○浄光明寺文書

瑞泉寺(足利基氏)・永安寺(同氏満)両殿御遺骨一分事、所奉納当寺也、早令修追薦於万代之勤行、宜奉祈得脱於三明之妙果之状如件、

応永六年十月三日　満兼(足利)（花押）

浄光明寺(相模国鎌倉)長老

○五五六　鶴岡八幡宮執行倫瑜書下案写　○「鶴岡事書日記」応永六年十月条

佐坪(上総国埴生郡)・一野(同)年貢等毎年無沙汰候、其故者一口分、或□(訛カ)他百姓、就便宜彼弱(ママ)運上之、不解結解、不取返抄、不及是非之沙汰、其人体毎度逃下也、仍而皆納与未進難存知候、如先々申下候、其年々一口分、誰々何程致沙汰哉、又未進候、更被駈返抄候、急々可致(被カ)執進也、此条度々雖申下、尚以無其分候、急々可被執進也、此条無勿体次第也、当年事者無沙汰候者、可有其科之状如件、

応永六年十月九日

佐坪政所(岩名手光阿)殿

○五五七　後小松天皇口宣案　○東京大学史料編纂所所蔵小笠原文書

上卿　坊城大納言(後任)

応永六年十月十日　宣旨

源政康(小笠原)

宜任右馬助

蔵人頭左大弁藤原（広橋）兼宣奉

○五五八　後小松天皇口宣案写　○広橋真光氏所蔵「広橋兼宣符案留」

応永六年十月十日　宣旨

源（小笠原）長秀

宜叙従五位下

蔵人頭（広橋）〔左大弁藤原兼宣奉〕——

同日

源（小笠原）政康

宜任右馬助

蔵人頭〔左大弁藤原兼宣奉〕——

口宣二枚献之、早可令下知給候之状如件、

十月十日　左大弁〔藤原兼宣〕——奉

進上　坊城（俊任）大納言殿

○五五九　聖源段銭請取状　○金沢文庫文書

（端裏書）「八幡段銭請取」

納

（上総国天羽郡）天羽八幡宮造営要脚反別弐百文宛内

合弐貫四百文者、（同）佐貫郷南方金沢（称名寺、武蔵国六浦荘）分弁

右、且所納如件、

応永六年十月十七日　別当聖源（花押）

○五六〇　畠山徳元（基国）カ過所写　○専称寺文書

（相模国高座郡）清浄光寺藤沢道場・（山城国京都）遊行金光寺七条道場并末寺時宗人夫与馬雑駄以

下上下向事、諸国関々渡、以印判形無其領之界於（園城寺、近江国滋賀県）三井寺関

所動《ヤ、モスレハ》及異儀之条、太《ウタ、》招《マネク》其咎歟、以於令違犯者、可処罪科之

由、重所被仰下、仍下知如件、

応永六年

十月廿日　沙弥

当寺

（注記）「東山（ママ）六代目義持（足利）将軍御教書官（管）領畠山左衛門尉能宣（ママ）在判」

○五六一　今川仲高（仲秋）書下　○富田仙助氏所蔵文書

遠江国犬居（山香荘）・大峰（同）・平山（同）等三ケ村地頭職事、為本領、当知行上者、不可有相違之状如件、

応永六年十月廿一日　沙弥（今川仲高、仲秋）（花押）

天野遠江（景隆）入道殿

○五六二　某義氏軍勢催促状　○毛利博物館所蔵児玉家文書

（封紙上書）「児玉孫八殿（国行）　義氏」

就天下事、諸国申付子細候、現形事候者、早々馳参、可致忠節候、仍状如件、

応永六年十月廿七日（花押）

児玉孫八殿

○「萩藩閥閲録」一七所収の同文書写は、発給者を「鎌倉殿御判」とする。

○五六三　某義氏カ御教書案写　○「萩藩閥閲録」一九

就天下事、諸国申付子細候、現形之事候者、早々馳参、可致忠節候、仍状如件、

応永六年

十月廿七日　判

児玉次郎殿

○五六四　大内義弘書状案　○内閣文庫所蔵大乗院文書 寺門事条々聞書

鎌倉御所（足利満兼）京都（山城国）御発向候、被致忠節者、可目出候、仍被成御教書候、可被進御請文候哉、恐々謹言、

（応永六年）十月廿八日　義弘（大内）判

南都学侶（興福寺、大和国奈良）御中

○五六五　小笠原長秀書下　○本間美術館所蔵市河文書

島津太郎（国忠）為退治陣取之処、自最初被致忠節之由、令注進之間、則京都所注申也、弥被抽戦功者、殊可有御感者也、仍執達如件、

（応永六年）十一月三日　信濃守（小笠原長秀）（花押）

市河刑部大輔（興仙）入道殿

○五六六　いなけ外宮米用途請取状案　○金沢文庫文書

納けくう（外宮）（伊勢国度会郡）米ようとう（用途）の事
合壱貫五百文者、
右、且為天まうのこをり（羽郡）（上総国）佐貫南方かねさわりやう（金沢領）（称名寺、武蔵国六浦荘）の弁、納所如件、
応永六年十一月五日　いなけ在判
此正文ハ佐貫へ下ス、一通下也、
応永七年十月四日

○五六七　神明社懸仏銘　○東京都足立区氷川神社蔵

野上四郎太郎　波太夫
敬白　神明之御前造立御清大（正体ヵ）一面也、
応永六年十一月八日　波神大夫
○「新編武蔵国風土記」は「応和六年五月」とする。

○五六八　足利満兼御教書案　○皆川文書

下野国本知行之内長沼又四郎跡事者、所還補也、至残所之者、追可有其沙汰状如件、
応永六年十一月九日　勝光院殿（足利満兼）御判
長沼淡路入道殿（義秀）

○五六九　上杉禅助（朝宗）施行状案　○皆川文書

下野国長沼又四郎跡事、早守　御下文之旨、可被打渡下地於長沼淡路入道代之状、依仰執達如件、
応永六年十一月九日　なから山殿（長柄）沙弥在判（上杉禅助、朝宗）
結城弾正少弼入道殿（禅貫、基光）

○五七〇　足利満兼御教書写　○「鶴岡神主家伝文書」

武蔵国江戸金曾木三郎（彦脱）（重定）跡事、所充行也、可致天下安全懇祈之状如件、
応永六年十一月十二日　（花押影）（足利氏満）
鶴岡八幡宮神主殿（相模国鎌倉）（大伴時連）

○五七一　上杉禅助(朝宗)施行状写　○「鶴岡神主家伝文書」

武蔵国豊島郡小具郷内江戸金曾木〔彦脱〕三郎(重定)跡事、早守御下文之旨、
可打渡下知〔地〕於八幡宮(鶴岡八幡宮、相模国鎌倉)神主(大伴時連)状、依仰執達如件、
応永六年十一月十二日　沙弥(上杉禅助、朝宗)(花押影)
千坂越前入道殿

○五七二　足利満兼御教書　○上杉家文書

武蔵国比企郡内稲葉勘解由左衛門入道跡并須俣助五郎等跡事、所充行也者、早
守先例可被致沙汰之状如件、
応永六年十一月十二日　(花押)(足利氏満)
少輔局

○五七三　上杉禅助(朝宗)施行状　○上杉家文書

武蔵国比企郡内稲葉勘解由左衛門入道并須俣助五郎等跡事、任御下文之旨、可
打渡下地於少輔局代之状、依仰執達如件、
応永六年十一月十二日　沙弥(上杉禅助、朝宗)(花押)
千坂越前入道殿

○五七四　足利満兼御教書　○明王院文書

恒例結縁灌頂事、□□大納言禅師印覚未受法之間、如
例年令執行、殊可致精誠状如件
応永六年十一月十二日　(花押)(足利満兼)
明王院(相模国鎌倉)門徒中

○五七五　鶴岡八幡宮執行倫瑜補任状案写　○「鶴岡事書日記」応永六年十一月条

補任　佐坪村(上総国埴生郡)白山神宮寺観音堂免田畠事
合田肆段屋敷壱宇者、
三位阿闍梨頼円
右、田屋敷等、如元令還補者也、於寺役等者、守先例可致
其沙汰之状如件、
応永六年十一月十六日
法印倫瑜(座心坊)在判

○五七六　足利道義（義満）袖判御教書　○上遠野文書

（花押）（足利道義、義満）

関東事、々実者、為御方致忠節者、可抽賞之状如件、

応永六年十一月廿一日

藤井四郎（上遠野宗朝）殿

○五七七　鹿島永光（幹重）寄進状　○根本寺文書

奉寄進

東光寺（常陸国鹿島郡カ）田畠在家等事坪付有別紙、

右所者、永智首座依有根本寺（同郡）興行、御一期之間令補任者也、御一期之後者、彼永杲蔵主為養子之間、限永代可令相続者也、若於彼所子孫等中仁有致違乱輩者、為不孝之仁永光（鹿島幹重）跡お段歩不可知行、仍為末代寄進之状如件、

応永六年十一月廿四日　　沙弥永光（花押）

○五七八　某常俊寄進状　○大善寺文書

奉寄進

甲斐国山梨子郡内柏尾山大善寺領事

合田八段者、在所宇多田（甲斐国山梨郡）有之、

右彼田地者、為国衙経三昧田、然間相副補任文書、為常俊現当二世所奉寄進当寺也、於子々孫々中有致違乱輩者、為不孝之仁、常俊跡一分不可令知行、仍為後証寄附之状如件、

応永六年己卯十一月廿四日

前河内守沙弥常俊（花押）

別当　宰相律師御房

○五七九　和光院智賢置文　○本間紋助家所蔵文書

五部大乗経二百巻毎巻奥書写

佐州久知河（賀茂郡）陽雲山長安寺常什物也、

此寺是淳和天皇御勅願、慈覚大師（円仁）開山、天長八年辛亥卯月十五日建立也、仍貴古跡当州久地郷（同郡）湊住田部兵衛五郎入道源阿弥、同妻女姉妹、古禅下後家喜阿弥尼公同心而発心願、

熊野（紀伊国牟婁郡）参詣之時、此五部大乗経并湊道場御本尊奉下、但憑菩
提院住因幡公定喜法師仏経之為奉行云々、
預処和光院住金剛仏子智賢禅師年積五十三
応永六年乙卯中冬廿四日奉上畢
○本文書、後代の作か。

○五八〇　斯波道守（義種）副状　○皆川文書

急速ニ可有御進発候之趣、被仰出候、仍被成御教書候、
早々御参殊目出候哉、恐々謹言、
（応永六年）十一月廿五日　沙弥道守（斯波義種）（花押）
謹上　長沼淡路入道（義秀）殿

○五八一　自空書状　○長楽寺所蔵金光寺文書

（端裏書）「十一代上人御自筆　軍勢時衆ノ掟」
軍勢に相伴時衆の法様は、観応の比、遊行より所々へ被
遣し書ありといへとも、今ハ見おひ聞およへる時衆も不
可有、仍或檀那の所望といひ、或時宜くるしからしとい

ひて、心にまかせてふるまふ程に、門徒のあさけりにお
よひ、其身の往生をもうしなふもの也、檀那も又一往の
用事ハかなへとも、門下の法にたかひぬれは、時衆の道
せはくなりて、かへて檀那の為も難儀出来すへし、然ハ
世出可被心得条々、
一、時衆同道の事ハ、十念一大事の為也、通路難儀の時分、
時衆ハ子細あらしとて、弓矢方の事にふミをもたせ、使
せさせらるゝ事、努々あるへからす、但妻子・あしよハ（足弱）、
惣して人をたすくへき事《いは》れあらハ、不可有子細、
一、軍陣において、檀那の武具とりつく事、時としてある
へき也、それもよろいかふとのたくひハくるしからす、
身をかくす物なるかゆへに、弓箭兵杖のたくひをハ、時
衆の手にとるへからす、殺生のもとひたるによてなり、
一、歳末の別時にハ、軍陣なりともこりをかきときをし、
阿弥衣を着して、称名すへき条、勿論也、雖然所により
て、水もたやすからす、食事も心にまかせぬ事あるへし、
又檀那の一大事を見ん事も、無力に候てハ叶ましけれハ、

食事ハ、何時にてもあるにまかせてさたし、こりハかゝすともくるしかるへからす、若又□□へからん所にてハ、如法におこなふへき也、
一、合戦に及ハん時ハ思へし、時衆に入し最初、身命ともに知識に帰せしめし道理、今の往生にありと知て、檀那の一大事をもすゝめ、我身の往生をもとくへき也、此旨存知せさらん時衆にハ、能々心得やうに可被披露、穴賢〱、

南無阿弥陀仏

応永六年十一月廿五日　他阿弥陀仏(自空)

○五八二　聖源段銭請取状　○金沢文庫文書

納　天羽(上総国天羽郡)八幡宮造営要脚弐百文宛反別銭内

合四貫六百文者、　佐貫(同)郷南方金沢(称名寺、武蔵国六浦荘)分弁、
此内壱貫六百文、十月廿九日弁、

右、先且所納状如件、

応永六年十一月□(廿カ)六日　別当聖源（花押）

○五八三　足利道義(義満)袖判御教書　○東京大学史料編纂所所蔵小笠原文書

（花押）(足利道義、義満)

大内(義弘)入道退治事、属守護(小笠原長秀)手、可致忠節之状如件、

応永六年十一月廿八日

小笠原右馬助(政康)殿

○五八四　上杉禅助(朝宗)施行状案　○皆川文書

長沼淡路入道義秀申、下野国長沼又四郎跡事、可沙汰付義秀之由、先度被仰候処、又四郎跡輩支申之由、注進之条、太不可然、於彼又四郎者、為謀書人之間、不及是非、縦雖支申之、不可許容、不日沙汰付下地於義秀、可被執進請取之状、使節更不可有緩怠之状、依仰執達如件、

応永六年十一月卅日　なから(長柄)山殿

沙弥在判(上杉禅助、朝宗)

結城(禅貴、基光)弾正少弼入道殿

○五八五　足利道義(義満)書状　○上杉家文書

(捻封上書)「(墨引)
　上杉安房入道殿(長基、憲定)」
(端裏)「府」
種々巷説驚入候間、進状候之処、無為申沙汰、為天下返々
目出候、委細円西堂帰参時、可申候、かしく、
　(応永六年)十二月二日　(足利道義、義満)(花押)
上杉安房入道殿

○五八六　千坂越前入道打渡状写　○「鶴岡神主家伝文書」

武蔵国豊島郡小具郷内江戸金曾木三〔彦脱〕郎(重定)跡事、任去月十二日
御施行之旨、莅彼所、沙汰付下地於八幡宮(鶴岡八幡宮、相模国鎌倉)神主(大伴時連)畢、仍渡状
如件、
　応永六年十二月二日　沙弥(千坂越前入道)(花押影)

○五八七　富田聖初外宮神宝料足請取状　○金沢文庫文書

(端裏書)「佐貫」
納　外宮(伊勢国度会郡)神宝料足事
　合弐貫四百弐十七文者、　公田拾弐町壱反小
右、為天羽郡(上総国)佐貫郷南方内金沢領(称名寺、武蔵国六浦荘)沙汰、所納如件、
　応永六年十二月二日　聖初(富田)(花押)

○五八八　中尾貞胤外宮神宝料足請取状　○金沢文庫文書

納　外宮(伊勢国度会郡)神宝料足事
　合陸貫文者、
右、為高柳村(上総国金田保)沙汰、所納如件、
　応永六年十二月六日　中尾貞胤(花押)

○五八九　某書下写　○「秋田藩家蔵文書」二〇

(朱書)『将軍義持公御下文』
陸奥国石河庄蒲田村参分弐但除寺領事、如元所還補也者、早守
先例可致沙汰状如件、
　(花押影)　(朱書)『此例ノ字ノ通リノ裏ニ如此判アリ』

応永六年十二月九日
石川長門守(光重)殿
○赤坂忠兵衛光康家蔵文書。

○五九〇　石川光重申状写　○樋口本「秋田藩家蔵文書」二九

(注記)「石河長門守光重書　赤坂文書」
就奥州石河庄内蒲田村事、伯父(石川)民部少輔光広方、被成召符
由承及畢、以光重為養子、相副畢(手カ)継証文等譲得之候幸(畢カ)、相
続人云、当参奉公云、光重彼(被カ)下預召符可明申由存候、以此
間可預御披露候、恐惶謹言、
九月十四日　長門守光重上
進上　御奉行所
○本文書、年未詳なるも、前号にかけて便宜ここに収める。

○五九一　某施行状写　○「秋田藩家蔵文書」二〇

(朱書)『沙弥某奉書』
陸奥国石川庄蒲田村参分弐(但除寺領)事、守御下文之旨、石河遠(盛光)江三郎相共莅彼所、沙汰付下地お石川長門守光重、可被執
進請取之状、依仰執達如件、
応永六年十二月九日　沙弥(花押影)
伊東河内守(祐允)殿
○赤坂忠兵衛光康家蔵文書。

○五九二　某施行状写　○「秋田藩家蔵文書」二〇

(朱書)『前ニ同(沙弥某奉書)』
陸奥国石川庄蒲田村参分弐(但除寺領)事、守御下文之旨、伊東河(祐允)内守相共莅彼所、沙汰付下地お石川長門守光重、可被執進
請取之状、依仰執達如件、
応永六年十二月九日　沙弥(花押影)
石川遠江三郎(盛光)殿
○赤坂忠兵衛光康家蔵文書。

○五九三　中院行正坊幸湛旦那売券　○潮崎稜威主文書

永代売渡申旦那之事

合而代卅五貫文者、
右件旦那ハ、依有用要、売申候処ハ実正也、但常州小田・
完(宍)戸・筑波郡地下一族一円、田中庄限永代売渡申候、於彼
旦那何方よりもい(違)乱煩申方候ハヽ、本主道遣可申候、若又
天下一同之徳政行候共、此状ニ者一言之申事有間敷候、仍
売券状如件、
応永六年極月十日　(中院)行正坊
幸湛（花押）
代主廓之坊参

〇五九四　足利道義(義満)書状　〇東京大学史料編纂所所蔵小笠原文書

あふミ(近江)へ京極(高詮)同道候へと申て候つれとも、さかい(堺)まつ大き(義)(和泉国)
にて候へハ、こんとのいくさにハ、あハれ候へく候、たれ
のてもくわんれい(管領)(畠山徳元、基国)の入かいせいになられ候ハヽ、よく候へ
く候、たゝしそれもわ《く》わんれいのたんかう(談合)候へく候也、

(応永六年)十二月十(日脱)　(足利道義、義満)(花押)
小笠原信乃(長秀)守殿

〇五九五　足利道義(義満)袖判今川仲高(仲秋)寄進状　〇金蓮寺文書

(足利道義、義満)(花押)
寄進状
奉寄進
(山城国京都)金蓮寺四条道場、遠江国大池郷北方地頭職事
右、為道場造営料所、々奉寄進也、仍状如件、
応永六年十二月十一日　(今川仲秋)沙弥仲高（花押）

〇五九六　石川盛光打渡状写　〇「秋田藩家蔵文書」二〇

(朱書)『石河遠江三郎源盛光渡状』
陸奥国石川庄蒲田村参分弐但除寺領事、応永六年十二月九日任
御施行之旨、伊東河内守(祐充)相共莅彼所、沙汰付下地お石川長
門守光重候畢、仍渡状如件、
応永六年十二月十二日　源盛光（花押影）

石川長門守殿

○赤坂忠兵衛光康家蔵文書。

○五九七　結城禅貴(基光)請文案　○皆川文書

長沼淡路入道義秀申、下野国長沼庄内長沼又四郎跡事、欲沙汰付下地於義秀代候之処、又四郎跡輩重率多勢支申之間、不及村渡之由、代官聖棟(水谷)去月晦日注進状如此、謹令進覧之候、以此旨可有御披露候、恐惶謹言、

応永六年十二月十三日　沙弥禅貴(結城基光)在判

進上　御奉行所

○五九八　今川仲高(仲秋)書下　○富田仙助氏所蔵文書

遠江国山香庄領家職東手村内藤河事、為兵粮料所、所預置也、守先例可致沙汰状如件、

応永六年十二月十三日　沙弥(今川仲高、仲秋)(花押)

天野遠江入道殿(景隆)

○五九九　聖観音坐像墨書銘　○千葉県成田市永興寺蔵

(胎内)奉修造聖観音

現世安穏後世善処

悉地円満為也　願主

安養寺

応永六年己十二月十六日

(追銘)「応永十六戊子二月

成田郷(下総国埴生郡)

大檀那光量」

○六〇〇　上杉禅助(朝宗)施行状案　○皆川文書

長沼淡路入道義秀申、下野国長沼庄内長沼又四郎跡事、於彼仁者、為謀書人之間、不及是非、縦雖支申之、可沙汰付義秀之由、先度被仰之処、卒多勢支申之由、及度々注進之條、不可然、不日沙汰付下地於義秀、可被執進請取状、次与力人事、為有殊沙汰、載記請之詞、可被注進交名之状、依仰執達如件、

応永六年十二月十七日　沙弥（上杉禅助、朝宗）在判

なから（長柄）山殿

結城弾正少弼（禅貴、基光）殿〔入道脱ヵ〕

○六〇一　伊東祐允打渡状写　○「秋田藩家蔵文書」二〇

（朱書）『伊東前河内守祐允書』

陸奥国石河庄蒲田村参分弐事、任応永陸年御教書旨、石河遠江三郎（盛光）相共莅彼所、渡付下地石河長門守（光重）代官ニ候、仍為後日状如件、

応永陸年十二月廿日　前河内守祐允（花押影）

石河長門守殿

○赤坂忠兵衛光康家蔵文書。

○六〇二　二階堂ヵ氏盛巻数請取奉書　○大善寺文書

甲斐国柏尾山（大善寺、山梨郡）歳末御巻数一枝、入見参候了、仍執達如件、

応永六年十二月廿三日　沙弥（二階堂ヵ氏盛）（花押）

衆徒中

○六〇三　鶴岡八幡宮執行倫瑜書下案写　○「鶴岡事書日記」応永六年十二月条

書下案文

酌子屋敷請取後、是非子細不被申之条、何体次第候哉、年貢可被□（取ヵ）進也、

一、山守免年貢事、可有取沙汰候之由、度々被仰下候処、異儀候条無謂次第也、既自先政所□被成公物候上者、今更難有難渋候、任先落居了、三ヶ年々貢急速ニ可有進之也、

一、白山神宮寺（上総国埴生郡）当年々貢事、

一、珠数免者今年貢事、

一、原阿弥陀堂（西光寺）（同郡）安堵料未進ニ連半事、于今延引、無勿体次第也、仍而無緩怠可有取進上之状如件、

応永六年十二月廿三日　法印倫瑜（座心坊）在判

此実名者執行以自□（筆ヵ）被書之云々、

佐坪政所殿（上総国埴生郡）（岩名手光阿）

〇六〇四　島津道祐等申状　〇早稲田大学図書館所蔵下野島津文書

(端裏書)「島津三郎左衛門入道以下人等申状　応永六　十二　廿三」

島津三郎左衛門入道々祐・同左近将監入道々光・同与一入道・同右京亮入道等謹言上

早下野国戸矢子保内梅沢村・同千手村・同寺尾村、同国木村保内長方村本知行分者、於小山御陣(下野国小山荘)、去永徳二年三月廿七日賜還補御下文、悉以当知行無相違之処、於梅沢村去至徳年中古河御陣(下総国下河辺荘)時、野田入道(等忠カ)無是非押領云々、至千手・寺尾両村者、雖帯還補御下文、高掃部助入道号当保内闕所分押領訖、長方村者、号国闕所彼村半分、宇都宮々内大輔所令拝領也、雖然還補以来各有忠更無過失、仍数ヶ度御陣軍忠状等右備之、仍可預御施行之処、敵方依支申不事行条、不運至極歎有余、其子細時之守護方所被挙申也、然則対当知行人被究淵底、可預御裁許子細事

副進　還補御下文并軍忠状等

右子細者、云譜代相続地、云還補御下文、明白篇、蒙御成敗、全知行弥為抽無二忠勤、恐々言上如件、

応永六年十二月　日

〇六〇五　鶴岡八幡宮執行倫瑜書下案写　〇「鶴岡事書日記」応永六年十二月条

天羽三位(頼円)并兵部房(善祐)安堵後、号政所安堵重被懸任料之由、有其聞、事実者不便次第也、於向後者如此課役可被停止之状如件、

応永六年十二月廿四日　法印(座心坊倫瑜)

佐坪(上総国埴生郡)政所(岩名手光阿)殿

〇六〇六　中野頼兼軍忠状　〇本間美術館所蔵市河文書

中野兵庫助頼兼申軍忠事

右、当年応永六大内入道(義弘)為御退治、当大将小笠原信濃守殿(長秀)御発向之間、属于御手、於泉州境(堺)浜両度御合戦致忠勤被疵訖、然早賜御証判為備後鏡、恐惶言上如件、

応永六年十二月廿七日

(証判)「承候了、(花押)(小笠原長秀)」

○六〇七　足利道義（義満）書状　○上杉家文書

典厩（足利満兼）御勘気事、勿体なく候、千万をさしをかれ候て御免候
者、本望候、かしく、
　十二月廿九日（応永六年）　（花押）（足利道義、義満）
上杉安房入道殿（長基、憲定）

応永七年（西紀一四〇〇）

○六〇八　香取社差定案　○香取案主家文書

差定　来十月相撲御頭番事
　祭祝中祝所
右、自今日始至于祭日等之期、令停止万雑公事上者、所由
□□（寄カ）取、於重服・軽服・□（月）水・血走・不善之輩、不□□頭
人□内、若不随制止者、以脇□□（鷹天神為）大行事可□□（令制）定給之
状□□（如件カ）、
　□（応カ）永七年正月七日
（後欠）

○六〇九　足利道義（義満）書状　○上杉家文書

（裏紙）「府」

年始慶賀事珍重、抑今川伊与（了俊、貞世）入道関東へ没落のよしきこへ候、不思議の荒説の者候、かやうにて候ハヽ、天下のため不可然候、何とも御方便候て、討候ハヽ、悦入候、其子細慶阿方より可申候、かしく、

（応永七年）正月十一日　（足利道義、義満）（花押）

上杉安房入道殿（長基、憲定）

○六一〇　足利道義（義満）御教書写　○内閣文庫所蔵浅草文庫本「古証文」二

駿河国々務并守護職事

右、以今川上総入道法高（泰範）所令補任也者、守先例可被致沙汰之状如件、

応永七年正月十一日

（足利道義、義満）入道准三宮前大（太）政大臣御判

○六一一　足利道義（義満）御教書写　○内閣文庫所蔵浅草文庫本「古証文」二

遠江国々務并守護職之事

早任先例可被沙汰之状如件、

応永七年正月十一日

（足利道義、義満）入道准三宮前太政大臣御判

今川上総入道殿（法高、泰範）

○六一二　板碑銘　○東京都八王子市禅東院所在

光明遍照

十方世界

（追刻）「本徳院殿持法和入居士」

（梵字）　応永七年正月□日

（追刻）「土橋式部阿法母尼」

念仏衆生

摂取不捨

○六一三　祖明勧進状写　○「私案抄」

勧進沙門比丘祖明敬白　当寺
　請《フ》特《ニ》蒙《リ》十方旦那《ノ》助成《ヲ》、奉《リ》治《ヤタウ》鋳《シ》武州多東郡深大寺洪鐘《ヲ》、覚《シ》
六趣《ノ》冥闇睡《リヲ》、驚《ント》三界妄状見夢、
右、当寺者、深太〔砂〕大将王之霊場、多聞天王之建立、天平宝字《ノ》開基、六百余歳《ノ》旧跡也、大坎〔炊〕(淳仁)　平城　清和三代《ノ》為御勅願、就中清和天皇《ノ》御敬崇依異他寺《ニ》、貞観年中、当国《ノ》々司蔵宗・蔵吉彼兄弟者共為朝敵《ト》之時、恵亮和尚於此砌《リニ》○夷敵降伏《ノ》法《ヲ上》修《シ》、抜《テ》持剣《ヲ》割《サキ》頭面《ヲ》、取脳肉《ヲ》焚《タク》炉火《ニ》、朝敵不日《ニ》背北《ハイホク》、御願即時《ニ》成就《ス》、彼持剣于今留在《テリ》当寺《ニ》、自爾以来、源家御武運繁昌之霊地、天下泰平之勝躅也、爰比丘祖明雖欲奉鋳直洪鐘《ヲ》、有志《テ》無力、只勧《メ》貴賤道俗《ヲ》、不論多少《ノ》恩施《ノ》者也、凌雲樹自《リ》寸苗生《ル》、浮船水従涓《ケン》露流《ル》、雖為少善、盍成《シセ》大願乎、観音妙智之済度、無刹《トシテ》不至《ト云コト》、抜苦与楽之誓弘《上下》、誰人《カ》不信仰《セ》、然則同心合力輩《ノ》、忽《ニ》離《レ》三毒七難之苦厄《ヲ》、随喜結縁之彙《ハイ》、速《ニ》得《ン》阿耨菩提《ノ》妙果、仍勧進如件、

応永七年辛巳〔ママ〕正月日　　祖明敬白

○六一四　足利道義(義満)御教書写　○「今川家古文章写」

鹿苑院殿(足利道義、義満)
駿河国入江庄内入江駿河入道跡事、所宛行今川上総入道法高(泰範)也者、守先例可致沙汰之状如件、
　応永七年二月五日

○六一五　小早川仲好(仲義)譲状　○小早川文書

譲与
嫡子又四郎(小早川)弘景所領事
　合
安芸国都宇庄　　同国竹原庄
同梨子羽郷(沼田本荘)南方除守安名并郡作宗永名并三町門田
同吉名村(沼田新荘)　　同三津村・木谷・風早三ヵ村

（安芸国）高屋保
同兼武名　　備前国裳懸庄
美作国打穴庄　　相模国成田庄藤太作
阿波国助任郷（名東郡）　　（相模国）鎌倉米町屋地
（山城国）京都四条油小路屋地

右、於所領等者、相副代々御下文以下証文等、所譲与息男又四郎弘景実也、但致伯父・舎弟共者、可加涯分扶持、雖然有聊不儀之子細者、可為弘景進退、次後家・女子等持分事ハ、一期之後者、可令弘景知行者也、致公方御公事者、任先例可致其沙汰、仍譲状如件、

応永七年二月九日　　（小早川仲義）仲好（花押）

○六一六　安楽坊顕覚書下案写　○「鶴岡事書日記」応永七年十二月条

当村白山神宮寺免事、被補三位阿闍梨頼円等、下地等可被渡付彼仁候、会所之間申候、恐々謹言、

（応永七年）二月十一日　　（安楽坊）顕覚

（上総国埴生郡）佐坪政所殿（岩名手光阿）

○六一七　足利満兼御教書案　○皆川文書

長沼淡路入道義秀申、下野国長沼庄内長沼又四郎跡事、注進状披見候、彼又四郎跡輩背数ヶ度遵行、擬及合戦之条、頗難遁重科、於今者不及是非、不日沙汰下地於義秀、可執進請取状、若於及異儀者、可加治罰也、次与力人事、為有其沙汰、載起請之詞、可令注進交名之状如件、

応永七年二月十五日　　（足利満兼）勝光院殿　御判

結城弾正少弼殿（入道脱ヵ）（禅貴、基光）

○六一八　天神社棟札銘写　○「新編武蔵国風土記」三五

梵字　奉再興天満宮　応永七庚辰年　（下総国葛飾郡）天神坊中興良算
二月廿五日

○葛飾郡一六天神島村項。

○六一九　結城禅貴（基光）打渡状案　○皆川文書

長沼淡路入道義秀申、下野国同長沼又四郎跡事、任先月

十五日御教書旨、沙汰付下地於義秀代畢、仍渡状如件、

応永七年三月五日

結城殿(禅貴、基光)

在判

○六二〇 足利満貞書下 ○結城錦一氏所蔵結城家文書

伊達(政宗)大膳大夫入道円孝・葦名次郎左衛門尉満盛等隠謀事、依露顕已逃下之上者、不日所可被加退治也、早可致忠節、於恩賞者、依功可有御計之状如件、

応永七年三月八日 (足利満貞)(花押)

結城参河七郎殿(小峰満政)

(封紙)「結城参川七郎殿 満貞」

○六二一 足利道義(義満)御教書写 ○「今川家古文章写」

駿河国泉庄事、同国長慶寺(葉梨荘)、如元領掌不可有相違之状如件、

応永七年三月九日

入道准三宮(足利道義、義満)前太政大臣御判

○六二二 「法華玄義抄」巻二奥書 ○栃木県輪王寺蔵

(扉書)法華玄義第二聞書下祐海

(扉裏書)武州府内(多東郡)安養寺

(奥書)応永七年庚辰三月十二日書之畢、 祐海

○六二三 畠山徳元(基国)施行状 ○海蔵院文書

海蔵院(東福寺、山城国紀伊郡)雑掌申、信濃国太田庄領家職事、訴状・具書如此、早退押領人、可被全雑掌所務之由、所被仰下也、仍執達如件、

応永七年三月十六日 沙弥(畠山徳元、基国)(花押)

小笠原信濃守(長秀)殿

○六二四 某前下総守打渡状 ○上遠野文書

(前欠)

任去十四日御寄進状之旨、打渡下地於寺家雑掌候畢、仍渡状如件、

応永七年三月廿二日 前下総守(花押)

○六二五　足利満貞書下　○國學院大學白河結城文書

陸奥国白河庄・高野郡宇多庄・石川庄内当知行地等事、如元不可有相違之状如件、

応永七年四月八日　（足利満貞）（花押）

白河兵衛入道（満朝）殿

○六二六　鶴岡八幡宮執行倫瑜書下案写　○「鶴岡事書日記」応永七年四月条

白山神宮寺（上総国埴生郡）観音堂免田之内、去年一反耕作云々、然者可為公物之由、被成書下之処、注進損亡云々、一事両様無謂次第也、所詮以彼年貢可被寄観音堂修理也、急速可有成敗之状如件、

応永七年卯月十日　法印（座心坊倫瑜）

佐坪（上総国埴生郡）政所（岩名手光阿）殿

○六二七　市河興仙軍忠状　○本間美術館所蔵市河文書

□（市）河刑部大輔入道興仙申軍忠事

右、去年応永六小笠原信濃守長秀為当国信州守護殿、御代官御入部之刻、島津太郎国忠致嗷訴之間、為御退治、十月廿一日小笠原赤沢対馬守秀国・同櫛置石見守入道清忠発向之間、最前馳参、属于彼手、於石渡（信濃国東条荘）御陣致忠節之処、同年十月大内入道（義弘）全（企）野心、馳越泉州楯籠境（堺）浜之間、為御退治御所（足利道義、義満）已有御出、被召八幡（山城国綴喜郡）御陣、而間当御管領畠山殿（徳元、基国）為大将御発向之間、小笠原信濃守長秀十一月六日伊那郡（信濃国）伊賀良庄有御立、御上洛之由、預御催促之間、同十五日在所罷立、着美濃国釜戸（土岐郡）之処、土岐宮内少輔（詮直）大内依令同心、塞路次之間、送数日、十二月晦日自濃州釜戸令帰宅、驪懸北国可令参洛之由、致用意之刻、大内有御退治、小笠原信州無為御下国之由、依承之、不及令参洛、雖然於高井郡（信濃国）烏帽子形城抽忠勤者也、然早賜御証判、為備累代元亀、恐々粗言上如件、

応永七年四月廿一日

「承候了（証判）、（小笠原長秀）（花押）」

○六二八　足利道義（義満）袖判御教書写　○「今川家古文章写」

鹿苑院殿(足利道義、義満)御判

駿河国蒲原庄事、為料所預置今川上総(泰範)入道法高也者、守先例可致沙汰之状如件、

応永七年四月廿五日

○六二九　足利道義（義満）袖判御教書　○上杉家文書

(足利道義、義満)（花押）

丹波国八田(何鹿郡)本郷内四名事、所充行上杉安房(憲定)入道長基也者、守先例可致沙汰之状如件、

応永七年五月三日

○六三〇　足利道義（義満）袖判御教書　○上杉家文書

(足利道義、義満)（花押）

丹波国八田郷事、雖充行仁木兵部少輔義員、於彼郷内本郷者、任去応永五年十一月廿四日下文并当知行、上杉安房(憲定)入道長基可全領知之状如件、

応永七年五月三日

○六三一　薬師如来鰐口銘　○埼玉県比企郡川島町　善福寺蔵

(表)明徳四年癸酉四月日大工河内権守国光

武州高麗郡佐西郷熊野堂権律師良勝

(裏)奉懸薬師如来鰐口一面

応永七庚辰五月六日　於大同氏女

○六三二　小笠原長秀書下　○本間美術館所蔵市河文書

(付箋)「おかさはら(長秀)との、」(小笠原殿)

信濃国水内郡若槻新庄加佐郷庶子分除飯岡・長江・名立知行分事、大内(義弘)入道退治之時、為致軍忠馳参之処、依路次難儀帰国云々、雖然於国致忠節之間、為其賞所宛行市河次郎義房也、早任先例可致沙汰之状如件、

応永七年五月廿七日　信濃守(小笠原長秀)（花押）

○六二三　中院頼賢旦那売券　○潮崎稜威主文書

永売渡申那智山(紀伊国)檀那之師職事

右の檀那者、竹内の執行法印源慶より本宮森の新三郎殿ニ御譲候、檀那武蔵国河越の一門一円ニ、江土(戸、下同ジ)の一門一円ニ、角田の一門一円ニ、此三流の檀那ハ森の新三郎殿より大島の雅楽殿ニ被譲て候、其を滝脇の光増房買得相伝候、其を又光増房より盛甚僧都と河頬の妙欽と仁被譲て候、其を池頭殿買得相伝候、其の三分一をハ大島の雅楽殿の息女慶熊女の方より中院の大輔僧都御房ニ永被売渡候を、其譜弟大輔阿闍梨頼賢ニ降被譲候を、(有脱)依要用て、鳥居の大夫阿闍梨御房の口入を以て、代弐貫文ニ池頭殿ニ永売渡申処実正也、但シ江土三分一をハ、故僧都の三位法橋御房ニ被譲て候、其状を御請取候者、本よりの事にて候、若御もとし候ても、江土三分一の分をも、同池頭殿ニ売渡申処実正也、然ニ於此旦那の事ニ、頼賢か子孫として有違乱妨之輩者、永可為不孝之仁者也、仍為後日亀鏡永売券之状如件、

応永七年庚辰五月晦日　中院大輔阿闍梨頼賢（花押）

○六二四　小笠原長秀書下　○本間美術館所蔵市河文書

信濃国高井郡中野西条村内除井上・須田知行分并水内郡若槻新庄加佐郷内新居分門阿跡・同庄静妻郷内北蓮分等事、任由緒之旨、領掌不可有相違之状如件、

応永七年六月二日　信濃守(小笠原長秀)（花押）

市河刑部大輔入道(興仙)殿

○六二五　小笠原長秀遵行状　○本間美術館所蔵市河文書

(付箋)「小笠原長秀判」

信濃国高井郡中(野)条西条村内除井上・須田知行分事、早任下知之旨、下地お可被沙汰付市河刑部大輔入道(興仙)之状如件、

応永七年六月三日　信濃守(小笠原長秀)（花押）

小笠原赤沢対馬守(秀国)殿

○六二六　小笠原長秀遵行状　○本間美術館所蔵市河文書

(付箋)「(長秀)おかさはらとの、(小笠原殿)」

信濃国水内郡若槻新庄加佐郷内新居分門阿跡・同庄静妻郷内北蓮

分等事、早任下知之旨、下地お可被沙汰付市河刑部大輔（興仙）入
道之状如件、

応永七年六月三日　　信濃守（小笠原長秀）（花押）

小笠原櫛置石見入道（清忠）殿

○六三七　小笠原古米入道打渡状　○本間美術館所蔵市河文書

（付箋）「こめとの（古米殿）、」

信濃国水内群（郡）加佐郷庶子分、任御施行之旨打渡候了、状如
件、

応永七年六月三日　　沙弥（小笠原古米入道）（花押）

市河二郎（義房）殿

○六三八　小笠原古米入道打渡状　○本間美術館所蔵市河文書

（付箋）「こめとの（古米殿）、」

信濃国水内群（郡）若槻新庄加佐郷内新居分門阿跡・同庄静妻郷内北蓮
分等事、任御施行之旨打渡候了、状如件、

応永七年六月三日　　沙弥（小笠原古米入道）（花押）

市河刑部大輔（興仙）入道殿

（付箋）「小笠原古米《こめ》入道ノ判」

○六三九　小笠原長秀書状写　○大嶋家文書

今度無比類働神妙候、因茲為増地安曇郡（信濃国）小室郷出候、弥可
励忠功事肝要候、

応永七年六月五日　信濃守（小笠原）長秀（花押影）

大島丹後守殿

○本文書、後代の作か。

○六四〇　小笠原長秀書下　○諏訪大社下社文書

信濃国筑摩郡春近領塩尻東西・小池東西・新村南方等事、
領掌不可有相違之状如件、

応永七年六月十一日　　信濃守（小笠原長秀）（花押）

諏方大祝殿

○六四一　上杉禅助（朝宗）施行状案　○「相州文書」大住郡

大山寺(相模国大住郡)護摩堂造営料所相摸国蓑毛(余綾郡)・田原(大住郡)両郷事、早任御寄進状之旨、可被打渡下地於護摩堂雑掌之状、依仰執達如件、

応永七年六月十二日　沙弥(上杉禅助、朝宗)（花押）

三浦介(高連)入道殿

○大山寺八大坊蔵。

○六四二　赤沢秀国打渡状　○本間美術館所蔵市河文書

(付箋)「あかさわ(赤沢)殿わたし状」(秀国)

市河刑部大輔入道興仙申信濃国高井郡中野西条村事、早任今月二日御下知・同三日御施行旨、莅彼所、下地お打渡興仙訖、仍渡状如件、

応永七年六月十四日　対馬守(赤沢秀国)（花押）

市河刑部大輔入道(興仙)殿

○六四三　足利満兼願文　○三嶋大社文書

敬白

三島社壇(伊豆国田方郡)

立願事

右「満兼」(異筆)(足利)誤以小量欲起大軍、然依補佐之遠慮、有和睦之一途、仍止発向、早随時宜、重又有諫言、々々良有所以、令定運命之通塞、須由冥助之浅深、若違冥慮者、争達微望、若有神助者、自開福運、不可求力、不可労心、故任彼諷諫、忽翻異心、即為改其過而謝其咎、記此意趣、偏仰冥鑑、伏願　当社早照丹心、弥加玄応、都鄙無事、家門久栄矣、仍願書如件、敬白、

応永七年六月十五日　左馬頭源朝臣「満兼」(同異筆)（花押）

○六四四　足利満貞書下写　○「秋田藩家蔵文書」二〇

(朱書)『足利四郎満貞書』

当知行地事、如元不可有相違状如件、

応永七年六月十七日　（花押影）(足利満貞)

石河長門守（光重）殿

○赤坂忠兵衛光康家蔵文書。

○六四五　「大般若経」奥書写　○「新編会津風土記」

奥州会津野沢大槻円福寺常住、応永第七天庚辰六月廿日、

右筆金資良鏡

○本奥書、「新編会津風土記」の本文にある。「当山四十世覚幻修補之とあり」とする。巻次不詳。

○六四六　鶴岡八幡宮執行倫瑜書下案写　○「鶴岡事書日記」応永七年七月条

（佐坪・一野村、上総国埴生郡）両村斗代事、為三斗代之処、先年今年計壱作為運賃分、段別蒙三升宛之御免、自明年於向後者、如元以三斗代可致沙汰之由、堅百姓等乍捧押書、及于今弐斗七升宛進之条、奸謀之至極也、其旨去々年所被成書下也、所詮於当年者、両村之作稲被下点札、以三斗代分可致沙汰之由、堅可被申含、若於及異儀百姓等者、皆以可被召進、努々不可有無沙汰之状如件、

応永七年七月十二日　法印（座心坊倫瑜）在判

佐坪政所（岩名手光阿）殿

○六四七　小笠原長秀遵行状　○海蔵院文書

（東福寺、山城国紀伊郡）海蔵院雑掌申、（信濃国）当国大田庄領家職之事、任去三月十六日御教書旨、可被沙汰付雑掌状如件、

応永七年七月十九日　信濃守（小笠原長秀）（花押）

小笠原櫛置石見入道（清忠）殿

○六四八　鶴岡八幡宮執行倫瑜書下案写　○「鶴岡事書日記」応永七年七月条

（佐坪・一野村、上総国埴生郡）就両村年貢歟〔定カ〕、度々被成書下之処、如今年廿日注進者、御寄進以後六十余年、三斗代之内運賃船賃料一段別三升宛御免之外、更無煩之由、古老百姓等申云々、是以奸曲之至也、貞和五年記録并観応二年百姓等連判押書、三斗三升代之由分明也（両通案文、被下之）、此上者無所諍者哉、所詮任此等支証状之

旨、堅以正米三斗可運上之由、可被申含也、若尚有可〔マヽ〕有申
子細者、古老百姓等四五人可被具参之状如件、
応永七年七月廿四日　法印（座心坊倫瑜）在判
（岩名手光阿）佐坪政所殿

〇六四九　滝本東六郎左衛門檀那売券　○米良文書

永代売渡檀那之事
合弐拾参貫文者、かいぬしとりいのゑもん
右、檀那者、ひんかし（東）の六郎左衛もんの重代相伝の檀那たりといゑとも、よう〳〵（要用）あるによて、現銭弐拾三貫文に、上野国とねのしやう（利根荘）のうちくやのさいしやうとのゝひき一ゑん（円）、おなしきおうミやのわかさとのゝひき一ゑん（円）ニ、そうしてかうつけ（上野）の国中よりひんかし（東）の六郎さゑもん（左衛門）とたつね候ハんたんな（檀那）ハ、一人ももれすうりわたし申所実正也、此状のうゑハ、いつかたよりもいらんわつらい（違乱煩）申事あるましく候、もし千万にもいらん（違乱）申かた候ハヽ、六郎さゑもん（左衛門）か一もん（門）として、あいゝてゝさた申へく候、もしそれなをふさた（無沙汰）候ハヽ、ときをかゑす御用途一はいのさた出申へく候、此状のおもてにまかせて、くわんもんの一まいなとも、おちゝりて候ハんをもたれて候ハん方ハ、ミな〳〵ほんく（反故）になり候へく候、仍為後日状如件、
応永七年庚辰七月廿四日
うりぬしたきもと（滝本）のひんかし（東）の六郎左衛門（花押）

〇六五〇　円覚寺新文書目録　○円覚寺文書

新文書
一、壱巻　印西内（下総国）八ヶ郷荒田可開田数百姓等請文応永二　卯五
一、壱通　就高宮入道給恩平賀村（同国印西条）事自公方御事書応永二六廿八
一、壱通　同高宮入道押書状
一、壱通　印西条鎌倉殿（足利氏満）安堵応永二七廿八
一、弐通　就印西内外長夫用途事寺家事書応永二九廿三
一、弐通　同条百姓等請文　同日

一、壱巻　印西外八ヶ郷寺社目録　高宮平次入道裏封、

一、壱通　応永三　三廿六　堀代郷（上総国土気郡）・上郷・大崎村（同国金田保）三ヶ所与富田庄当知行分伊勢（道貞）方（同国一宮荘）相博状応永三六（十九カ）五

一、参通　同就相博事伊勢方状

一、壱通　塔頭所禁制京都御教書応永五七十一

一、参通　就塔頭所事絶海（中津）和尚状

一、壱通　佐野郷（駿河国駿東郡）大森彦六入道押書応永五九廿七

一、弐枚　仏日庵（円覚寺、相模国山内荘）法光寺殿（北条時宗）・最勝園寺殿（同貞時）御影紙形

一、参通　寮舎押書石屛　蔵蜜　怡雲

一、壱通　伊勢造宮請取（伊勢国度会郡）応永六十一廿

一、壱通　大崎村国衙請取、自如意庵（円覚寺）、応永七三晦

右、文書等、誠提点方渡申訖、

応永七年七月廿五日　自三代

島津殿

○六五一　小笠原古米入道打渡状　○海蔵院文書

海蔵院（東福寺、山城国紀伊郡）雑掌申、当国（信濃国）大田庄領家職事、打渡申候了、状如件、

応永七年七月廿六日　沙弥（小笠原古米入道）（花押）

○六五二　法華経読誦日記　○覚園寺所蔵戌神将胎内文書

応永七〔年〕□庚〔辰〕□卯月十五日

［　　］□□□□〔法華読誦カ〕日記　於普済庵毎日一巻

一巻　二巻　三巻　四巻　五巻　六巻　七巻　八巻

□　□日　廿日＼　廿一日＼　廿一日＼
□　廿六日＼　廿七日＼　廿八日＼　廿八日＼
□　一日　八日　二日＼　九日＼　三日＼　十日＼　四日＼　十一日＼　五日＼　十二日＼　六日＼　十三日＼　六日＼　十三日＼
□　十四日＼　十九日＼　十五日＼　廿日＼　十五日＼　廿一日＼　十六日＼　廿二日＼　十六日＼　廿三日＼　十七日＼　廿四日＼　十七日＼　廿四日＼
□　廿六日＼　廿七日＼　廿八日＼　廿九日＼　卅日＼　一日＼　一日＼
□日　三日＼　十日＼　四日＼　十一日＼　五日＼　十二日＼　六日＼　十四日＼　七日＼　十五日＼　八日＼　十六日＼　八日＼　十六日＼
□　十七日＼　廿二日＼　十八日＼　廿三日＼　□日＼　廿四日＼　十九日＼　廿五日＼　十九日＼　廿六日＼　廿日＼　廿七日＼　廿日＼　廿七日＼
□　廿九日＼　七日＼　一日＼　八日＼　二日＼　九日＼　三日＼　十日＼　四日＼　十日＼　五日＼　五日＼

是日已過、命即随減、如小水魚、斯有何楽、皆勤精進、如救頭燃、但念無常、莫慎放逸、
□〔応〕永七庚辰、七月　日

○本文書、界線あり。○●△の印は省略した。

○六五三　足利道義（義満）御教書

○東京大学史料編纂所所蔵小笠原文書

小笠原信濃守長秀申美濃国中河地頭職事、諸公事免除之上者、守護役等可停止催促之状如件、

応永七年八月五日　（花押）（足利道義、義満）

土岐美濃入道（頼益）殿

○六五四　安楽坊顕覚書下案写

○「鶴岡事書日記」応永七年八月条

今月六日注進、同七日到来、令披露候了、抑両村（佐坪・一野村、上総国埴生郡）斗代事、鎌倉（相模国）進一段別可為三斗代之由仰下之処、弐斗九升分可致沙

汰之由、百姓等申之由承候、其間子細近日可有御上候へ者、
以面衆中可有其沙汰候歟、先御年貢放生会已前、早々可運
上之旨可仰含候、当会所之間、如此申候、恐々謹言、
(応永七年)八月七日　(安楽坊)顕覚
岩名手入道(光阿)殿

○六五五　観日坊秀誉預状　○輪王寺文書

(端裏書)「預状　観日坊」
預申御忌日料足之事
合本四貫文者、
右御料足者、四文子ニ、合壱貫六百文充、毎年可沙汰申候、
仍為後日証状如件、
応永七年庚辰八月十八日
預観日坊秀誉（花押）

○六五六　清覚書状　○東寺百合文書さ函一七一　一通

其後久不令申候、所存之外候、兼又自ゐ(田舎)中状令進之候、
就其去年(遠江国原田荘細谷郷)々貢未進之事、度々承候、所存之外相存候、去年
之所務以前自此方辞退令申候、自ゐ中も令申候、守護方給
主七月中より入部事に候、国ニかくれなく候に、此方へ年
貢未進なんと承候、御沙汰之様不得其心候、
一、遠州半国守護職、前探題(今川了俊、貞世)安堵候、細谷郷は、前探題知
行之内候、国方事心安かるへく候間、細谷郷之事、御代
官御下候へき無人体之、毎年十(拾)五貫文ニ御あつけ候て、
無闕退可致沙汰候、若さやうにもおほしめし候ハヽ、風
渡承候へく候、又ゐ中ゑも御返事に可被仰候、今員数に
一結も増候ハヽ、中〳〵難叶候、更〳〵無得分処ニ候之
間、可止所望候、毎事期後信候、恐々謹言、
(応永七年)八月廿五日　清覚
(祐尊)高井殿
「(切封墨引)」

○六五七　鶴岡八幡宮執行倫瑜補任状案写　○「鶴岡事書日記」応永七年八月条

補任　鶴岡八幡宮(相模国鎌倉)領武蔵国足立郡佐々目郷公文職事
　豊島左近蔵人入道道頭
右、以彼人所補任也、云郷務、云当参奉公、任先例可致其
沙汰之状如件、
　応永七年八月廿七日　　法印倫瑜(座心坊)

○六五八　心城院書状案写　○「鶴岡事書日記」応永七年八月条

心城院状案
埴生郡(上総国)サツホ(佐坪)より八幡宮(鶴岡八幡宮、相模国鎌倉)御供米運送間事、大阿弥にて候ける
今候はぬ社ニ、不具孫三郎ニ仰付候程ニ、去年ハ無子細運
送之処、今年ハ大阿弥属□御寺歎申候とて、不具孫三郎勘(斟)
酌之間、此御□(供カ)米大阿弥取置候て未渡候、不具三(孫脱カ)郎ニ被仰
付候て可給候よし、岩名手入道(光阿)是ハ本此御所ニ奉公之仕候、申候、若又不
具三(孫脱カ)郎猶斟酌事候て、以器用之輩たれにても候へ、被仰付
候て可給之由申候、早々可有御了簡候哉、恐々謹言、
　八月廿七日(応永七年)　　沙弥
　　無畏寺方丈

○六五九　広橋兼宣奉書　○内閣文庫所蔵大乗院文書　寺門事条々聞書

当寺領上総国周西・天羽・射(武脱カ)・与宇呂・金田・尼寺・国分
寺等事、任度々　勅裁・　長者宣等之旨、止国衙之雑掌之
違乱、可全管領由可令下知寺門給之旨、被仰下候也、仍執
達如件、
　応永七年八月卅日　　是ハ広橋殿(兼宣)判
興福寺(大和国奈良)別当僧正御房(実恵)

○六六〇　重阿・珠阿連署書下　○健田須賀神社文書

かうち屋の間の事、いせん(以前)の御せいはい(成敗)のことく、ゆふき
うちの分とりさたあるへき状如件、
　応永七年九月二日　　重阿（花押）

珠阿（花押）

かうち屋十人中

○六六一　足利満兼御教書　○長楽寺文書

世良田（上野国新田荘）長楽寺領諸御公事除役夫工米并当国（上野国）一宮神役事、造営之間所被免
許也、可被存知其旨之状如件、
応永七年九月十五日　満兼（足利）（花押）
当寺長老

○六六二　鶴岡八幡宮別当弘賢供僧職補任状　○鎌倉国宝館所蔵神田孝平氏旧蔵文書

補任
鶴岡（相模国鎌倉）八幡宮寺供僧職事
大法師賢潤
右、以彼人、任去月廿三日御教書旨、所補任也、早守先例、
可相従社役等之状如件、
応永七年九月十七日

別当（弘賢）前大僧正法印大和尚位（花押）

○六六三　上杉禅助（朝宗）施行状　○別願寺文書

下野国薬師寺庄半分除福田・平塚両郷事、早守安堵御寄進状之旨、
可打渡下地於名越（相模国鎌倉）別願寺雑掌之状、依仰執達如件、
応永七年九月廿八日　沙弥（上杉禅助、朝宗）（花押）
結城弾正少弼（禅貴、基光）入道殿

○六六四　足利満貞書下　○結城錦一氏所蔵結城家文書

当知行地等事、如元不可有相違之状如件、
応永七年九月廿八日　（花押）（足利満貞）
（封紙）「結城参河七郎殿　満貞」
結城参河七郎殿（小峰満政）

○六六五　足利道義（義満）袖判御教書　○市河文書

（付箋）「御所御はん（判）」
（花押）（足利道義、義満）

去月廿四日合戦致忠節之由、小笠原信濃守（長秀）所注申也、尤神
妙、向後弥可抽戦功之状如件、

応永七年十月五日

市河刑部大輔（興仙）入道殿

○『新編信濃史料叢書』第三巻による。

○六六六　某証状　○本間美術館所蔵穴沢文書

（押紙）「足利義満」

犬飼兵衛太郎入□（道カ）申堺之事、にこり又きたの峰堺、からす
さわのきた峰堺、是者穴沢之内たるへく候、仍為後証状如
件、

応永七年十月五日　（花押）

○六六七　懸田宗顕一揆契状写　○市立米沢図書館所蔵「奥羽編年史料」二一

藤井殿（貞政）ト懸田大蔵大輔宗顕一揆同心契約之状之事

右、於向後者、就大小事、堅見継可被見継申候、公方事者、
依時宜堅談合可申候、至私所務相論者、任理非是堅可申談
候、若此条偽申候者、
日本国中大小神祇、別而可罷蒙八幡大菩薩・天満大自在天
神之御罰候、仍一揆契状如件、

応永七年十月十一日　大蔵大輔宗顕花押

○上遠野家古文書。

○六六八　小笠原長秀書下　○市河文書

（付箋）「本りやうたうちきやう（領当知行）のあんと（安堵）」

信濃国高井郡宿見山・水内郡常岩中条・中曾根郷内小穴
河・平滝買得地等事、任知行之旨、領掌不可有相違之状如
件、

応永七年十月廿九日　信濃守（小笠原長秀）（花押）

市河刑部大輔（興仙）入道殿

○『新編信濃史料叢書』第三巻による。

○六六九　小笠原長秀書下　○山梨県立博物館所蔵市河家文書

信濃国高井郡中野南方西条村事、任相伝之旨、一円領掌不可有相違之状如件、

応永七年十月廿九日　（付箋）「小笠原信濃守長秀」信濃守（花押）

市河刑部大輔入道（興仙）殿

○六七〇　鳥名木道秀軍忠状　○鳥名木文書

着到

鳥名木修理亮入道々秀申軍忠事

右、就奥州凶徒等御退治御発向之間、属常陸大掾満幹手、最前馳参、於所々御陣抽戦功、至于伊達大膳大夫入道円教（政宗）降参期、致忠節畢、仍還御令供奉上者、給御証判、為備亀鏡、着到如件、

応永七年十月　日

（証判）「承了、（花押）」

○六七一　大文字一揆注進状写　○「大塔物語」

右、当国守護職事、小笠原信濃守長秀賜安堵之御下文、去（応永七年）七月廿一日令下国、致一国平均沙汰之条、無相違処、事於寄守護諸役、掠譜代相伝之私領、行非礼之間、愁訴至極、而不図迄于合戦処也、是全非奉忽緒公方、若此条存奸曲者、正八幡大菩薩之御罰各可罷蒙候也、然則被差下清廉之御代官者、弥可致忠節之旨、略言上如件、

○「蕗原拾葉」所収の「大塔記」には末尾に「応永七庚辰年十月」とある。

○六七二　吉見頼房所領注文写　○彰考館所蔵「吉田薬王院文書」

九郎之須〔ママ〕名之内

吉見五郎頼房分

一、公田弐間田三丁代分拾五貫文

一、名弐間田弐丁代分拾貫文

一、浮免之田五丁目四反代分弐拾七貫文

一、加沼之神田壱丁五反代分七貫五百文

一、堂免参反代分壱貫五百文
　以上六十壱貫文
中納言阿闍梨御分
一、公田弐間田三丁代分拾五貫文
一、名壱間田壱丁代分五貫文
一、浮免田七丁八反代分参拾九貫文
一、下若宮御こく田壱丁七反代分八貫五百文
一、免〔天〕田五反代分弐貫五百文
　以上七拾貫文
　此外
　下若宮御神領
一、小玉〔児カ〕ニ小所有、
一、相模国〔武蔵国カ〕ニ小沢郷有、
一、越後国一所有、
右、中納言・頼房両人之分、此目銀〔録〕之分にて候、若いつハりお申候ハヽ、若宮八幡大菩薩・山王七社之御はつ〔罰〕を、頼房まかりかふり候へく候、謹言上、

応永七年〔庚辰〕十月日　頼房（花押影）

○六七三　宝篋印塔銘　○静岡県駿東郡小山町　甘露寺蔵

右□□〔意趣カ〕者、為三界衆生現世安穏、後生善処、奉造立供養者也、
駿州路甘露禅寺住持比丘徳勝
応永□〔七カ〕年〔庚辰〕十月吉日敬白

○六七四　畠山徳元（基国）施行状　○東京大学史料編纂所架蔵影写本「古文書雑纂」

洞院中納言〔実信〕家雑掌申遠江国都田御厨事、申状具書如此、早退押領人、可被沙汰付雑掌之由、所被仰下也、仍執達如件、
応永七年十一月四日　沙弥〔畠山徳元、基国〕（花押）
今河上総入道〔法高、泰範〕殿
○和田英松氏持参。所蔵者不詳。

〇六七五 「生弘鈔」巻三〇奥書 〇神奈川県称名寺蔵

□応永七年霜月八日、於極楽寺方丈房書写之、□

貧道求法蓊堯泉

此物現在数用重犯《ノ》尺、強《ニ》不レ見《ス》レ許一有過《ノ》重犯《ヲ》二只□□

下地《ヲ》定《ル》也、

ノチノ世ノセメテイマイホトウカレカシ

〇本奥書の前に、応永八年カ閏正月・同十三年閏六月付某、後に応永カ十二年十一月十六日付寛深、応永十八年九月十四日付某の奥書がある。

〇六七六 自空書状 〇長楽寺所蔵金光寺文書

（懸紙上書）

「（異筆）「十二代廿四日御入滅之時、

（尊観）御下、十一代上人（自空）ヨリ遊行衆中へ御自筆□也、」

遊行物衆 」

（端裏書）「十一代御自筆御書」

（尊観）遊行入滅、兼の病気にても候ハて、惣衆の仰天、併察覚候、巡路の国も次第ちかくなり候ハヽ、我最後も心安候ハんするなと、あらまし志て候へハ、思外ニ先立給候老命のつれなさも、今更うらめしく覚て候、九州の辛労なのめならぬ事にて候よし、聞得候し程に、とく近付給候ハヽ、つねニ申かよはしても、なくさめ申候ハんなと思て候へハ、今追善のさた（沙汰）に及候、不定のならひ、ハしめておとろく心地して候、面々の悲歎思遣候ぬ、作阿ミた仏一両日逗留の子細候、惣衆進退事、作阿ニ申含へく候、荒々覚阿先物語申候へく候、悲歎迷惑の間、筆もとられす候へとも、惣衆心中察覚候程ニ、自筆ニ申遣候也、穴賢〳〵、

南無阿弥陀仏

（応永七年）霜月十三日　（自空）他阿弥陀仏

（礼紙封上書）

「（切封墨引）

遊行物衆　僧尼中へ　他阿弥陀仏」

〇六七七 畠山徳元（基国）施行状 〇美吉文書

駿河国益頭庄此内一期領主在之、事、早任去月十九日安堵、可被沙汰付摂津幸夜叉丸（満親）代之由、所被仰下也、仍執達如件、

応永七年十一月十三日　沙弥（畠山徳元、基国）（花押）
今河（法高、泰範）上総入道殿

○六七八　足利満貞感状　○「秋田藩家蔵文書」二〇

（朱書）『前ニ同』（足利四郎満貞書）
馳越田村（陸奥国田村荘）取陣之由注進之条、誠以神妙候、謹言、
十一月十四日（応永七年カ）　（足利満貞）（花押影）
石川長門守（光重）殿
○赤坂忠兵衛光康家蔵文書。

○六七九　市河興仙軍忠状　○本間美術館所蔵市河文書

市河刑部大輔入道興仙申軍忠事
右、当国信州凶徒村上中務少輔満信依令違背上意、令帳行（張、下）嗷訴（同ジ）、為御退治、今年応永七九月十日小笠原信濃守長秀自善光寺（信濃国水内郡）有御打立、被召河中島横田（同国更級郡）御陣、仍大文字一揆・高梨薩磨（摩）守朝高以下満信令同心合力、所々帳陣、同廿四日彼凶党等打立、一同▨（馳）懸之間、於更科郡（同国）四宮御合戦之時、属于御手父子致忠節之処、若党江尻兵庫助・島田彦太郎両人被疵訖、其後於塩崎（同郡）城令堪忍、抽忠功者也、次甥市河六郎頼重、加小笠原櫛置石見守入道清忠手、於二柳（同）城竭戦功被疵畢、如此親類同前所致軍忠、御見知之上者、賜御証判、為備後代亀鏡、恐々言上如件、
応永七年十一月十五日
「承了（証判）、（小笠原長秀）（花押）」

○六八〇　今川法高（泰範）寄進状　○静岡県立美術館所蔵浅間大宮司富士家文書

寄進
富士浅間宮（駿河国）
遠江国富士（山名郡）不入計安間弥六・同弥七・同余一并平宇郷吉良右衛門二郎入道跡・貫奈郷内（同）石野弥六兵衛入道跡事
右、為当社領、守先例可致沙汰者、奉寄之状如件、
応永七年十一月十八日　沙弥（今川法高、泰範）（花押）

○六八一　二階堂ヵ氏盛奉書　○三嶋大社文書

料所伊豆国愛玉村(賀茂郡)跡海老名備中守事、為三島宮(伊豆国田方郡)二季御祭御神
宝物代、所預置也者、守先例可致沙汰之状、依仰執達如件、
応永七年十二月九日　沙弥(二階堂ヵ氏盛)（花押）
三島伊豆守(盛平)殿

○六八二　某遵行状　○三嶋大社文書

政所料所伊豆国愛玉村(賀茂郡)跡海老名備中守事、任預状之旨、早莅
彼所、沙汰付下地於三島伊豆守(盛平)、可執進請取之状如件、
応永七年十二月九日　（花押）
井沢三郎入道(道康ヵ)所

○六八三　足利満兼ヵ御教書案写　○「秋田藩家蔵文書」二〇

(朱書)『将軍義持公御下文写』
陸奥国石川庄蒲田参分弐(但除寺領)事、所充行也者、早守先例可
致其沙汰之状如件、
応永七年十二月九日　御判(足利満兼ヵ)
石川長門守(光重)殿
(朱書)『右写也、』
○赤坂忠兵衛光家康蔵文書。

○六八四　田冷田売券　○香取要害家文書

(端裏書)「本銭返之状」
やふ〳〵(要用)あるニよつて、売渡申田之状の事
合本直銭肆貫伍百文者、
右、件の田の坪ハ、かまのへた一反小を、明年(辛巳)より始候
て、本せん返ニ売渡申所実正也、若又何時成共、本銭を返
しうけ申へく候、但此田一反小の社役ニハ、七月初酉ニ八
合八さつのますにて、籾七升六合宛、毎年ニ正判官代のか
た、買主御さたあるへし、此上彼田ニおき候て、万雑公事
をちやうし(停止)候て、本銭返ニうり申候間、親類兄弟まして他
人のいらんわつらい(違乱煩)あるへからす候、仍為後日一筆如件、
応永七年(庚辰)十二月十日

うり主　香取(下総国)内のふとの(登戸)村住人　田冷（略押）

○六八五　小笠原長秀書下　○山梨県立博物館所蔵市河家文書

信濃国水内郡常岩中条・布施田郷并北戸狩村内堂原在家壱宇、同小穴河関所除青倉分事、為勲功賞所宛行也者、任先例可被致沙汰之状如件、

応永七年十二月十二日　「小笠原長秀」(付箋)信濃守（花押）

市河刑(興仙)部大輔入道殿

○六八六　木内胤雄屋敷売券案　○木内文書

□(依カ)有要用永代売渡下総国□(小見河)□(香取郡)河上至(屋カ)敷事

屋敷二宇者、
一宇筑後内
代銭五貫五百文
一宇宿在家□(久米)在次郎入道
〔　　　　〕(分　難分所)

右所者、胤雄重代相伝私領也、然木内惣領宮内少輔胤明仁、代銭五貫五百文所永代売渡実也、縦雖有御徳政、不可依其御法候、若胤雄子々孫々中於此所成違乱妨事候者、胤雄惣跡一円仁可有知行候、仍為後日証文、沽巻之状如件、

応永七年十二月十三日　木内孫六
平胤雄

○欠損箇所は「安得虎子」一五「小見村市右衛門所蔵文書」所収の写より補う。なお、同写には胤雄の署名の下に花押影がある。

○六八七　足利満兼寄進状　○鶴岡八幡宮文書

寄進　鶴岡八幡宮寺(相模国鎌倉)

武蔵国入東郡内難波田小三郎入道跡事

右、為同国六郷保内原郷替、所寄附之状如件、

応永七年十二月廿日
左馬頭源朝臣(足利満兼)（花押）

○六八八　上杉禅助(朝宗)施行状　○鶴岡八幡宮文書

武蔵国入東郡内難波田小三郎入道跡事、早莅彼所、任御寄進状之旨、可被沙汰付下地於　鶴岡八幡宮(相模国鎌倉)雑掌之状、依依(衍)仰執達如件、

応永七年十二月廿日　沙弥（上杉禅助、朝宗）（花押）

兵庫助（長尾藤景カ）入道殿

○六八九　中祝田売券　○香取要害家文書

（端裏書）「大畠中祝うりけん状」

ゑうくゝ（要用）あるによつて、うり申田状事

合本直銭九貫五百文者、

右、件の田つほハ、さ（佐）原（下総国香取郡）御案主内中祝分下町二反の内下町一反、につへ（新部）（同郡）くほいとつゝミの下二反内上町一反、合□□（二反）□本銭九貫五百文ニうりわたし申処実正也、御しんやく（神役）ニおき候てハ、せんれいニまかせあるへく候、尚々此上ふさ（無沙）た（汰）候ハヽ、本せん一はいにてさた申候へく候、もし此田ニしんるい（親類）きやうてい（兄弟）他人までも、一言もいき（異儀）を申ましく候、仍為後日状如件、

応永七年庚辰十二月廿四日

うりぬし　大畠住人　中祝（花押）

○六九〇　竜興院院主中晃大工免充行状写　○建長寺所蔵「当山大工所古書之写」

充行

相模国三浦長沢郷之内浦免之事

合年貢壱貫五百文者、

右、為竜興院（建長寺、相模国鎌倉）大工免、左衛門三郎可令知行之状如件、

応永七年十二月廿五日　院主中晃（花押影）

○六九一　源喜檀那売券　○米良文書

売渡申候檀那の事

右のたんな（檀那）ハ、下野国の内日光山（都賀郡）の文月房の門弟引旦那を売渡申て候へとも、三年の内ニまいり候ハぬにより候て、同下野国の内中泉の山田の長光寺の大弐阿闍梨の門弟引旦那をあいそへ候て、文月房の門弟引旦那共ニ永売渡申処実正也、但売券の状ハ先立進候へ共、又彼先達・檀那をそへ進候間、重て此状を進候、仍為後日亀鏡売券の状如件、

応永七年庚辰十二月廿七日

嫡弟大輔公（花押）

那智山（紀伊国牟婁郡）中道の助阿闍梨源喜（花押）

○六九二　足利満兼寄進状　○別願寺文書

寄進　名越（相模国鎌倉）別願寺

下野国薬師寺庄半分除福田・平塚両郷事

右、為永安寺殿（足利氏満）御菩提、所令寄附也、任先例可被致沙汰之
状如件、

応永七年十二月卅日

左馬頭（同満兼）源朝臣（花押）

○六九三　大豆夫賃未進注文　○金沢文庫文書

応永七　大豆夫賃未進

三十二文　きあミ

四十文　ひこ七郎

二十五文　四郎大夫はたけなか

八十四文　たうせう

十四文　ゆいきやう

四十三文　五郎大郎

五十四文　さ藤大夫

十文　孫五郎かまぬま

三十八文　ゐんあミ

十四文　たうほん

十二文　きやうふ三郎せと

三十文　ひこ三郎

三十六文　藤内大郎

四十文　彦次郎・平次郎しは

三十六文　とうない大郎

十文　ほうせん

三十六文　きやうふせう

二十七文　めうけん

十二文　孫次郎

三十九文　たうきん

四十三文　たういう

已上六百六十五文

応永八年（西紀一四〇一）

〇六九四　足利満兼寄進状　〇長楽寺文書

（前欠）

平塚郷（上野国新田荘）畠一町、先前之大明神寄進状如件、

寿（応カ）永八年正月七日

満兼（足利）（花押）

（後欠カ）

〇六九五　井沢カ道康打渡状　〇三嶋大社文書

渡申伊豆国稲梓郷（賀茂郡）愛玉下村方御料所、為三島（伊豆国田方郡）御神領、三島伊（盛平）豆守殿御代官方江、沙汰付下地於申候了、仍渡状如件、

応永八年正月廿二日

沙弥道康（井沢ヵ）（花押）

○六九六　新田相模守ヵ寄進状写　○常陸田中日枝神社文書

（前欠）

右、於彼所者、為神主重持計、而社人等中可令配分、而可令祈精誠者也、仍為後代之状如件、

（応永八年）元中十八年辛巳正月廿八日

源朝臣（新田相模守ヵ）（花押影）

神主一条長田兵衛大夫源重持

○六九七　足利満兼御教書　○結城錦一氏所蔵結城家文書

（封紙）「結城七郎殿（広朝ヵ）　満兼（足利）」

奥州凶徒対治事、致忠節之条、尤以神妙也、向後弥可抽戦功之状如件、

応永八年正月廿九日　（足利満兼）（花押）

結城七郎殿

○六九八　飯野八幡宮閏月祭礼役配分目録　○飯野文書

（端裏書）「潤正月十五日祭日記　応永八辛巳潤正月十五日」

（陸奥国）岩城郡好島庄飯野八幡宮潤月御祭村々

配分目録

西庄分

新田村大瓶一折櫃一汁菜坏折敷　今新田村折櫃一余不進

小谷佐久大瓶一余不進　渋江村大瓶半分余不進

仏崎村大瓶一折櫃一折敷坏汁菜　荒野村大瓶一余不進

小島大瓶一折櫃一余不進　矢川子村大瓶一内瓶子一具余不進

好島不進　白土不進

応永八年辛巳潤正月十五日

○六九九　飯野八幡宮閏月祭礼役配分目録※　○飯野文書

（端裏書）「うるう日記」

（陸奥国）岩城郡好島庄飯野八幡宮潤月御祭

村々配分目録西庄分

新田村　折櫃一計菜大瓶一坏折敷

今新田村　おりひつ(折櫃)一はかりさい(計)(菜)おしき(折敷)

好島　おりひつ一はかりたいへい(大瓶)一さかつきおしき(坏折敷)

仏崎并小谷迫大瓶坏　おりひつ一大へい(瓶)一さかつきおしき

小島　たいへい一さかつき(坏)

矢河子　たいへい一さかつき

白土大高尾おりひつ一さいおしき并

大曲たいへい一さかつき

一東庄分

　紙谷村大瓶一折櫃一計菜

　片寄村并折敷使与一入道

○本文書、年未詳なるも前号にかけて便宜ここに収める。

○七〇〇　宍戸希宗（基宗）在家等売券写　○彰考館所蔵「石川氏文書」

沽却

合直銭参拾五貫五百文

右、常陸国吉田郡平戸郷内島田村石川左近将監入道祐昌在家三家、其外知行分山野永代売渡也、彼所於希宗(宍戸基宗)子々孫々異儀申候者、先而此状於公方可有御申候、仍為後日沽券状如件、

応永八年辛巳二月七日　沙弥希宗（花押影）

○七〇一　足利満兼御教書　○東京大学文学部日本史学研究室所蔵相模文書

息災祈禱事、近日殊可被致精誠之状、如件、

応永八年二月十一日　(足利満兼)（花押）

淵名寺(上野国淵名荘)別当御房

○七〇二　荒神像銘　○静岡県賀茂郡松崎町　火産霊神社蔵

奉造立伊豆国中仁那社生

荒神御本尊一尊事　大願沙門等（花押）

同別堂理阿弥（花押）

右之志趣者、故

依是殊門野村(伊豆国仁科荘)大檀那男女倶謹白、衆病悉除、信心安楽
万民寿命長遠、無病沢(快カ)楽也、
于時応永第八辛巳
二月十二日□□結衆

○七〇三　香取社録司代慶海起請文案　○香取録司代家文書

さいはい〳〵
敬白
右意趣者、きうこんとの・なかおかとの御両人にむき申候
て、うしろくらき事申ましく候、又御名をつかさかねまる
と申事あるましく候、そうしてしやけ(社家)につき申、ちとう(地頭)の
御てんはた(田畠)をわたまき候て、しやけゐつけ申ましく候、な
に事もちやうのおもてにまかせて、しやうちき(正直)に申候へく
候、此上もしいつハりを申候ハヽ、
香取・かしま(鹿島)・妙見・八幡大菩薩、そうして日本国の大小
のしんきミやうたう(神祇冥道)の御はつ(罰)をおの〳〵の身のうゐに、ふ
かくまかりかふるへく候、仍きしやうもん(起請文)如件、
応永八年二月廿八日　しなの
ろくしたい(録司代)(慶海)

○七〇四　長尾藤景カ打渡状　○鶴岡八幡宮文書

武蔵国入東郡内難波田小三郎入道跡事、任去年応永七十二廿御施
行之旨、莅彼所、沙汰付下地於鶴岡(相模国鎌倉)八幡宮雑掌候畢、仍
渡状如件、
応永八年二月廿九日　沙弥(長尾藤景カ)(花押)

○七〇五　今川法高(泰範)書状　○美吉文書

円勝寺(山城国京都)領駿河国益頭庄役夫工米□(事)、前々為御起請符之地免
除之上者、固可止催促者也、恐々謹言、
(異筆)「応永八」
三月十日　法高(今川泰範)(花押)
目代殿

○七〇六　今川法高(泰範)書状　○美吉文書

円勝寺(山城国京都)領駿河国益頭庄役夫工米事、前々為御起請符之地免

除之上者、固可止催促之由、大使に可被相触候也、恐々謹
言、
「応永八」（異筆）三月十日　法高（今川泰範）（花押）
目代殿

〇七〇七　畠山徳元（基国）書状　〇教念寺文書

武州本田道場寺（教念寺、男衾郡）領上野国一宮（甘楽郡）事、任当知行、安堵申候、御
沙汰候者、恐悦候、委細者定自当寺可被申候、恐々謹言、
（応永八年）三月十六日　沙弥徳元（畠山基国）（花押）
謹上　上杉殿（禅助、朝宗）

〇七〇八　足利満兼寄進状　〇三嶋大社文書

寄進
伊豆国三島宮（田方郡）
同国愛玉郷（賀茂郡）事
右、為当社二季祭礼守宝物要脚、所寄附之状如件、
応永八年三月廿四日
左馬頭源朝臣（足利満兼）（花押）

〇七〇九　長誉檀那譲状　〇米良文書

永譲渡処分之事
宝積房分
一、上野国先達円蔵房在所ムシナ塚引檀那等一円譲之、
右件檀那者、雖為権少僧都豪栄重代相伝、依為弟子分、
宝積房永譲渡所実正也、仍後日亀鏡之状如件、
滝本執行権少僧都豪栄
嫡弟印蔵房長誉（花押）
于時応永八年庚辰（ママ）三月廿七日
執筆伊与阿闍梨良栄（花押）

〇応永八年は辛巳、庚辰は同七年。

〇七一〇　田谷光悦塩竈売券写　〇「安得虎子」二

合直今ちきせん（直銭）壱貫七百□者、
右、件のしをかま一くハ、ひたちの国（常陸）かしま（鹿島）□なんてう（南条）

ぬまの《沼尾郷》をかうの内たのへ《田野辺》の村内た□のかもんのすけ《掃部助》入道光悦か重代ち《さ》うてん《相伝》のしりやう《私領》たり、しかる間、よう〱《要用》あるによて、かのあかしはま《明石浜》の内ニ平太郎かしをかま一くを、毎月しを一斗つ、かしまのうりかい《売買》のます《升》にて、今年かのとのミ《辛巳》の年の三月よりはしめ来□かのとのミ《卯のとし》の年の二月まて十一ヶ年の間、ミしんけたい《未進懈怠》なく月ことに一斗つ、さた《沙汰》可仕候、もしふしき《不思議》にもミしん《微塵》も其やくそく《約束》をちかへ申事候ハヽ、くわうゑつ《光悦》かちきやうふん《知行分》あかしはまの田はたけさいけさんや《畠在家山野》ともに、一ゑん《円》に永代御ちきやう《知行》候ハんニ、まつたへ《末代》いらんさまたけ《違乱妨》申事あるましく候、仍後日為ニ状如件、

応永八年かのとのミ年三月卅日

うりぬし《売主》ひたちの国かしまこほり《鹿島郡》ぬまのをかうの内たや《田谷》のかもんのすけ入道

沙弥光悦（花押影）

○鹿島座主吉川氏所蔵文書。

○七一一　足利満兼御教書写　○彰考館所蔵「石川氏文書」

常陸国吉田郡平戸郷島田村内平戸中務少輔跡事、如元所還補也者、守先例可致沙汰之状如件、

応永八年四月四日　（花押影）《足利満兼》

石河左近将監《祐昌》入道殿

○七一二　上杉禅助（朝宗）施行状写　○彰考館所蔵「石川氏文書」

常陸国吉田郡平戸郷島田村内平戸中務少輔跡事、任御下文之旨、可沙汰付下地お石河左近将監《祐昌》入道之状、依仰執達如件、

応永八年四月四日

沙弥《上杉禅助、朝宗》（花押影）

佐竹右馬頭《常盛、義盛》入道殿

○七一三　足利道義（義満）御内書　○上杉家文書

左兵衛佐《吉良俊氏》入道常珍申上野国寮米保《山田郡》地頭職事、以別儀遵行候者、可為本意候也、

(押紙)「応永八」
四月十三日　(足利道義、義満)(花押)
上杉安房入道(長基、憲定)殿

○七一四　畠山徳元(基国)副状　○上杉家文書

上野国寮米保(山田郡)地頭職事、令披露候之処、被下御書候、目出候、委細事者、自判門田方可申候、恐々謹言、

(押紙)「応永八」
四月十九日　沙弥徳元(畠山基国)（花押）
謹上　上杉安房入道(長基、憲定)殿

○七一五　今川法高(泰範)書下　○東寺百合文書マ函八〇

東寺(山城国京都)最勝光院領遠江国原田庄内細谷郷事、如元打渡下地於彼雑掌、可執進請取之状如件、

応永八年四月廿日
沙弥(今川法高、泰範)（花押）
三浦遠江入道殿

○七一六　高井祐尊請文案　○東寺百合文書さ函七八

(端裏書)「□(守)護方(今川法高、泰範)へ書遣案文　応永八年四月廿三日」

東寺(山城国京都)最勝光院領遠江国原田庄内細谷郷事、一円にあんと(安堵)仕候、知行子細なく候ハヽ、半せい(済)ふん(分)の事、国中のはう(法)にまかせ、半分のふんまいねん(毎年)けたい(懈怠)いなく、とりさたをいたし申候へく候、もしふさた(無沙汰)候ハヽ、半せい(済)のきう(給)人をつけられ申候へく候、仍請文如件、

応永八年四月廿日　法眼祐尊(高井)判

○七一七　足利満兼寄進状　○教念寺文書

□(寄)進　武州本田(男衾郡)教念寺
上野国一宮(甘楽郡)内田地四町・在家四間事
□(右)、任畠山右衛門佐入道徳元(基国)申□(請)之旨、所令寄附也、早守先例、□(可)被致沙汰之状如件、

応永八年五月二日
左馬頭源朝臣(足利満兼)（花押）

○七一八　某泰重打渡状　○東寺百合文書サ函二一

東寺(山城国京都)領遠江国原田庄内細谷郷領家職事、任被仰下之旨、渡
申下地於寺家代了、仍渡状如件、
応永八年五月三日　新右衛門尉泰重（花押）

○七一九　某泰重渡料足請取状　○東寺百合文書サ函一二

請取　細谷郷(遠江国原田荘)渡料足事
合壱貫三百文者、三百文者中間分
右、所請取如件、
応永八年五月四日　泰重（花押）

○七二〇　山内上杉家奉行人連署奉書　○三嶋大社文書

今月五日夜、於三島宮社領(伊豆国田方郡)狼藉人事、注進状令披露了、
所詮為有尋沙汰、不日可参上之旨、可被申付梅原次(弥脱カ)郎(憲宗)云々、
次毎日御供御精進事、太不可然、如元可備進之旨、可被申
含役人等之由候也、仍執達如件、
応永八年五月十三日
(裏書)「筑前左近将皿(監)入」
沙弥(直高)（花押）
(裏書)「力石孫二郎入」
沙弥（花押）
寺尾四郎(憲清)左衛門尉殿

○七二一　上杉禅助(朝宗)奉書　○瑞泉寺文書

鶴岡八幡宮(相模国鎌倉)神護寺供僧等雑掌満信申、相摸国毛利庄内厚木
郷事、不日可被明申之状、依仰執達如件、
応永八年五月十五日　沙弥(上杉禅助、朝宗)（花押）
正続院(円覚寺、相模国山内荘)主

○七二二　某家氏・某頼長連署国衙銭請取状写　○樋口本「秋田藩家蔵文書」二九

(注記)「頼長・家氏連署書　秋田赤坂文書」
陸奥国石河庄内知行分国衙銭去年応永七分事
合二貫文者、

右、任以前請取状之旨、所納如件、
応永八年五月廿一日
　　　　　　　　頼長（花押影）
　　　　　　　家氏（花押影）

○七一三　山口信治役夫工米免除状案写

○「新田岩松古文書之写」中

造外宮（伊勢国度会郡）料役夫工米事
右、上野国新田庄長楽寺領平塚村（上野国新田荘）并西女塚村（同）、為後閑地、
無諸御公事之由承候之間、於向後停止催促候畢、仍為後証
免除之状如件、
　応永八年六月五日
　　　　　　山口　大使信治　在判

○七一四　霊山寺棟札銘写

○福島県霊山寺所蔵「霊山寺棟札写」

○二番札
参聖主天中天
迦陵頻伽声
哀愍衆生者
我等今敬礼
当郡惣領藤原（伊達氏宗カ）沙弥円朝
　　嫡子松太〔犬カ〕丸（同持宗カ）
大旦那沙弥道祐
嫡子民部大輔政綱
同子息千猿丸
安芸守顕綱
中務少輔宗綱
大願主
聖人法印和尚位幸乗
当山学頭坊法印和尚位奥海
院主権少僧〔都脱カ〕俊奥
衆徒
藤本坊　竹之坊　千代松丸
田代坊　滝本坊　増猿丸
栄林坊　琳泉坊　乙猿丸

清水坊　橋本坊　千代猿丸
田中坊　小坂坊　官《カン》猿丸
犬松丸　竹猿丸　松猿丸
乙猿丸　宮《ミヤ》猿丸　乙寿丸
辰猿丸　手猿丸　猿王丸
福猿丸　宮太丸　音猿丸
猿一丸　辰猿丸　宮猿丸
松猿丸　衆猿丸　福猿丸
亀猿丸　幸猿丸　菊猿丸

当山若人々

安芸律師　助律師
大夫律師　三河阿闍梨
下野阿闍梨　民部阿闍梨
三位阿闍梨　越前阿闍梨
伊勢阿闍梨　上野阿闍梨
長門阿闍梨　宰相律師
壱岐阿闍梨　侍従阿闍梨

大夫輔阿闍梨　岩見阿闍梨
式部阿闍梨　越後阿闍梨
肥前阿闍梨　備後公
川内公　遠江公
常陸公　若狭公
伊予公　山城公
出雲公　美濃公
紀伊公　出雲公
少弐公　尾張公
越中公　上総公
下総公　伊与公
刑部公

当政所

横山兵庫助綱行
寺者奉行
新兵衛亮入道
宮大夫神人等

当舞士助法橋掃部助
　兵衛三郎
当承仕　道俊
大工肥前入道青運
　権大工　平左衛門
　　小工　沙弥道通
　　右京助
　　　宝仙入道
　　　　左衛門四郎
十方助成結縁（貴賤男女）
鍛冶了西入道
本山紀三郎入道
　紀五郎入道
　孫六
　紀平五郎
　六郎太郎
応永八年（太才辛巳）六月十八日（室宿日曜）

○七二五　斯波道将（義将）書下　○本間美術館所蔵市河文書

信濃国高井郡志久見山・水内郡常岩御牧内布施田郷・北鳥狩村内堂原在家壱宇・小穴河関所・同郡若槻新庄加佐郷庶子分・静妻北蓮分・平滝・小穴河買得地等事、任当知行、領掌不可有相違之状如件、

応永八年六月廿五日　（花押）（斯波道将、義将）

市河刑部大輔入道（興仙）殿

○七二六　斯波道将（義将）遵行状　○本間美術館所蔵市河文書

市河刑部大輔入道弘仙（興、下同ジ）申信濃国高井郡中野西条事、須田・井上・高梨等押領云々、事実者不可然、早止押妨、可沙汰付弘仙之状如件、

応永八年六月廿五日　（花押）（斯波道将、義将）

（付箋）「かてのこうちとの判」（勘解由小路殿）

島田遠江入道（常栄）殿

○七二七　足利道義（義満）袖判御教書　○上杉家文書

（花押）(足利道義、義満)

上野国闕所分事、上杉安房入道長基(憲定)任先例可致計沙汰之状如件、

応永八年六月廿六日

○七二八　天野昌儀（顕忠）譲状　○天野毛利文書

譲渡

一所　安芸国志芳庄東村三分方地頭職事

一所　美濃国むけ(武儀)の郡之内下有智御厨屋并大牧郷三分方

一所　市□々名田畠三分方

一所　遠江国山香庄之内熊切郷三分方

一所　武蔵国由井本郷(多西郡)大畑村三分方并木藤次屋敷

一所　河内国なかひさ名三分一地頭職事

右、彼所領等者、祖父顕義(天野)三男顕氏(同)号讃岐守代々御教書手継等在相続、仍顕氏譲顕忠(同)度候、今又六郎顕房(同)所譲渡也、為惣領上者、致(至)庶子共者、可被加扶持、委者先祖置文明白也、手継共渡、以此旨諸事可令領知状如件、

応永八年六月　日　法名号昌儀顕忠（花押）

逐申、此所々者、顕義後家浄智ニ顕義譲、浄智より譲顕氏、顕氏号讃岐権守譲顕忠、今譲顕房、手継之次第能々可有披見、為心得申候、祖父顕義も老尼聖円より相続あり、以其例、顕義も譲○尼浄智、其状分明也、為後日如此所書置也、

○七二九　覚園寺木造午神将像墨書銘　○神奈川県鎌倉市　覚園寺蔵

法橋(顔面内)朝祐（花押）

応永八年六月　日

○七三〇　畠山徳元（基国）副状　○上杉家文書

上野国闕所分事、承候趣伺申候之処、厳密御判出候之間、殊目出候、委細判門田方より可申候、恐々謹言、

（押紙）「応永八」
七月二日　沙弥徳元（畠山基国）（花押）
謹上　上杉安房入道殿（長基、憲定）

○七三一　足利道義（義満）袖判御教書写　○市立米沢図書館所蔵「奥羽編年史料」二二

花押（足利道義、義満）
藤井孫四郎貞政本知行之地事、不可有相違之状如件、
応永八年七月八日
○上遠野家古文書。

○七三二　上総国富益郷名・散田等注文　○覚園寺所蔵戌神将胎内文書

（端裏書）「□（富カ）益郷□□（目録カ）」
富益郷（上総国馬野郡）内応永八年七月十六日
名分
一、とみます　一、大りき（カ）
一、くにみつ（国光）　一、しけミつ（重光）
一、さたミつ（定光）　ひろやす名
小名
一、くらしき　一、□（あカ）りさた（有定）
一、ためひろ　一、さねひろ
一、さね長　一、二さいむま（才馬）
一、しつふり
此外政所名　散在田畠所々在之、
并散田等
一、厩　并はすぬま
一、はま田所々在之、　一、当郷内在家所々在之、
一、宿ハ一円賞（浜）ともに　一、あさ（朝）山村
　のけ（野毛）の村在之、
一、山野等在之、　一、新林そのほか半分云々、
一、寺社道場田畠野畠共、所々在之、

〇七三三　上総国富益郷名・散田等注文※

〇覚園寺所蔵戌神将胎内文書

(端裏書)「とみますの郷注文」

富益郷内(上総国馬野郡)

名分

一、とみます　　一、大りき(力)

一、くにみつ(国光)　　一、しけミツ(重光)

一、さたミつ(定光)　　やすさた《ひろ》是ハ別

此外小名在之、

一、散田等在之、　　一、はま田在之、

一、郷内所々在家等へちに在之、

一、しゆくハ一ゑん　はまともに

富益郷内村事

一、あさ(朝)山村　　一、のけ(野毛)の村

一、山野等　　一、新はやしそのほか半分云々、

一、寺社道場田畠在之、

〇本文書以下七通、年未詳なるも、前号にかけて便宜ここに収める。また、本文書以下三通は、前号と同筆。

応永八年七月

〇七三四　上総国富益郷名・散田等注文※

〇覚園寺所蔵戌神将胎内文書

(端裏書)「富益郷目録」

富益郷内(上総国馬野郡)

名分

一、とみます　　一、大りき(力)

一、くにみつ(国光)　　一、しけミつ(重光)

一、さたミつ(定光)

小名

一、くらしき　　一、ありさた(有定)

一、ためひろ　　一、さねひろ

一、さね長　　一、二さいむま(才馬)

一、しつふり

此外まんところ名散在田畠在之、

并散田等

一、はま田并しゆく一円
富益郷内所々在家等事
一、あさ（朝）山村
一、のけのむら（野毛村）
一、山野にいやまともに
一、寺社道場此外堂あまた在之、

○七三五　上総国馬野郷惣勘文※

○覚園寺所蔵戌神将胎内文書

（端裏書）
「惣勘文」
一、馬野郡（上総国）□□十□丁□□（八反カ）
郡本三十三丁八反□（三カ）百歩□□□□八反小
除田十丁二反小
富益九丁二反半 本五丁 □三丁七反□
除田五丁五反
神守公神一丁
寺田一丁二反半 国分施田□（浄カ）生五□□（反カ）□ 広禅寺□味良□（乃）七□□（反大カ）
人給三丁三反
在庁一丁九反 武富一丁四反 為重五反紺掻 真弘一□（丁カ）
地頭四反
残田三丁六反三百歩已□
姉崎社四十丁三反三百歩、国吉四十丁五反
豊成十三丁七反六十分、年代小松二丁八反半
青柳十二丁一反三百歩、島穴社二丁九反六十□（歩）
（裏書）
「入沼一丁一反六十歩」

○七三六　上総国富益郷名々田畠注文※

○覚園寺所蔵戌神将胎内文書

□□□数目□□
□□田二丁六□□
□□□（田カ）一丁五反六十□□
（一行分空白）

［　　］田二［　　］
［　　］水田定田一丁八反
重光名田一丁八反
定光□〔名カ〕田一丁一反
国光名田一丁八反小
安□名田一丁一□〔反カ〕
真□名田二丁八反大
［　　］田□丁三反
有定□〔名カ〕田一丁八□〔反カ〕
政所名田三反小
［　　］分田［　　］
［　　］一丁二反□〔小カ〕
□広名田一丁七反二反御手作
下山分田五反小
九明免田一丁
（四行分空白）
□半［　　］
たうおん
山守彦七入道
応永八年七月

二反三百歩　田六反三百歩
□長名分とひたひこ七
［　　］さう［　　］
一反小同所
一反のきハひらき
［　　］たうやつのまへ
一反□さわつほ
［　　］□内一反［　　］き
定畠九反半分麦一石七斗一升
同名□太夫七［　　］
一□つたかき内
一反半かきの木□□〔下カ〕
六十歩同所、　一所やき
已上定畠三反分［　　］□〔斗カ〕四升
［　　］田数
［　　］八反大此［　　］
［　　］すミ田

○七三七　上総国富益名等分銭注文※

○覚園寺所蔵戌神将胎内文書

（前欠）

とみます（富益）名分（上総郡馬野郡）

四貫五百五十五文　すミたちん（炭駄賃）共ニ、此外あいわうは在、（ん脱カ）

国光名

四貫五百七十五文、此外あいわうはん三百五十文在、

大力名

一貫九百九十一文、此外水田代三貫文作人別ニ在、

重光名

二貫二百十文、此外あいわうはん在、

定光名

一貫四百六十五文、此外□□□□（あいわう）はん在、

有定名

一貫七百七文

くらしき名

四反分二百九十五文、此外七十二文麦駄賃在、

さねなか名

二貫一文大夫七郎分此外麦駄賃在、

同名

一貫九百八十二文ひこ七分此外麦駄賃在、

○本文書以下三通同筆。

○七三八　上総国富益郷内さねひろ名等分銭注文※

○覚園寺所蔵戌神将胎内文書

（前欠）

さねひろ名　（裏書）「廿六貫八百五十五」

三百四十六文

二才馬

二百六十七文　此外麦駄賃在、九十文、

（二行分空白）

ためひろ

二丁分

九百六十七文

道ちやう分
三百三十九文〔八〕
れんたい寺
百九十一文
正慶寺
三百六十二文
松斎分
九十四文
以上廿三貫▨六十九文〔三百〕、都合卅九百廿九文〔貫脱〕
又三貫文　五文

（奥端裏書）
「ちり田
七貫五百六十文　以上　七貫八百五十文」

○七三九　上総国富益郷名寄注文※

○覚園寺所蔵戌神将胎内文書

名分　征□　ちり田分米六ト〔斗、下同ジ〕四升
十七石九ト二升六合
蔵波取永二反分且一貫文　四反分▨▨〔七百〕五十文　ひろやす　ふかミつ

応永八年七月

にへ殿給分　三反分大関
一丁分代一貫且分　五ト一升厳七　六郎三郎
大使五反分一貫六百文
太郎三郎分
松斎
一反小分内　代二百文〔小不〕且　六反六十歩道もん　無沙汰
われなへ　三百文大ひたい入道　平二郎給分
代四貫五十文　本阿ミ　無沙汰　五反
散在
米一石分　小弥太郎弁　銭五百文　□入道真
五百文大▨▨▨入道　▨▨二郎四郎▨給分
五反大分代六百文河田殿
下山殿分　いや三郎殿　無沙汰
一貫文　田二反分
御くよ殿分　蔵波殿分　無沙汰
むま一疋　一丁五反小
一ト三升ひへかに以上米十八石五ト
二升□□

○七四〇　筑前直高書状　○三嶋大社文書

梅原弥次良《憲宗》狼藉事、就社家訴状、其沙汰候了、所詮可退符〔府〕中（伊豆国田方郡）居住之旨、固被仰付憲宗候、可有御心得候、恐々謹言、

（裏書）「□（筑前）左近将監入」

（応永八年）七月廿三日　直高（花押）

寺尾四郎（憲清）左衛門尉殿

○七四一　清原師治畠売券案　○常陸総社宮文書

依要用有永代売渡畠壱所事

合代銭弐貫六百文者、

右件畠者、常陸国南郡符〔府、下同ジ〕中物社の神主師治名の内、栖畠所〔一脱〕木内年具〔貢カ〕六百五十文の処にて候お、直銭弐貫六百文、永代売渡申処実正也、若此処ニさふい（相違）する事候ハヽ、同程の処お立かへ申へく候、又於子孫ニ異儀申事候ハヽ、不孝仁として、あとおさうそく（相続）すへからす候、新御とくせい（徳政）候とも、此処ニおいてハ、永代さふいする事あるましく候、此処くうし（公事）物者、三月三日用途十五文、又七月十六日に用途十五文こめなから□物社御まつりれう（祭料）たるへく候、仍為後証之永代うりけん状如件、

売主常州南郡符中物社神主師治

応永▨《八》年辛巳《かのとのミ》七月廿五日

○七四二　東寺八幡宮雑掌申状案　○教王護国寺文書

（山城国京都）東寺八幡宮雑掌《申》遠江国原田庄内細谷郷事、任去四月廿日御書下之旨、被打渡之処、矢部三川守号御給恩、半済分令押妨之条、以外次第也、先日如被仰出者、致一円知行、於半分年貢者、為寺家可取進由、雑掌○《捧》請文捧之処、如此及違乱之条、迷惑仕候、所詮重被成一円御書下、於半分年貢者可執進、仍言上如件、

応永八年七月　日

○本文書は、応永八年九月日東寺雑掌申状案の紙背に書かれている。

○七四三　鈴蔵常喜書状　○東寺百合文書さ函一六八

(端裏)「(切封墨引)」
六月状を進候と察、御ひやうきとて御返事給候ハす候事、御心もとなく存候、兼又原《原田荘、遠江国》ほそや《細谷》の御りやうの事、たうす《当守》こと《護殿》の丶御方へも御申候て、しさい《子細》なく候ハ丶、人をも御下候へく候、当国ハはん《半》国をハ先たんたい《探題》(今川了俊、貞世)御もち候つる、しさい《子細》候ハしと存候、せんきう人かせき仕候て、御年貢ハはんくん《抜群》に先納して候よし、うけ給候、いまたすこ《守護》代ハさたまり候ハす候、このほとにも御さため候て、くたされ候へく候よし、うけ給候、御心ゑのために申入候、すことの《守護殿》丶御しゆんきやう《遵行》候ハてハ、わたされ候ハしと存候、御れうけん《料簡》候へく候、諸事又〳〵申入候へく候、恐々謹言、

(応永八年)八月十日　すゝくら《鈴蔵》
常喜（花押）

(祐尊)高井殿御内

○七四四　某盛高奉書　○平田寺文書

遠江国城東郡棚草郷内雲輪寺々領事
合壱所
右、於当寺領者、国衙御方催促被止候上者、自当方使可被停止由候也、仍執達如件、

応永八年八月十一日　日代盛高（花押）

雲輪寺

○七四五　尾崎弥二郎道者売券　○米良文書

永代売渡道者之事
合代八貫文者、
右件之道者ハ、尾崎弥二郎か阿伽井殿より譲得たる道者にて候を、(有脱)用要ニよつて、色河白之川の善阿ニ永代売渡申処実正也、此上ハ一族又他門ニおいて更ニ違乱申者有へからす候、但、旦那の在所者、摂州勝尾寺(島下郡)一所之先達小池坊・北坊・漆本、此引のせのこほり《能勢郡》木代切畠之在所、同あわ之一族地家《下》共ニ、又かいの《甲斐》丶村一族地家《下》共ニ、此引ハいつれ

の国ニ有共、白川善阿弥知行たるへく候、仍為後日証文如件、

応永八年辛巳八月廿一日　　弥二郎（花押）

○七四六　千葉氏奏者交名　○香取録司代家文書

木内四郎胤行（花押）
木内七郎胤信（花押）
　応永廿八廿九
木内平次左衛門尉胤継（花押）
橋間左衛門次郎胤保
至于録司代子々孫々
香取為祈禱人、守此旨可有祈禱精誠之、於奏者名字一同可申之候、

応永八年八月日
録司代慶海

○七四七　斯波満持奉書　○上遠野文書

陸奥国本領当知□□〔行事〕、去任七月八日御教書之旨、領掌不可有相違之状、依仰執達如件、

応永八年九月廿四日　　左京□□〔大夫〕（斯波満持）（花押）
藤井孫（貞政）四郎殿

○七四八　斯波満持書状写　○市立米沢図書館所蔵「奥羽編年史料」二二

三郎方状委細披見候了、兼又自京都（山城国）御判被下候、目出候、仍当方安堵事承候之間、認遣之候、次滝近江入道安堵事承候、是又遣候也、恐々謹言、

（応永八年）九月廿四日　（斯波）左京大夫満持判
謹上　藤井孫（貞政）四郎殿

○上遠野家古文書。

○七四九　足利満兼御教書　○京都大学総合博物館所蔵文書

（相模国山内荘）円覚寺雑掌申上総国堀代郷（土気郡）・上郷（一宮荘）・大崎村（金田保）三ヵ村伊勢右衛門尉法師法名道貞知行分事、相博寺領尾張国富田庄半分云々

者、任道貞相博之旨、寺家領掌不可有相違之状如件、

応永八年十月五日　（足利満兼）（花押）

当寺長老

○七五〇　山内上杉家奉行人連署奉書　○三嶋大社文書

伊豆国三島（田方郡）宮東西御読経所并三昧堂・塔本八幡宮・国分寺領等役夫工米事、任先例被免除候処、及違儀云々、太不可然、所詮可停止催促之旨、可被相触大使之由候也、仍執達如件、

応永八年十月七日　沙弥（筑前直高）（花押）

民部丞（花押）

寺尾四郎左衛門尉（憲清）殿

○七五一　八所宮鰐口銘写　○「会津旧事雑考」

奉掛奥州南山（会津郡）伊北郷八所宮

時応永八辛巳年十月八日

大旦那江長六郎

○伊北郷黒谷邑八所宮所蔵。

○七五二　虚空蔵菩薩像墨書銘　○千葉県印西市宗像神社蔵

（底部）宗釈（花押）

こくさう（虚空蔵）の仏にて候

只村

応永八年辛巳十月十六日

是をつくるなり

○七五三　寺尾憲清奉書　○三嶋大社文書

伊豆国三島（田方郡）宮東西御読経所并三昧堂・塔本八幡宮・国分寺領等役夫工米事、任先例被免除処ニ、大使依及異儀、御奉書如此、所詮自今以後、可令停止催促由候也、仍執達如件、

応永八年十月廿三日　左衛門尉憲清（寺尾）（花押）

三島宮衆徒御中

○七五四　鶴岡八幡宮別当弘賢ヵ袖判補任状　○妙本寺文書

（弘賢ヵ）（花押）

補任

安房国（北郡）吉浜村内妙本寺坊地之事、任先例永代可有知行状如
件、

応永八年十月廿七日　　　法印奉

中納言（日伝）法印御房

（裏書）「三代目
京ハ義満（足利）
四代
義持（同）時　　　鎌倉
持氏（同）御判歟」

○七五五　賢成奉書　○妙本寺文書

安房国（北郡）吉浜村内妙本寺坊地之事、永代可有知行之由、依仰
状如件、

応永八年十月廿七日

賢成（花押）

中納言（日伝）法印御房

（奥上書）「知行ニ付」

○七五六　香取大禰宜大中臣長房譲状写　○和学講談所本「香取大禰宜家文書」

かんとり（香取）の又五郎入道むねもとほうミやう（法名）ゑいかんの所者
合つほつけ（坪付）　ミそきはらい（禊祓）のれうてん（料田）の内ひさもんたう（毘沙門堂）のうしろのつゝそいの上下ニ弐反、大さわらニ良壱反者
右所々神やく（役）をつとむる間、とくふん（得分）わつかに候といへと
も、ミやうしかけ所ニ候間、こともにもおもひあてかわれ
候ハんために、永代ゆつりわたす処なり、神やくニおいて
ハ其さた（沙汰）いたさるへく候、あいたかいニしゝそん〳〵（子々孫々）ニい
たるまて、ふわ（不和）のきなく、大やけわたくし（公私）ニおいてとうか（等閑）
んをいたすへからす候、仍ゆつり状如件、

応永八年十一月八日

大禰宜兼大宮司長房（大中臣）（花押）

○七五七 諸口明神社鰐口銘

○静岡県沼津市諸口神社蔵

(表)武蔵国吉見郡久米田郷施主等敬白
諸口　大明神
応永八年辛巳霜月十五日
(裏、朱書)『第三拾四□□□』

○七五八 日高戸某奉書写

○「寺社古状」三

興禅寺《下野国河内郡》りよう《領》中《同郡》さと《里》の郷の百姓等毎年てうさん《逃散》候、結句宮春辺にきよちう《居住》の事、これを其所地頭・名主かれらをおかれ候事、猶向後不可有者也、もし此むねをそむき申され候ハんともからにおいてハ、ことなる御さた《沙汰》あるへき旨、依仰執達如件、

応永八年
十一月廿一日
日高戸（花押影）

○七五九 香取大禰宜大中臣長房書下写

○香取大禰宜家文書

補任
香取社《下総国香取郡》返田悪王子押領使庭なき免畠壱段半事
右任重代相伝之道理、押領使与和泉《返田》厳範半分宛可令知行、於社家者弥可致忠節、有限致《至》神役者、任先例可令勤仕之状如件、

応永八年十一月廿四日
大禰宜兼大宮司散位《大中臣》長房（花押）

○七六〇 鈴蔵常喜書状

○東寺百合文書え函一二

其後久不申入候、無心元存候、就其ハ先立両度令注進申候、原民部丞の跡を、長瀬美濃の入道との去九月より知行候、此分ニ御領本家の御年貢二貫百廿七文・同米二斗四升八合さた《沙汰》する所にて候を、彼代官おさゑて沙汰なく候、又九月三日ニ三貫三百文、国平均之事にて、国方へめされて候、その内三百文ハ、かゑちん《替賃》とて、請取ニのせられす候程に、

御結解にハ立申さす候、彼此都合五貫百廿七文御年貢之内減し入候間、十四貫八百七十文にて候を、百廿七文をハ入立候て、十五貫文替進候事候、国方の三貫文の請取副進之候、いまた地下未進四貫ハかり候へとも、あまり月迫ニなり候あひた、そのふんをハ、さいふ〔割符〕をおきのり候て進之候、御請取をやかて下給候□〔ハ〕ヽ、目出度畏入存候、先立注進申候こと、彼濃州禅門ハ在京の事にて候、御意得のために申候、身のかんきやく〔閑却〕なく候、又国方の事さゝゑおき候て可然候、われ〱に中〔注〕進申度候しかとも、当守護代殿之体に、事を相延らるゝ人にても候ハて、諸方皆々如此沙汰せられ候間、不及力候、所存之外候、恐々敬白、

（切封墨引）

十二月九日　（鈴蔵）常喜（花押）

（異筆）「応永八」

（祐尊）高井殿

○七六一　覚勝書状※　○東寺百合文書さ函一七六

遠州村櫛庄領家方本家米之事、去年事者、出羽守抑留申候て、寺家へ無其沙汰之由承候、無勿体存候、守護方契約仁候へハ、何時も可被仰付歟、随而当年所務式〔職カ〕事者、長瀬美乃入道自本所罷預候、地下事ハ、勘解由左衛門尉取沙汰仕候、寺家御年貢事、長瀬方ニ自先立如此謂如細申候間、任先例子細あるましき預状申候間、来十一月比必進上仕候へきよし申上へく候、其段可有御意得あるへく〔衍〕候、恐々謹言、

九月十六日　覚勝（花押）

（祐尊）高井殿御坊中

（切封墨引）

（礼紙上書）「高井殿御坊中　覚勝」

○本文書、年未詳なるも、前号の長瀬美濃入道にかけて便宜ここに収める。

○七六二　二階堂ヵ氏盛巻数請取奉書　○大善寺文書

甲斐国柏尾山（大善寺、山梨郡）歳末御巻数一枝、入見参候了、仍執達如件、

応永八年十二月廿一日　沙弥（二階堂ヵ氏盛）（花押）

衆徒中

○七六三　足利満兼寄進状案　○鑁阿寺文書

寄進　定光寺

下野国足利庄借宿郷道場定光寺、同庄借宿郷内・鵤木郷内・渋垂郷内・小曾根郷内・塩島郷内・西庭郷内・寺岡郷内・東利保郷内笠原給、同所大前岡跡、同所大前下跡等散在分田畠在家借宿弥次郎跡内、坪付在別紙、事

右、任中務少輔（上杉朝宗）入道禅助申之請旨、所令寄附也、早守先例、可被致沙汰之状如件、

応永八年十二月廿三日

○七六四　足利満貞感状　○結城錦一氏所蔵結城家文書

（封紙上書）「結城参川七郎殿（小峰満政）　満貞（足利）」

今度連々致忠節条、誠神妙候、追可有異忠賞候也、謹言、

（応永八年ヵ）十二月廿四日　（足利満貞）（花押）

結城参川七郎殿

○七六五　某政願奉書写　○樋口本「秋田藩家蔵文書」二九

（注記）「姓名未詳奉書　秋田赤坂文書」

応永八年分国衙銭事、且弐貫文納候、相残分早々可有沙汰由、被仰出候、恐々謹言、

（応永八年ヵ）十二月廿七日　政願（花押影）

石河（光重）長門守殿

○七六六　香取社定額乗胤田売券　○香取要害家文書

（端裏書）「定額本銭返の状」

依有用要本銭返うり申田の事つほハ大くほ壱反杖取つゝミ副壱反者、

合弐反七貫四百文者、

右、件の実命の田ハ、定額重代相伝私領なり、然をなん時も本銭七貫四百文もつて、彼弐反田をうけ□（か）ゑし申候へく候、其時御違乱あるましく候、若ふさたの（無沙汰）時ハ、本銭いち（一）

はひ（倍）をもつて、うけかゑし申候へく候、又いかなる弟子・同法（朋）・親るい此田に違乱をなし申ましく候、わつらひ（煩）をなし申候事候ハヽ、罪科たるへく候、仍為後日為（ママ）状如件、

応永八年辛巳極月廿八日

うりぬし　香取社（下総国香取郡）定額乗胤右京律師（花押）

〇七六七　寺尾憲清請文　〇伊豆山神社文書

伊豆国熱海郷（田方郡）闕所分事、任被仰下旨、走湯山（同）衆徒等相触之候之処、請文如此候之間、取進上仕候、以此旨、可有御披露候、恐惶謹言、

応永八年十二月廿九日　左衛門尉（寺尾）憲清（花押）

進上　御奉行所

〇七六八　足利道義（義満）袖判御教書　〇真壁文書

（足利道義、義満）（花押）

真壁（顕幹）刑部大夫（輔）入道聖賢当知行之地事、領掌不可有相違之状如件、

応永八年十二月卅日

〇同文案文の端裏には「真壁刑部大輔所進」とある。

〇七六九　香取社定額乗胤田売券　〇香取要害家文書

（端裏書）「定額本銭返状」

依有用要うり申本銭返田の事 坪ハ大くほ上 壱反者、

合本直銭拾貫文者、

右、件の田ハ、定額重代相伝の私領なり、然を本銭返にうり申ところ実正也、若ふさた（無沙汰）のき（儀）候ハヽ、本銭一はひ（倍）を以さた申へく候、於此田ニ何なる親るい（類）兄弟・弟子・同法（朋）の中、またくいらん（違乱）をいたすへからす候、異儀あらん輩おいてハ、罪科たるへく候、なかく不孝仁たるへく候、尚々此き（儀）を背候ハんものハ、当社大明神の御罰を罷かふるへく候、仍為後日状如件、

応永八年辛巳極月晦日

買（ママ）主　香取社（下総国香取郡）定額右京律師乗胤（花押）

〇七七〇　宇都宮狛犬銘写　〇宇都宮二荒山神社所蔵「至徳元年云々旧記」

(下野国河内郡)宇都宮駒犬
　　願主貞禅
応永八才辛巳十二月日
　　秦景重七郎
右神前左右有之候、
□銘

〇七七一　「大般若経」巻四八七刊記　〇神奈川県円覚寺蔵

(巻中)(足利)左馬頭源朝臣満兼
(同)(上杉憲定)沙弥長基
(同)(上杉朝宗)沙弥禅助
(同)(結城基光)沙弥禅貴
(巻末)応永八年十二月日化縁比丘法亀

〇七七二　伊勢外宮庁宣案写　〇神宮文庫所蔵「鏑矢伊勢宮方記」上

(伊勢国度会郡)豊受太神宮神主
注進　二所太神宮御領下総国相馬御厨雑掌徳弘申、任度々庁宣之旨、雖被成下厳密御教書、一俣三位房頼円、法体身於神宮禁牓之処、号本主雑掌、無故相語権門、乱入郷々、擬掠取神物之条、神鑑恐尤不少者歟、所詮於彼頼円者、被処神税犯用重科、被停止国中出入、至郷々対押(捍カ)地頭等者、被止非分押留儀、徴納厳重色々神税上分物寺(等)、可専神役勤由事
副進
　本解具書
右、得彼雑掌今月　日解状、併子(于)細載二状具也、然早被停止彼頼円非分乱入之儀、穏遂徴納被専恒例神役等矣、仍注進如件、
　　応永八年　　大内人度会神主
禰宜度会神主在判
禰宜度会神主在判

禰宜度会神主在判
禰宜度会神主在判
禰宜度会神主在判
禰宜度会神主在判
禰宜度会神主在判
禰宜度会神主在判
禰宜度会神主在判
禰宜度会神主在判

【編者略歴】

石橋一展

一九八一年、栃木県生まれ。

千葉大学大学院人文社会科学研究科（博士後期課程）単位取得退学。

現在、野田市立七光台小学校教諭。

著書に、『下総千葉氏』（編著）戎光祥出版など。

植田真平

一九八五年、東京都生まれ。

早稲田大学大学院文学研究科博士後期課程単位取得退学。博士（文学）。現在、宮内庁書陵部研究職。

著書に、『足利持氏』（編著）戎光祥出版、『鎌倉府の支配と権力』校倉書房など。

黒田基樹

一九六五年、東京都生まれ。

駒沢大学大学院人文科学研究科日本史学専攻博士後期課程満期退学。博士（日本史学）。現在、駿河台大学法学部教授。

著書に、『増補改訂戦国大名と外様国衆』『近世初期大名の身分秩序と文書』戎光祥出版、『中近世移行期の大名権力と村落』『戦国期の債務と徳政』校倉書房など。

駒見敬祐

一九八六年、埼玉県生まれ。

明治大学大学院文学研究科博士前期課程修了。現在、明治大学大学院博士後期課程在学。杉並区立郷土博物館学芸員。

著書に、『足利持氏とその時代』（共著）戎光祥出版、『足利成氏とその時代』（共著）戎光祥出版、など。

杉山一弥

一九七三年、静岡県生まれ。

國學院大學大学院文学研究科日本史学専攻博士課程後期単位取得満期退学。博士（歴史学）。現在、東京学芸大学大学院・國學院大學兼任講師。

著書に、『室町幕府の東国政策』思文閣出版など。

室町遺文　関東編　第一巻

二〇一八年五月二五日　初版印刷

二〇一八年五月三〇日　初版発行

編　者　石橋一展・植田真平

黒田基樹・駒見敬祐

杉山一弥

発行者　金　田　　功

ＤＴＰ　株式会社明昌堂

印刷・製本　亜細亜印刷株式会社

発行所　株式会社　東京堂出版

東京都千代田区神田神保町一―一七（〒一〇一―〇〇五一）

電話　〇三―三二三三―三七四一

http://www.tokyodoshuppan.com/

ISBN978-4-490-30778-8 C3321